JN438439

고대 이스라엘

Ancient Israel

고대 이스라엘

해리 올린스키 지음
조신광 역주

도서출판 신아

고대 이스라엘

해리 올린스키 지음, 조신광 역주

발 행 일 2014년 1월 30일
역 주 자 조 신 광
발 행 인 서 정 환
발 행 처 신아출판사
출판등록 제465-1984-000004호
주 소 전주시 완산구 공북1길 16 (태평동)
전 화 (063) 275-4000, 252-5633
팩 스 (063) 274-3131
이 메 일 sina321@hanmail.net

ISBN 979-11-5605-042-1 93910

값 13,000원

이 도서의 국립중앙도서관 출판시도서목록(CIP)은 서지정보유통지원시스템 홈페이지(http://seoji.nl.go.kr)와 국가자료공동목록시스템(http://www.nl.go.kr/kolisnet)에서 이용하실 수 있습니다.(CIP제어번호: CIP2014001647)

차 례

지도 차례 ······ 6

역자의 머리말 ······ 7

일러두기 ······ 10

서 론 ······ 11

제1장 **비옥한 초승달 지역: 히브리인의 기원** ······ 20

제2장 **노예생활, 출애굽, 민족적 언약** ······ 39

제3장 **가나안의 이스라엘: 사사들의 시대** ······ 53

제4장 **다윗과 솔로몬 치하의 이스라엘인 제국** ······ 84

제5장 **분열왕국: 이스라엘과 유다** ······ 109

제6장 **바빌론 유수와 유다의 회복** ······ 148

제7장 **히브리 정신: 예언운동과 사회정의** ······ 188

· 연대순 개요 ······ 223

· 지도 ······ 227

· 왕력표(유다와 이스라엘의 왕들) ······ 234

[부록] 추가 학습자료 ······ 237

신과 개인에 대한 히브리인의 새로운 견해 (239)

생각해볼 문제들 (265)

· 참고문헌 ······ 267

· 찾아보기 ······ 269

· 성서의 책명 약자표 ······ 273

지도 차례

<삽도>

· 고대의 근동 (21)
· 출애굽 여정 (48)
· 팔레스타인의 지형 (55)
· 가나안 정복전쟁 (61)
· 열두 지파의 토지분배 (63)
· 포로귀환 여정 (164)
· 페르시아 제국 (171)

<전면 지도>

Ⅰ. 족장시대의 고대 근동 (227)
(B.C. 제2천년기)
Ⅱ. 사사들과 왕들의 시대의 이스라엘 (228)
(B.C. 1200-600년경)
Ⅲ. 다윗과 솔로몬 치하의 통일 이스라엘 제국 (229)
(B.C. 10세기)
Ⅳ. 분열왕국: 이스라엘과 유다 (230)
(B.C. 9-8세기)
Ⅴ. 에스라와 느헤미아 지도하의 회복기 (231)
(B.C. 5-4세기)
Ⅵ. 구약시대의 팔레스타인 (232)

Ⅶ. 팔레스타인의 자연지역들 (233)

역자의 머리말

인류의 역사를 문명들의 연속으로 파악한 아놀드 토인비는 문명들을 사회와 문화에 스며있는 정신의 특징이라는 관점에서 묘사하였는데, 이러한 표준에 의하면 고대 이스라엘의 문화는 인류 문명의 정상을 차지하는 문화였다고 할 수 있을 것이다. 히브리인들은 그들이 가진 일신교적(一神敎的) 신앙으로 인하여 메소포타미아나 이집트나 그리스의 다신교적 체제들로부터 결정적인 이탈을 할 수 있었고 일관성 있는 윤리 규범을 창조할 수 있어서 이를 통하여 거대한 제국(帝國)들보다도 더 큰 영속적 영향을 인류의 역사에 끼칠 수 있었다.

역자는 대학에서 '서양 고대사'를 강의하면서 그리스 문명과 함께 서양 전통의 이대 원류(源流)가 된 히브리인의 역사와 문화를 개설하는 적절한 교재가 없음을 아쉬워하던 중에 이 책이 연대로 보아서는 다소 오래 되었지만 그 내용의 분량이나 체재에 있어서 적당하다고 생각되어 이를 번역하게 되었다. 이 책은 "서양문명의 발달과 그 문명의 기본적 가치들에 대한 조리 있는 분석"을 학생들에게 해주기 위하여 미국 코넬 대학교에서 13권으로 펴낸 서양사 과목의 총서 '서양문명의 발달'의 첫째 권이다. 저자 해리 올린스키(1908-1992)는 뉴욕에 있는 '히브리 유니온 대학'(Hebrew Union College) 부설 '유대인 종교 연구소'(Jewish Institute of Religion)의 교수로서 구약의 원전비평에 해박한 학자였다. 그는 강의와 논문들을 통하여 '해석'(exegesis)과 '자기해석'(eisegesis)을 구별하는 것이 중요함을 강조하였고, 자신을 "후일에 행해진 설명과 왜곡의 단층들과 껍질을 제거하여 원저자가 발표한 진정한 진술을 드러내는 것"을 과업으로 하는 '역사가'로 보았다. 그가 쓴 이 짤막한 책자 『고대(古代) 이스라엘』(*Ancient Israel*, 제2판, 1960)은 '히브리 성서'를 창작해낸 이스라엘 민족의 파란 많았던 고대사를 간결하게 서술함과 동시에 그들이 처하였던 역사적 상황과의 밀접한 관련 속에서 발전한 유대교의 사상과 개념들을 약술하고 있다.

서양의 문화를 올바르게 이해하고자 하는 사람들에게 고대 이스라엘사의 학습이 중요함은 아무리 강조해도 지나치지 않을 것이다. 오늘날 허다한 인류가 고대 이스라엘의 경험으로부터 심오한 종교적 영감을 얻고 있음은 말할 것도 없고 그로부터 매우 고상한 사회적 도덕적 개념들을 끌어내고 있다. 그뿐 아니라 서구 문명권은 그 전 역사를 통하여 성서를 문화유산의 중심적 문서로 간직해 왔다. 따라서 오늘날 세계가 공유하게 된 인간의 존엄성, 평등, 그리고 사회정의(社會正義)의 전통을 이해하기 원하는 사람은 누구나 성서 속에서 그 최초의 뿌리를 찾고 그 주요한 교훈들을 음미하지 않으면 안 된다.

청동기 시대로부터 유수 후 회복기까지의 이스라엘을 다룬 이 책은 주마등처럼 빨리 진행하는 간결한 형태의 역사책이면서도 종종 깜짝 놀랄 만큼 탁월한 역사해석을 보여준다. 이 책의 주요 특징으로는 첫째로 저자가 철저하게 실증적(實證的) 자료에 의하여 역사를 재구성하고 있는 점, 둘째로 철저하게 국제적(國際的) 관련 속에서 유대 민족의 역사를 파악하여 서술하고 있는 점, 그리고 셋째로 그렇게 하면서도 유대교도로서 철저하게 신학적(神學的) 견시를 유지하고 있는 점 등을 들 수 있다. 처음 두 가지 특징은 현대의 역사서술 경향을 잘 반영하고 있는 것이기 때문에 이 책의 학문적 건전성을 말해주는 어느 정도 당연한 점들이라고 할 수 있다. 그러나 독자가 세 번째 특징을 접하게 될 때에는 그가 만약 기독교인이라면 그는 두 번 놀라게 될 것이다.

그는 처음에는 유대교와 기독교가 얼마나 많은 것을 공유(共有)하고 있는가 하는 점에 대하여 놀라고, 그 다음 순간에 그는 그 두 종교가 서로 얼마나 많이 다른가 하는 점에서 또 한 번 놀랄 것인데, 특히 '메시아 예언'의 해석과 관련해서 그럴 것이다. 더 나아가 기독교인의 입장에서는 이스라엘에 대한 이해가 구약성서에만 기초할 때에 매우 공허하게 되는 것을 느낄 수도 있을 것이다. 그럼에도 불구하고 이 교재를 끝까지 음미해볼 필요가 있는 것은 학문적인 면에서는 자기의 것과 다른 이질적 사상과 경향도 이해할 필요가 있고, 그러한 과정을 통하여 자기의 것을 더 잘 알 수 있는 한층 더 넓은 배경과 시야를 얻게 될 것이기 때문이다.

서양문명의 본원적 종교인 기독교는 고대 유대교에서 발생하였고, 그러한 연유로 인하여 그 두 종교 사이의 연결고리들은 일신교, 구약성서, 예언자 정신 등 다양하고 강력하다. 반면에 독자는 유대교 신학의 실상과 핵심을 보여주는 본서를 통하여 유대교와 기독교가 동일한 구약성서를 경전으로 사용하면서도 서로 다른 길을 갈 수 밖에 없게 된 근본적 원인을 알게 될 것이다.

아무쪼록 이 작은 책이 영욕에 찬 고대 이스라엘의 특이한 역사와 그 역사의 과정에서 형성된 귀중한 정신적 가치들을 이해하는 데 도움이 될 뿐 아니라, 학생들과 일반 독자들로 하여금 구약성서를 더 잘 이해하고 사랑하게 하는 하나의 길잡이의 역할도 할 것을 역자는 조심스럽게 기대해 본다.

2014년

조 신 광

일 러 두 기

1. 이 책에 나오는 '성서,' 또는 '히브리 성서'는 대체로 유대교의 성서, 즉 기독교의 '구약성서'를 의미한다.

2. 이 책에 인용된 성서의 본문은 대부분의 경우 우리말 '개역개정판'과 외국어 번역들을 참고하여 현대의 우리말로 역자가 다시 번역한 것이다.

3. 성서의 고유명사를 우리말로 표기할 때에 대부분의 경우 우리말 성경의 표기를 따랐지만, 그것이 오늘날 한국 사학계에서 통용되고 있는 발음과 크게 다른 경우에는 후자를 따랐다. 예: '베니게'는 '페니키아'로, '앗수르'는 '앗시리아'로, '바사'는 '페르시아'로, '디글랏빌레셀'은 '티글랏필레셀'로, 바벨론은 바빌론으로 한 것 등.

4. 이 책에 있는 각주와 삽화는 달리 표시가 없는 한 본문에 대한 독자의 이해를 돕고 더 깊이 있는 학습을 하는 데 필요한 단초를 제공하기 위하여 역자가 추가한 것이고, 각주로 제공된 영문(英文)도 독자가 참조할 수 있도록 역자가 원서에서 옮겨 놓은 것이다. 따라서 독자는 가급적 <u>각주들을 뒤로 미루고</u> *본문만을* 읽어나감으로써 *저자의 본문을 먼저* 이해하는 것이 좋을 것이다.

5. 독자의 학습 경험을 더 풍부하게 하기 위하여 부록으로 '추가 학습자료' 란을 역자가 추가하였다.

서 론

이스라엘의 부족(部族)들은, 그 수가 적었고 비교적 늦게 도착하긴 하였지만, 역사의 여명에 서아시아에 출현한 많은 민족들 가운데서 다른 민족들과는 다른 특이한 역사를 살아갈 운명을 지니고 있었다. 바로 그들의 생활방식으로부터 유대교, 기독교, 이슬람교라고 하는 세 가지 큰 종교가 자라났다.

이스라엘인의 역사와 종교적 경험이 성서(聖書)라고 불리는 총서 속에 뒤얽혀 짜여 있다. 다른 어느 단행본이나 총서도 서양문명의 발달 과정에서 그처럼 중요하고 장기적인 역할을 한 적이 없다. 실로 성서를 지칭하는 데 "책들"을 뜻하는 그리스어 *ta biblia*(타 비블리아)에서 유래한 Bible이라는 단어가 대문자 "B" 외에는 다른 아무런 수식도 없이 사용되는 것 자체가 탁월한 "그 책"("the Book" par excellence)으로서의 성서의 중요성을 시사한다.

성서의 영향력

성서가 유대교와 기독교와 이슬람교를 믿는 수많은 민족들에게 최상의 종교적, 도덕적 근원과 권위가 되어왔기 때문에 다른 설명은 필요치 않다. 서유럽의 도덕적 규범은 성서의 윤리적 교훈들, 특히 예언자들이 그렇게도 기탄없이 그리고 극적으로 표현한 사회정의의 개념들에 그 근원을 크게 의존해 왔다. 실제로 미국 헌법의 정신과 민주적 이상들이 얼마쯤 이 성서적 유산(Biblical inheritance)에서 유래한다는 것은 일반적으로 인정되어 있는 사실이다.

그뿐 아니라 문학작품으로서, 그리고 서양문학의 발달에 기여해 온 한 가지 요인으로서도, 성서에 비길 만한 것은 없다. 성서 안에는 어느 땐가에 문학적 걸작이라고 묘사되지 않은 책이 거의 없다. 욥기는 칼라일[1]에 의하여 "일찍이 펜으로 쓰여진 가장 웅대한 책"[2]이라고 불렸다. 룻기는 단편소설 저작의 모델이라고 자주 언급되어 왔다. 시편과 아가(雅歌)와 같은 책들에 필적할 책은 아마도 쓰인 적이 없을 것이다. 만약 흔히 들어온 바와 같이 위대한 문학이란 '훌륭한 생각을 멋진 말씨로 표현하는 것'이라면, 아모스, 이사야, 예레미야와 그 밖의 예언자들의 시는 그것들이 속한 장르에서 최상의 예들이다.

영향력에 관해서 말하자면, 영문학(英文學)은 성서를 떠나서는 이해될 수 없다는 것이 일반적으로 인정되어 있는 사실이다. '킹 제임즈 버젼'[3]이라고 하는 고전 영어로 번역된 성서는 처음부터 산문체의 표준이 되어 왔다. 성서 이외의 어느 한 권의 책도, 그것이 라틴어로 쓰였든 그리스어로 쓰였든 영어로 쓰였든 간에, 영어 작가들의 문체와 사고에 그처럼 깊은 영향을 끼친 적이 없다.

성서란 무엇인가?

성서는 신의 영감으로 쓰여진 경전(經典)으로 조민긴 여겨

1) Thomas Carlyle (1795-1881): 19세기 영국의 평론가, 사상가, 역사가.

2) "the grandest book ever written with pen." Harry Orlinsky, *Ancient Israel*, p. 2. 앞으로 본서의 영문을 소개할 때에는 쪽 번호만 쓸 것임.

3) King James Version: 영국 왕 제임즈 1세의 명에 의하여 번역·편집되어 1611년에 출간된 영역 성서. 별칭 'the Authorized Version,' 즉 흠정역(欽定譯) 성서.

지게 된, 여러 시기에 쓰여진 다양한 종류의 작품들을 모아 놓은 책이다. 이 작품들은 B.C. 20세기 직후의 시작으로부터 B.C. 165년에 헬레니즘 시대의 시리아에 대항하여 유대인들이 '마카비 독립전쟁'을 성공적으로 치른[4] 때까지의 이스라엘의 행적을 다룬다. 유대인들에게는 성서가 24권으로 되어 있다. A.D.의 처음 네 세기 동안에 기독교회는 27권을 더 편찬하여 그것들을 기독교회가 히브리 성서를 지칭하여 사용하게 된 '구약'(舊約)과 구별하기 위하여 '신약'(新約)이라 칭하였다. 그뿐 아니라 로마 카톨릭 교회는 여러 권의 다른 책들을 인정하여 '구약'에 추가하였다. 그러나 개신교는 이 추가된 책들을 거부함에 있어서 유대교적 전통에 따랐는데, 그 책들은 지금 일반적으로 '외경'(外經)[5]이라고 알려져 있다. 본서의 목적을 위해

4) 마카비(Maccabee)가의 유다스 마카바이우스(Judas Maccabaeus)가 B.C. 165년에 안티오쿠스(Antiochus) 4세 치하의 시리아 군대를 격파하여 예루살렘 성전을 다시 야훼 신께 봉헌한 일.

5) 외경, 또는 외전(外典), Apocrypha [əpákrifə]: [그리스어 형용사 '아포크리포스'(*apokryphos*:감추어진)에서 유래한 말]. 헬라어역 구약성서인 '70인역'(Septuagint)과 라틴어역 성서 '불가타'(Vulgate)에는 포함되어 있지만, 전거(典據)가 의심스럽다고 하여 유대교와 개신교가 구약성서에서 제외한 B.C. 2세기부터 A.D. 1세기 사이에 쓰여진 14 내지 15권의 작품들을 가리킨다. 그 이름은 『제1 에스드라서』, 『제2 에스드라서』, 『토비트』, 『유딧』, 『에스더서 부록』, 『지혜서』, 『집회서』, 『바룩서』, 『예레미야의 편지』, 『아자리야의 기도와 세 젊은이의 노래』, 『수산나』, 『벨과 용』, 『므낫세의 기도』, 『마카베오상(上)』, 『마카베오하(下)』이다. 영어로 편집된 대부분의 외경은 『예레미야의 편지』를 『바룩서』의 마지막 장으로 취급하여 두 권을 하나로 묶고 있는데, 이 경우 외경은 14권이 된다. 알렉산더 대왕이 오리엔트 세계를 정복하여 그리스어를 국제 공용어로 만든 후, 점차 모국어인 히브리어를 잊어 가던 '디아스포라'(흩어진 유대인)를 위하여 히브리어 성서를 그리스어로 번역하는 작업이 B.C. 3세기 중엽에 시작되었는데, 이때에 원래의 히브리어 성서에는 없던 그리스어의 종교서적들이 삽입된 것이 외경 형성의 경위이다. 그런데 유대인들이 히브리어 성서의 정경화(正經化) 작업을 하였을 때에 히브리어로 쓰인 율법서, 예언서, 성문서(聖文書)만이 정경으로 확정되어 외경은 배제되었다(90년경). 반면에 후일 카톨릭에서 주로 사용하게 될 라틴어 성경 '불가타'의 구약은 '70인 역'에서 번역됨으로써 외경이 자연히 그 안에 포함되게 되었다. 이 외경의 종교적 가치에 대해서 신·구교는 상이한 견해를 보이는데, 외경에 대한 프

서는 '성서'가 히브리 성서의 24권을 의미하는 것으로 이해하고자 한다.

히브리 성서의 맨 처음 그리고 가장 권위 있는 부분은 **'율법서,'** 즉 때때로 '*토라*'(Torah)나 '*펜타튜크*'(Pentateuch, 五經)라고 불리는 '모세의 다섯 책들'이다. 이 다섯 책에는 창세기, 출애굽기, 레위기, 민수기, 그리고 신명기가 들어있다. 이 부분은 두 종류의 자료, 즉 아주 넓은 의미의 역사적 자료와 법률적 자료를 포함하고 있다. *역사적 자료*는 창조로부터 아브라함의 시대에 이르기까지 성서 기자들에 의하여 이해된 대로의 '인류의 이야기'(창 1-11)를 기술한 다음 그로부터 B.C. 13세기의 가나안 침입 전야에 모세가 사망하기까지 가나안, 이집트 및 시나이 광야에서의 히브리인들의 행적으로 이어진다. *법률적 부분*은 이스라엘의 종교 생활에 관한 법만이 아니라 시민 생활에 관한 법도 상세히 알려준다.

'예언서'('*네비임*,' Nevi'im)라고 하는 성서의 두 번째 큰 부분은 8권으로 되어 있고, 약 750년의 기간을 다루고 있다. 이 시대에 가나안이 정복되고, 이스라엘의 통일왕국과 분열왕국이 흥하고 망하였으며, '바빌론 유수'[6]를 거친 다음 B.C. 6세기

로테스탄트의 견해는 루터가 "외경은 성서와 동등시될 수는 없지만, 읽어서 유익하고 좋은 책들" 이라고 말한 데서 알 수 있다. 외경에 대한 카톨릭과 프로테스탄트의 명칭도 서로 다른데, 카톨릭 학자들은 외경을 '제2 정경'이라고 지칭함으로써 정경에 거의 준하는 권위를 부여하고 있는 반면에, 프로테스탄트 학자들은 정경에 들어가지 못한 종교적인 책들을 지칭하는 것으로 이해한다. 외경은 교회에 영향을 끼치면서 신약성서의 이해에 공헌도 해왔다.

6) 바빌론 유수(幽囚)(Babylonian Exile): 바빌로니아의 느부갓네살 왕이 B.C. 605년에서 582년에 이르기까지 수 차례에 걸쳐 유다 왕국에 침입하여 예루살렘을 함락하고 왕, 귀족, 전사, 장인 등 많은 지도급 인구를 바빌론에 포로로 강제 이송한 일(왕하 24, 25). 이들은 바빌로니아가 페르시아에 망하자 고레스(Cyrus) 왕에 의하여 해방되어(대하 36:22-23, B.C. 538) 그 일부가 고토에 돌아와 예루살렘 성전을 재건하고 성벽을 복구하였다.

말에 유다 국가와 솔로몬 성전이 부분적으로 재건되었다.

이 시기 동안에는 예언 운동이 두드러졌다. 첫째로 그 운동의 지지자들은 왕실문서들과 그 밖의 자료를 모으고 그것들을 주의깊게 그리고 생생하게 엮어서 이스라엘의 사회적 정치적 역사를 편찬하였고, 그렇게 하는 과정에서 그들은 세계 최초의 체계적 역사가들이라는 명성을 개척하였다. 때때로 '전예언서'(前豫言書, Former Prophets)라고 불리는 책들인 **여호수아, 사사기, 사무엘, 열왕기**가 이 위대한 업적을 구성한다. 다음으로 예언자들은 동료 이스라엘인들의 정치생활과 사회생활에 개입하여 자기들의 생각을 매우 솔직하게 그리고 매우 아름답고 강력한 시가(詩歌)로 표현함으로써 고금의 가장 위대한 '사회도덕주의자들'(social moralists) 가운데 영원히 꼽히게 되었다. **이사야, 예레미야, 에스겔**의 이른바 '대예언서'(Major Prophets)와 열두 편의 이른바 '소예언서'(Minor Prophets) - 이 가운데 **호세아, 아모스, 미가**가 두드러진다 - 는 이 탁월한 자료의 보고(寶庫)이다.

성서의 세 번째 그리고 마지막 부분은 '*케투빔*'(Ketuvim), 즉 **성문서**(聖文書)[7]라고 불린다. 이 부분은 11권으로 되어 있는데, 그것들은 문체와 내용이 상당히 다양하고 거의 전부가 그 자체로서 일류 작품이다. '경건문학'(devotional literature)의 전형은 잘 알려져 있는 **시편**이다. 그리고 좋은 삶이란 무엇이고 그것을 달성하는 실제적 방편은 무엇인가에 대한 고찰인 '지혜문학'(知慧文學, wisdom literature)은 **잠언, 욥기,** 그리고 **전도서**와 같은 책들 속에 전시되어 있다. **아가서**는 섬세하고 정열적인 사랑의 서정시인데, 후대에 이 책 속의 사랑하는 사람과 그의 연인은 하나님과 그분이 사

7) 성문서, Hagiographa [hægiágrəfə]: 히브리 성서에서 '율법서'와 '예언서'에 들지 않은 부분으로 시편, 잠언, 욥기, 아가서, 룻기, 애가, 전도서, 에스더, 다니엘, 에스라-느헤미야, 역대기를 말한다.

랑하시는 민족 이스라엘을 상징하는 것으로 여겨지게 되었다. B.C. 2세기에 최종 형태를 취하게 된 **다니엘서**는 오늘날까지 유대인들에게 '절망의 함정'을 상징하는 느부갓네살 시대(B.C. 6세기 전반)의 바빌론 유수 중에 살았던 한 유대인 청년의 생애라고 주장되는 극적인 이야기를 해준다. 특히 B.C. 165년경에 있은 시리아에 대한 마카비가(家)의 승리를 예고한 것으로 생각되는 다니엘의 꿈들과 환상들은 계시문학(啓示文學)[8] 작품들, 즉 처음에는 유대교 문학에, 그리고 그후에 기독교 문학에 등장한 초자연적 계시록들의 선구와 모형이 되었다. **에스라와 느헤미야**의 회고록들은 재미있는 자전문학(自傳文學)과 바빌론 유수 후의 유대 복구에 관한 중요한 원(原)자료(source material)를 구성한다. 유수 후에 쓰인 이 회고록들은 아담으로부터 B.C. 5세기 후반 느헤미야에 이르기까지의 성서적 역사(Biblical history)를 개관하는 **역대기**를 저술한 사람에 의하여 편집된 것으로 보인다. 역대기는 히브리 성서 24권의 마지막 책이다.

역사책으로서의 성서: 고고학의 역할

성서는 고대 이스라엘의 역사에 관하여 우리가 갖고 있는 지식의 주요한 출처임에도 불구하고, 그 책이 역사가에 대하여 지니고 있는 가치가 항상 충분히 평가되지는 못해 왔다.

18세기까지 성서는 고대에 관한 믿을 수 있는 역사책으로 인정되는 것이 보통이었다. '그 책'에 쓰인 창조, 홍수, 노아의 방주, 여리고 성벽, 그리고 모든 것이 실로 문자 그

8) 계시문학, apocalypse [əpɑ́kəlips]: B.C. 200년경부터 A.D. 350년경에 걸쳐 쓰여진 유대교 및 기독교 저술들로서 말세에 관한 하나님의 뜻을 계시하는 내용으로 되어 있음.

대로 정확한(literally true) 것으로 간주되었다. 그러나 '이성(理性)의 시대'가 밝아오고, 이어서 19세기의 진화론(進化論)과 과학적 유물론(唯物論)의 철학들이 등장하자 구약성서는 신약과 그리스·로마 및 그 밖의 모든 고대의 기록들과 함께 역사 복원의 믿을 만한 토대로서의 가치를 크게 평가절하 당하게 되었다.

창세기에 묘사되어 있는 아브라함, 이삭, 야곱과 같은 족장들의 영웅적 행위들이 신화(myth)에 불과한 것으로 평가절하되었다. 모세는 그 존재 자체가 의심되었고, 여호수아는 이스라엘 민족의 가나안 정복과 별로 또는 아무런 관계가 없었던 것으로 믿어졌다. 다윗과 솔로몬은 크게 과대평가 된 것으로 간주되었고, 바빌론 유수 이야기는 허구(fiction)의 영역으로 격하되는 등 … .

그러나 오늘날 더 근래의 고고학적 발견들이 이루어지고 고대근동(古代近東)에 대한 분석이 행해짐에 따라 시계추는 적지 않게 다른 방향으로 흔들렸다. 현대의 역사가들이 성서의 모든 부분을 똑같이 문자적 사실(literal fact)로 받아들이지는 않는 것이 확실하지만, 그들은 많은 성서적 자료들을 현저하게 신빙성 있는 고대의 역사적 문서들을 구성하는 것으로, 즉 새로 발견된 성서외적 자료들(extra-Biblical sources)에 비추어 분석될 때에 새로운 의미와 타당성을 나타내는 문서들로 인정하게 되었다.[9] 옛날의 비옥한 초승달 지역에서

9) With the more recent archaeological discoveries and analysis of the ancient Near East today, however, the pendulum has now swung considerably the other way. Modern historians do not, to be sure, accept every part of the Bible equally as literal fact. Yet they have come to accept much of the Biblical data as constituting *unusually reliable historical documents of antiquity,* documents which take on new meaning and pertinence when they are analyzed in the light of newly discovered extra-Biblical sources. p. 6.

번성한 문명들은 일차대전 전에는 아무도 가능하리라고 생각하지 못했을 정도로 오늘날 잘 알려져 있다. 고대 근동은 지금 전혀 다른 시각에서 보아질 수 있고, 그래서 성서의 기록을 우리의 넓어진 이해에 비추어 재검토하는 것이 필요하게 되었다.

신성한 역사책으로서의 성서와 그것의 해석

성서를 사료로 사용할 때에 현대의 역사가가 직면하는 주요 문제는 두 가지이다. 첫째로 역사가는 그의 자료가 부적절하고 출처(authorship)와 연대(date)가 불확실할 때에는 그의 과업을 수행할 수가 없다. 그런데 성서 안의 어느 책이나 그것을 구성하는 부분들의 시기와 장소와 저자와 목적을 우리가 분명히 알 수 있는 경우는 그리 많지 않으며, 더 나아가 성서외적 자료가 광범해지긴 하였지만, 그것이 본문들에 대한 지극히 일반적인 확증이나 비평을 위해서만 충분한 경우가 많다. 둘째로 성서의 자료를 사용할 때에는 거의 종교적 용어(religious terminology)로만 표현된 문서들로부터 기본적인 경제적, 사회적 및 정치적 배경을 발견해내야 하는 큰 문제가 있다.

히브리 성서를 저술한 사람들은 그들이 말하고 기록한 것이 이스라엘과 상호 계약을 맺으신 하나님께로부터 유래한다고 믿었다. 그 언약의 조건에 따라 하나님은 이스라엘을 사랑하고 보호하셨던 반면에 다른 민족은 그렇게 하지 않으셨고, 이스라엘은 그분 외에는 다른 신을 경배하지 않았다. 그러나 현대의 역사가는 이러한 해석을 받아들일 수 없고, 그는 - 종교적 용어의 배후에서 - 어떤 다른 분야에서도 그의 고유한 목표가 될 것과 같은 종류의 증명된 인간적 이야기를 그것의 근원적 역학 관계(dynamics)를 검토함으로써 찾지 않으면 안 된다.10) 만약 그렇게 하지 않으면, 그의 업적은 신화, 연대기, 연보(年譜), 신탁(神託), 자서전, 궁정 이야기, 개인적 변명서(辨明書)11)의 편찬물을 만들어 내는 것에 불과할 것이다.

역사가는 인간의 어떤 활동이나 진술도, 그것이 종교적이든 세속적이든 또는 신성하든 불경스럽든 간에, 그의 영역 밖의 것으로 간주할 수는 없다. 그의 능력은 그가 가진 사료의 성격과 적절성 여부에 의해서만 제한된다. 그리하여 성서적 자료가 지닌 고유한 제약들은 모든 점에서 명확할 만한 역사적 복원(historical reconstruction)을 하는 데 방해가 된다. 이러한 고유한 난점들이 있음에도 불구하고 학자들의 연구는 전에는 전혀 빛이 없었던 곳에서 섬광(閃光)들을 제공해 왔다. 이렇게 해석의 작업은 진행되고, 그것의 일부 결과들이 이 책의 바탕을 이룬다.

10) The modern historian, however, cannot accept such an interpretation, but must seek – behind the religious terminology – the same kind of documented human story, with an examination of its underlying dynamics, that would be his proper objective in any other field. p. 7. document, *vt.* 문서(증거)로 증명하다.

11) 변명서, apologia [æpəlóuʤiə] : 저자가 자기의 신앙 등을 변명하기 위하여 쓴 문학작품.

제1장 비옥한 초승달 지역: 히브리인의 기원

근동(Near East), 곧 지중해와 카스피해와 홍해와 페르시아만 사이에 있으면서 아시아를 아프리카에 연결시키고 있는 네모꼴 땅은 대체로 메마르고 매력이 없는 지역이다. 그러나 그 지역을 관통하여 동남쪽에 있는 티그리스강과 유프라테스강의 충적토(沖積土) 평지로부터 서북쪽의 시리아를 지난 다음 나일강에 이르기까지 팔레스타인의 해안을 따라 구부러져 내려오는 곳에 초승달처럼 생긴 비옥하고 관개가 잘 된 땅이 있다(지도 I 참고). 최초의 위대한 문명들이 출현한 것과 인간이 최초로 수렵과 어로와 동굴 거주로부터 조직된 공동체의 체계적인 농경으로 이행한 것은 바로 이 비옥한 초승달 지역(Fertile Crescent)에서 이루어진 일이었다. 이 초점으로부터 새로운 양식의 문명이 하류 메소포타미아로, 그리고 그 곳으로부터 시리아-팔레스타인 해안으로, 이집트로, 아나톨리아[12] 고원으로, 파키스탄의 인더스강 유역으로, 크레타 섬으로, 그리고 그리스로 퍼졌다.

고대의 근동

이 변화는 B.C. 5500-4000년경 신석기 시대, 즉 후기 석기 시대의 마지막 단계에 시작되었다. 점점 더 많은 사람들이 곡류를 재배하여 당장 필요한 것보다 더 많은 곡식을 마련하는 방법을 배웠다. 일단 잉여 식품이 생기자 인간의 잠재적 에너지가 풀렸다. 가축을 사육하는 기술, 나무토막 위에 진흙을 발라 욋가지[13] 오두막을 짓는 기술, 그리고 그 밖의 진보

12) 아나톨리아(Anatolia): 그리스어로 '해가 뜨는 곳'이라는 뜻의 낱말로 고대의 '소아시아'(현재의 아시아 터키)를 가리킴.

13) 외(椳): 댓가지, 수숫대, 싸리, 잡목 따위를 가로와 세로로 얽은 것.

들이 이 시기에 이루어졌다. 최초의 조잡한 촌락들이 때로는 여리고에서처럼 사당(祠堂, shrine)과 관련하여 나타났다.

일련의 야금술상의 발견이 이 사회조직의 과정을 촉진하였다. B.C. 4000-3300경의 청동석기 시대에 인간은 도구와

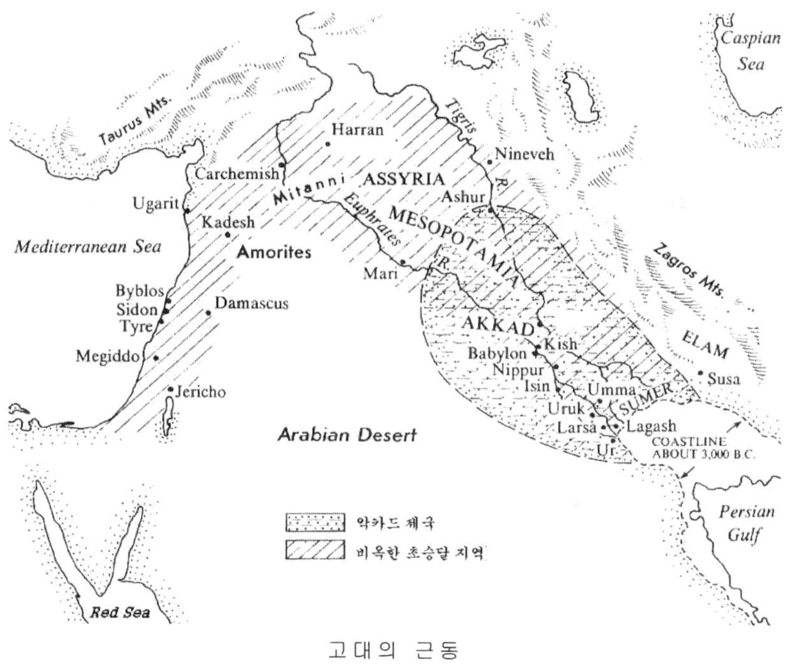

고대의 근동

무기와 장신구에 사용하기 위하여 구리를 녹이는 방법을 배웠고, 풍부하지는 않지만 가단성[14]이 있는 이 물체가 점차로 돌을 대체하였다. 은과 납이 근동의 여러 지역에서 사용되기에 이르렀고, 아주 드물게 사용되기는 했지만 (청동 안에 있는) 주석이 B.C. 3000년 이전에 발견되었었다. 그 밖의 다른 기술적 진보들도 뒤따랐다. 바퀴와 쟁기가 발명되고 초보적인 분업이 도입되었다. 흙벽돌로 지은 집들이 진흙 벽 오두

여기에 흙을 바르면 벽이 됨.

14) 가단성(可鍛性, malleability): 쇠붙이를 두드리거나 눌러서 그 모양을 바꿀 수 있는 성질.

막들을 대신하였고, 벽돌을 만들 때에 마침내 세석골재(細石骨材)가 잘게 썬 짚을 대신하였다. 집들의 지붕을 목재로 만들었고, 벽에는 매끄럽게 회반죽을 바른 후에 때로는 여러 가지 색채의 기하학적 도안을 그려 장식하기도 하였다.

B.C. 3300-2000년경의 초기 청동기 시대에 수메르(Sumer), 악카드(Akkad), 이집트(Egypt), 그리고 그 밖의 왕조(王朝) 문명국들이 등장하였다. 촌락들이 도시로 성장하고, 사람들은 땅에 물을 대기 위하여 수로(水路)를 파고, 조직된 집단을 이루어 노동하였다. 초기의 이집트 군주들은 피라미드 무덤들을 건조하였고, 메소포타미아의 지배자들은 지구라트(ziggurat)라고 하는 벽돌로 층지게 쌓은 언덕 모양의 건조물들을 만들었다. 상형문자와 쐐기문자가 발명되어 사제들과 지배층이 업무에 관한 기록을 남기고 그 밖의 주문(呪文)과 같은 전문적인 정보를 보존할 수 있게 되었다. 그뿐 아니라 이제부터는 지식이 축적되어 후대가 사용할 수 있게 되기도 하였다.

도시들의 성장

이 무렵까지에는 사람이 어느 모로 보든 생각하고, 계획하고, 의사를 명료하게 표현할 수 있는 인간이 되어 신분과 직업의 계층에 관한 분명한 관념을 가지고 있었다. 위에서 언급한 바와 같이 전에 가부장적(家父長的) 가족 집단들로 구성되었던 촌락들이 결합하여 도시들이 되었고, 이러한 도시들은 결합하여 "도시국가들," 즉 위성 영토를 지배하는 도시 중심지들이 되었다. 가족 공동체(family commune)는 일반적으로 장로회의 지휘를 받는 성인 자유인들의 운영회의체(governing assembly)로 대체되었다. 여자들과 아이들과 노예들과 무산자들은 그 회의체에서 배제되었다. 노예를 소유하는 것이 하나의 경제 제도가 되었었는데, 그것은 인간 동산(動産)의 알려져 있는 최초의 예이다. 이 최초의 노예들은 외인 전쟁포로들이었다.

인구가 증가함에 따라 장로들은 왕을 언제나 폐위할 법적 권리를 보유한 채로, 특히 위기가 왔을 때에는, 국왕을 선출하는 권리를 장악하기 시작하였다. 그러나 인간의 정착사회가 한층 더 커지고 복잡해짐에 따라 왕들은 지배적 사회 질서의 항구적인 한 특색이 되었다. 왕조, 즉 국왕의 계열(kingly line)에 대한 관념이 오래지 않아 생겼다. 무질서한 개인적 분쟁을 판결하기 위한 고정된 규칙들이 나타나고 법전(法典)들이 편찬되기 시작하였는데, 그 가운데 함무라비의 대 법전보다 2, 3 세기 전인 B.C. 2000년경에 제정된 세 편의 법전[15]이 지금 발굴되어 있다.

신화, 종교, 그리고 과학

전쟁을 하거나, 건축을 하거나, 땅을 갈거나, 가축을 지키거나 하지 않을 때에 인간은 우주(宇宙)의 성질과 우주 안에서의 인간의 위치에 관하여 질문하기 시작하였다. 문학적 걸작들이 수메르어와 악카드어[16]와 이집트어로 쓰였다. 그것들은 다음과 같은 것들의 기원을 결정하고 활동을 평가하려는 노력의 표현이었으니, 곧 태양과 달과 유성들과 그 밖의 천체들; 비, 바람, 폭풍 및 유사한 현상들; 농경과 목축; 인간의 생과 사, 인간들 사이의 관계, 지상에서의 인간의 생애와 그 후; 정의, 선과 악, 상과 벌 등. 요컨대, 오늘날과 마찬가지로 그때에도 인간은 누가 진정으로 우주를 지배하는지, 그리고 어떻게 해서 현세에서의 자기의 비교적 짧은 체재 기간에 우주로부터 가장 많은 것을 자기를 위하여 얻

15) B.C. 21세기말 우르 제3왕조의 우르남무 법전, 에슈눈나 왕국의 빌랄라마 법전, B.C. 19세기 중엽 이신 왕국의 리핏-이슈타르 법전 등의 단편들.

16) 악카드어: 바빌로니아인과 앗시리아인이 사용한 셈계 언어. 쐐기문자로 기록되었음.

어낼 것인지를 알려고 노력하였다.

이 오랜 옛날에는 이승과 저승에 신(神)들이 존재하고 그들이 지상의 인간사에 개입한다는 믿음이 사람들의 생각을 지배하였다. 그들은 자연현상들이 왜, 그리고 어떻게 일어나는지에 관하여 아는 바가 거의 없거나 전혀 없었다. 그들의 농업경제가 의존한 식물의 성장과 죽음과 재생이라는 지극히 중요한 순환의 원인이 여러 등급의 초자연적 세력들, 즉 높은 신들과 낮은 신들에게 있는 것으로 그들은 믿었다. 사람들은 신들과 그들이 수행하는 기능들의 기원을 자기들의 지리적 환경과 사회적 경험에 비추어서 자기들의 다소 빈약한 지식이 미치는 데까지 설명하였다.

신화와 종교가 인간의 개인생활과 사회생활에서 중요한 요인이 되기에 이르렀고, 종교와 마찬가지로 신화도 권력을 얻으려는 자들에 의해서만 아니라 이미 집권한 자들에 의해서도 그들의 이익을 위하여 장악되었다. 왕들과 사제들과 정부관리들과 군인들, 지주들, 상인들 - 이들 모두가 백성들의 종교적 신화적 사고가 그들 자신의 목적에 이바지하게 하려고 노력하였다. 마침내 그 자체를 영속시키는 사제(司祭) 계층, 곧 신들을 탐구하고 이용하는 데 모든 시간을 바치는 지식 계급이 형성되었다. 적절한 신화로 설명되고 위무와 화해의 의식을 갖춘 신들의 판테온[17]들이 선사시대의 원시적 정령숭배(精靈崇拜, animism), 즉 모든 자연력과 물체에 무차별적으로 마력(魔力)이 부여되는 하급 종교로부터 뚜렷한 형태를 갖추어 생겨났다. 그리고 인간들과 마찬가지로 신들도 조직화되었다.[18]

농업사회에는 홍수, 가뭄, 더위, 추위, 그리고 그 밖의 계절적 변동에 대비하기 위하여 시간을 측정하는 방법이 필요하였다. 이용하기 쉬운 시계로 해와 달과 두드러진 별들이 있었

17) 판테온(pantheon): (한 국민이 섬기는) 모든 신들, (어떤 신화의) 신들, 제신(諸神).
18) Deity, like humanity, became organized. p. 13.

는데, 그것들은 목자들이 태고 적부터 밤 시간 동안에 관찰했음에 틀림없는 바와 같이 결코 달라지지 않는다. 천체를 관찰하는 데서 얻어진 경험적 정보는 징조(omens)로 사용되었다. 정규적인 직업으로서 천체를 관찰하는 일이 숫자를 읽고 쓰고 사용할 줄 아는 우수 집단인 사제들의 몫이 된 것은 당연한 일이었다. 이리하여 이집트와 메소포타미아에서 다 같이 천문학이 종교적 기구(religious apparatus) 안에 편입되고 의식적(儀式的) 중요성을 얻게 되었다. 시간 측정에 관한 지식은 연대적, 즉 역사적 감각을 발달시키기도 하였다.

히브리인의 기원: 하비루

비옥한 초승달 지역은 비할 데 없는 부를 생산하였기 때문에 초원지대와 고원지대에 사는 원시 민족들을 자주 유인하였다. 이 지역에서 근자에 수행된 고고학적 작업은 그러한 상황에 관한 전반적으로 분명한 그림을 제공하였다. 메소포타미아에 영구히 정착한 최초의 확인 가능한 민족은 B.C. 3000년경의 수메르인(Sumerians)이었다. 그러나 제3천년기의 전반에 많은 수메르인 도시국가들이 셈족의 무리들에 의하여 유린되었고, B.C. 2300년경에 사상 최초의 제국이 악카드의 사르곤(Sargon) 왕에 의하여 세워졌다. 한 세기쯤 후에 악카드의 북쪽과 동쪽에 있던 몇 집단의 사람들이 연합해서 이 셈족 제국을 파괴하였다. B.C. 2070년경으로부터 1960년까지 수메르인들은 그들의 이전 영광의 상당한 부분을 회복하는 데 성공하였으나, 여러 방향에서 도착한 몇몇 새로운 민족들의 맹공격 앞에서 주권 민족으로는 영구히 사라지고 말았다. 이러한 민족들 가운데 으뜸가는 민족은 서아시아에서 온 셈계 아모르인(Semitic Amorites)과 메소포타미아의 동남쪽 지역에서 온 엘람인(Elamites)이었다. 아모르인들은 시리아와 팔레스타인을 포함하는 서아시아의 많은 부분을 더욱더 위압하였고, 처음에는 유프라테스강 중류(현대의 이라크-시리아 경계선 근처)의 마리[19]에서, 그후에는 함무라비(1792-1750경)의 시대에 바빌론에서 그들의 세력의 절정에 이르렀다.

제2천년기 전반에 비옥한 초승달 지역에 있었던 또 하나의 중요한 민족은 후르르인(Hurrians)[20]이었다. B.C. 2000년 직전에 점점 더 많은 후르르인이 메소포타미아의 북동 산악 지역으로부터 내려오기 시작하였고, 15세기말에 이르러 그들은 많은 경우에 아모르인들과 더불어 시리아와 팔레스타인을 포함하여 서아시아 어디서나 찾아볼 수 있게 되었다. 후르르인들은 미탄니 왕국(Mitanni Kingdom, B.C. 1470-1350년경)으로 가장 큰 명성을 떨쳤는데, 이 나라는 티그리스강 상류의 동쪽 지방에서 시리아의 지중해 연안에까지 미쳤다.

바로 이 시기에 그리고 이 지역에서 그로부터 성서의 히브리인들(Hebrews)이 마침내 출현한 민족 집단이 실증된 역사에 등장하였다. 입수된 단편적 자료들은 셈계와 비셈계를 다 포함하면서도 대체로 하비루(Habiru)라고 알려진 여러 유목민 집단들이 B.C. 2000년경에 나타나기 시작하였음을 암시하는 것으로 보인다. 그들은 때때로 자기들의 양떼를 몰고, 그렇지 않으면 숙련된 장인(匠人)이나, 대장장이나, 악사(樂士) 등으로 한 지역에서 다른 지역으로 떠돌아다녔다. 또 어떤 때에는 그들은 특정한 기능을 특정한 기간 동안 하기 위하여 예를 들면 용병이나 공사(公私) 노예로 고용되었다. 종종 그들은 대상(隊商)들과 외딴 곳의 약한 촌락들을 급습하여 성공 여부에 따라 전쟁포로와 공노(公奴)가 되거나 정복된 고을이나 지방에 영구히 정착하였다.

19) 마리(Mari): 유프라테스 강변의 고대 도시. 이곳에서 1933년과 1955년 사이에 악카드어로 쓰인 약 20,000 편의 토판문서들이 발견되었는데, 그것들은 B.C. 2천년기에 쓰인 문서들로서 창세기 족장들이 살던 시대의 인근 문화에 관한 정보를 제공한다.

20) 성서의 '호르' 족(Horites).

성서의 히브리인들을 이들 널리 퍼진 하비루와 결부시키는 데에는 그럴 만한 이유가 있어 보인다. 성서의 이야기가 히브리인의 행적을 B.C. 2천년기의 여러 시기에 근동의 여러 지역에 있었던 일부 하비루 집단들의 대체적인 활동 범위 안에 배열할 뿐 아니라, 히브리라는 용어가 성서에서 사용되지 않게 된 것과 거의 같은 때에 하비루라는 용어가 성서외적 자료에 더 이상 나타나지 않게 되었다. 제2천년기가 끝나기 전에 특정한 영토를 정복하여 그 영토와 관련을 맺게 되었던 하비루 집단들은 예컨대 모압(Moab)인, 암몬(Ammon)인, 에돔(Edom)인과 같은 새로운 민족 이름들을 획득한 반면에, 나머지 하비루는 그들이 살고 있던 여러 정착 사회에 흡수되었었다.

"히브리인"이라는 이름의 이야기도 거의 같다. 성서의 히브리인들은 처음에는 널리 흩어져 있던 이들 하비루 집단들의 일부와 결합되어 있었으나 조만간 특정한 지역, 즉 가나안(Canaan)에서 그들 자신의 생애를 살아가게 되었고, "히브리인"이라는 이름은 그 민족이 탄생하였을 때에 "이스라엘인"(Israelites)[21]이라는 이름으로 대체되었다. 이렇게 히브리인이라는 성서적 용어가 그 민족에 대하여 더 이상 사용되지 않은 것은 하비루라는 용어가 더 이상 그렇게 사용되지 않은 것과 마찬가지였다.

가나안에서 살은 족장들

아브라함과 그의 직계 자손들과 그의 조카 롯(Lot)을 포함하는 친척들은 그 시대에 특유한 삶을 살았다. 그들은 그 땅의 셈계와 비셈계 사람들(특히 후르르족과 헷족) 사이에서 편리한 지역에 잠시 동안 정착한 반유목민(半遊牧民) 집단을 구

---

21) Israelites: 글자 그대로, "이스라엘의 자녀들"(Children of Israel). [저자의 주].

성하였고, 그렇게 한 다음에는 목자들과, 장인들과, 상인들로서 다른 지역으로 옮아갔다. 그 시대에 가나안 사람들의 땅, 곧 남부 시리아와 팔레스타인은 이러한 자유로운 움직임에 아주 적합하였다. B.C. 1800년경에 서부 팔레스타인과 남부 시리아는 대체로 이집트의 지배하에 있던 도시국가들이 점유하고 있는 것이 보통이었다. 저지(低地, lowlands)는 토질이 좋고 물이 넉넉하였기 때문에 팔레스타인의 도시들은 주로 지중해 연안의 평원과 '이스르엘 계곡'(Valley of Jezreel)[22]과 요단강 유역에 있었다.

요단강 유역과 해안평야 사이의 구릉지대(hilly region)[23]인 중부 팔레스타인에는 사람 사는 곳이 드문드문 있었을 뿐이었다. 그곳은 비록 농업에는 부적합하였지만, 방목할 양들과 염소들이 있는 유목민들에게는 충분히 매력이 있었다. 그래서 아브라함과 그의 가족이 간 곳은 이 구릉지대와 그 아래 한층 더 인적이 없고 건조한 네게브[24]였다. 구릉지대에서 족장들과 관련된 곳은 마므레,[25] 벧엘,[26] 세겜,[27] 그리고 도단[28]과 같은 곳들(지도 II)이었다. 끝의 세 곳이 이 시기에 존

22) 이스르엘 계곡: 현 '에스드라엘론 평야'(Plain of Esdraelon)의 구약시대 명칭. 이스라엘 북부 갈멜(Carmel)산 부근의 지중해 연안에서 요단강에 이르는 큰 평야.

23) 구릉지대: 완만한 기복의 낮은 산이나 언덕이 계속 되는 지형. 고지(高地).

24) 네게브(Negeb 또는 Negev): 요단강과 시나이 반도 사이에 있는 이스라엘의 남부 사막 지대.

25) 마므레(Mamre): 헤브론 북쪽의 성읍 또는 지역. 아브라함은 이곳 상수리나무 가까운 곳에 천막을 치고 살았다(창 13:18, 18:1). 이삭이 살은 곳이기도 하다(창 35:27).

26) 벧엘(Bethel): 예루살렘에서 북으로 약 16km 되는 곳. 아브라함이 이 근처에 천막을 친 적이 있었고(창 13:3), 야곱은 여기에서 하늘에 이르는 사닥다리의 꿈을 꾸고 그곳을 '벧엘'(하나님의 집)이라 불렀다(창 28:19 이하).

27) 세겜(Shechem): 그리심(Gerizim)산과 에발(Ebal)산 사이의 골짜기에 있고, 중부 팔레스타인의 중요한 성읍임. 아브라함은 이곳에서 가나안 땅을 자기 자손에게 주실 것을 하나님께 약속 받았다(창 12:6-7).

28) 도단(Dothan): 세겜과 사마리아에서 북쪽으로 멀지 않은 성읍. 에스

재하였다는 것은 지금 고고학적으로 알려져 있고, 마므레는 짐작컨대 단지 더 잘 알려진 헤브론(Hebron)이 아직 건설되지 않았기 때문에 아브라함의 시대[29]에 지명으로 사용된 듯하다.

네게브에서는 그후에도 늘 그래 온 바와 같이 브엘세바[30]가 중심지였다. 아브라함의 시대에 소돔, 고모라, 그리고 사해(死海) 남단 싯딤 골짜기(Vale of Siddim)에 있던 그 밖의 다른 성읍들은 번창하였고, 고고학은 그것들의 파멸적 종말에 관한 이야기(창 18,19)를 뒷받침한다.

족장[31]시대의 반유목민적 생활양식에는 복잡한 사회구조가 필요치 않았다. 아버지가 가족의 장이었고, 아들들과 딸들은 그들의 배우자들과 자녀들과 함께 모두 다 족장의 권위에 복종하였다. 아버지가 사망하면 부족법(部族法)에 따라 장자가 그를 계승하였다. 부족은 양떼와 소떼로부터 생기는 수입과 부족 내의 기능공 구성원들 - 이를테면 대장장이들과 악사들 - 의 편력로동(itinerant labor)의 대가로 살아갔다.

두 가지 이집트 자료가 창세기에서 느껴지는 사회적 분위기를 이례적으로 잘 재현한다. 시누헤라는 이름을 가진 한 이집트인이 B.C. 20세기 후반에 자기가 남 시리아와 북 팔레스타인에서 경험한 일들에 관해서 이야기한다. 그는 '시누헤의 이야기'(Tale of Sinuhe)에서 시리아에 있는 한 중요한 아모르인 지배자가 자기를 어떻게 숙박시키고 그의 장녀에게 장가들게 하였는지를 말한다:

드라엘론 평원에서도 가깝다. 요셉이 이곳에서 양을 치던 형제들을 찾아 만나 미디안 상인들에게 팔렸다(창 37:17-28). 다메섹과 이집트를 연결하는 대상로가 이곳을 통과하였다.

29) B.C. 1700년경.

30) 브엘세바(Beersheba): 유다 남쪽 블레셋 땅에 인접한 광야에 있었음. 헤브론의 남서 43km. 중요한 대상로를 끼고 있었음.

31) 족장(族長, patriarch): 이 용어는 경우에 따라 그 지칭하는 범위가 다를 수 있는데, 이곳에서는 이스라엘인의 3대에 걸친 선조들인 아브라함, 이삭, 야곱을 의미함.

> 그는 나를 자기 자녀들의 머리말에 두었고, 나로 하여금 자기의 장녀와 결혼하게 하였다. … 그는 나를 그 땅의 가장 뛰어난 부족의 지배자로 삼았다. 빵과 포도주, 요리된 고기와 구운 새고기, 그리고 그들이 나를 위하여 사냥한 사막의 야수들이 매일의 식사로 나에게 제공되었다. … 나는 [그곳에서] 여러 해를 보냈고, 나의 자녀들은 힘센 어른들이 되어 각기 자기 부족의 우두머리가 되었다. 북에서든 남에서든 내가 체재하던 도시에 오는 사자(使者)들은 나와 함께 머물렀는데, 그것은 내가 누구나 묵고 가게하곤 했기 때문이었다. 나는 목마른 자에게 물을 주었고, 길 잃은 자에게 길을 찾아주었으며, 약탈당한 자를 구출하였다. … 어느 외인들이든지 내가 공격하면 그들은 풀밭과 우물로부터 쫓겨났다. 나는 그들의 가축을 약탈하고, 주민을 끌고 가고, 그들의 음식을 빼앗고, 사람들을 살해하였다.[32)]

또 하나의 자료는 그림이다. 중부 이집트 나일 강변의 베니하산(Beni Hasan)에 있는 어느 귀족의 무덤 벽에 B.C. 1900년경에 그려진 한 그림이 서아시아에서 온 37명의 셈계 가족을 묘사하는데, 그들은 인기 있는 검정 눈 화장품인 안티몬(stibium)을 팔려고 이집트에 온 반유목민이었다. 그 장면에 있는 여러 요소들이 성서의 자료와 상통한다. 그것을 보면 족장들의 가족들이 생각난다. 이집트에 내려간 야곱의 가족은 자녀들과 손자들을 포함하여 70명이었다. 의복에는 세로 줄무늬가 쳐 있고, 매우 화려하여 요셉의 이른 바 "채색 옷"이 생각나게 한다. 거문고, 던지는 창, 활과 화살, 그리고 휴대용 풀무(portable béllows)는 모두 다 반유목민 집단들의 생업에 특유한 것들이다. 화면에 보이는 작은 당나귀들은 낙타가 가축이 되기 전의 으뜸가는 여행 수단이었다.

---

32) *Ancient Near Eastern Texts relating to the Old Testament*, ed. J. B. Pritchard (Princeton, 1974)의 pp. 18-22에 있는 "The Story of Sinuhe," trans. J. A. Wilson.

성서의 우주(宇宙) 기원론

모든 종교에는 '우주 기원론'(cosmogony), 즉 세계와 인류가 어떻게 존재하게 되었는가에 대한 설명이 있다. 창세기(1~11장)에 있는 성서의 우주 기원론은 창조, 에덴동산(즉, 낙원), 인간의 타락, 대홍수 이전의 조상들, 대홍수와 노아의 방주, 바벨탑, 그리고 인류의 분산 등을 다루고 있는데, 이러한 내용들은 모두 다 히브리인들이 메소포타미아 사회와 직접적인 접촉을 하고 있던 제2천년기의 전반으로부터 유래하였다. 첫머리의 두 단어에 따라 '***에누마 엘리슈***'[33]라고 오늘날 일반적으로 일컬어지는 바빌로니아의 가장

33) '에누마 엘리슈'(Enûma Elish, *"When Above"*): 바빌로니아의 "창조 서사시"라고도 불림. 바빌론 제1왕조 이후에 일곱 토판에 쓰였고, 니느웨의 아슈르바니팔 도서관에서 발견되었다. 이 작품은 마르둑을 신들의 왕으로 자리잡게 하려고 쓰인 것이며, 바빌론에서 해마다 신년 축전에서 낭송되었다. 맨 처음에 신들의 짤막한 계보가 실려 있다. 해수(海水)의 여신 티아마트(Tiamat)가 남편 지하수의 신 압수(Apsu)와 함께 태고의 혼돈으로부터 생겨났다. 그후에 신들의 후속 세대들이 태어났다. 하늘의 신 아누(Anu)가 티아마트와 압수의 증손자로 그리고 다른 신들의 조상으로 나타난다. 그 다음에 영리한 에아(Ea)가 배우자와 함께 등장한다. 젊은 신들의 행동을 귀찮게 여긴 압수가 그들을 박멸할 생각을 하고 있을 때에, 에아가 그 계획을 알아차리고 압수에게 족쇄를 채워서 그를 살해하였다. 그때에 그 신화의 진짜 영웅 – 에아의 아들이고 바빌론의 신인 마르둑(Marduk)이 태어난다. 그는 분방해서 티아마트조차도 젊은 신들에게 화를 내게 만든다. 그리하여 티아마트는 자기의 "정부"(情夫) 킹구(Kingu)에게 신들에게 대항할 온갖 괴물들의 무리를 모을 것을 부탁한다. 젊은 신들은 마르둑에게 도움을 청하였는데, 그는 자기를 신들의 왕으로 삼을 것을 조건으로 해서 응한다. 이 조건은 성취되고 격렬한 전투가 뒤따라 일어난다. 마르둑은 번개를 던지고 폭풍을 풀어놓는 등 특별한 무기들을 사용해서 용처럼 생긴 티아마트를 살해하고 킹구를 사로잡는다. 마르둑은 티아마트의 시신을 둘로 쪼개어 그 절반으로는 하늘을 만들고 나머지 절반으로는 땅을 만들었다. 그는 또한 티아마트의 눈들을 꿰뚫어서 티그리스강과 유프라테스강이 흘러나오게 하였다. 그렇게 한 다음 삼대신(三大神)으로 하여금, 즉 아누(Anu)는 하늘에서, 엔릴(Enlil)은 공중과 땅의 표면에서, 그리고 에아는 지하의 단물 속에서, 각각 제 자리를 맡게 하였다. 마르둑은 또한 하늘에 별자리들을 마련하고, 달로 하여금

중요한 창조 설화와 성서의 창세기 사이에 어떤 관계가 있다는 것은 오랜 동안 인정되어 왔다. 예를 들어 두 이야기는 태초의 물의 혼돈상태(primeval watery chaos)와 그에 뒤이은 천지창조라는 개념을 공유하고 있다. 두 기사가 다 같이 해와 달과 그 밖의 다른 천체들이 창조되기 전에 빛이 있었고, 천체들이 창조됨으로써 이제는 시간의 조절이 가능하게 되었음을 말하고 있다.

바빌로니아인의 설화와 히브리인의 기사가 다 같이 인간 창조를 최종적이고 가장 중요한 창조 행위로 보고, 그 후에 창조자들이 휴식을 취한 것으로 기술한다. 성서(창 5장)는 아담에서 노아에 이르기까지 열 조상들을 기록하고 있는데, 비록 실제의 경과 시간은 겨우 1,000년을 넘겼지만 그들이 모두 합해서 8,575년간 살았다고 한다. 므두셀라(Methusela)는 그들 가운데 가장 원숙한 고령인 969세에 사망하였다(창 5:27). 그러나 이 큰 숫자들조차 도합 241,200년 동안 통치한 여덟 명의 대홍수 이전 왕들에 관해서 말해주는 수메르의 명단이나 B.C. 3세기에 훨씬 더 오래된 자료들를 이용하여 작성되고 도합 432,000년 동안 통치한 이러한 지배자들을 기록한 바빌로니아의 명단에 비추어 볼 때 그 광채를 잃게 된다.

새로 시작하기에 충분한 정도만 살리시고 하나님께서 사악해

날들을 나타내기 위하여 빛나게 하고, 차고 기울어서 달들을 구분하게 하였다. 그는 이어서 식물들과 다른 생물들을 만든다. 마지막으로 마르둑은 티아마트의 주장(主將)이었던 킹구(Kingu) 신의 피와 진흙으로 인간을 빚어냈다. 그리고 그들에게 *신들을 섬기고 늘 일할* 의무를 부과하였다. 신들은 바빌론에 마르둑의 큰 신전 에사길라(Esagila)를 창건하였는데, 그 경내에 성서의 바벨탑(창 11:1-9)에 해당하는 지구라트가 세워졌다. 끝으로 신들은 축하연을 열어 마르둑을 찬양하고, 그에게 신들의 권능과 특성을 나타내는 50개의 이름을 바쳤다. 창조의 이야기로서 에누마 엘리슈는 창세기 1:1-2:3에 필적하며, 비록 그들 사이의 차이가 매우 커서 직접적인 차용(借用)은 있음직하지 않지만, 각각에 어떤 *메소포타미아적인 공통 요소들이* 포함되어 있을 가능성은 있어 보인다. 둘 다 태초의 물의 혼돈상태를 언급하고, 같은 일들, 즉 창공, 마른 땅, 천체들, 그리고 인류의 창조 등이 같은 순서로 일어난다.

진 세상을 멸하신 대홍수에 관한 성서의 이야기는 수메르 문명으로부터 바빌로니아인들에게 전해져 내려온 유명한 **'길가메슈 서사시'**[34] 속에 강렬하게 예시(豫示)되어 있다. 바빌로니아의 열번째 대홍수 이전 왕인 우트나피슈팀(Utnapishtim)은 에아[35] 신의 경고를 받고 한 면이 120큐빗[36]인 정육면체 모양의 방주를 짓는다. 이 배 안에 그는 자기의 가족과 소유물과 "모든 생물들의 씨"를 싣는다. 그 서사시는 이어진다 -

여섯 주야(晝夜) 동안
바람이 불고, 억수같은 비와 폭풍과 홍수가 땅을 뒤덮고 말았다.
일곱째 날이 왔을 때 군대처럼 싸웠던 폭풍우와 홍수의 맹습이 진정되었다.
바다는 고요해졌고, 폭풍우는 누그러졌고, 홍수는 그쳤다.
창문을 열어보니 빛이 내 얼굴 위에 쏟아져 내렸다.
바다를 내려다보니 온통 침묵이었다.
그리고 모든 인류가 진흙으로 변했었다.
. . . . .
니시르(Nisir)[37] 산에 배가 닿았다.

---

34) 길가메슈 서사시(Gilgamesh Epic): 대홍수 후 우루크(Uruk)의 반전설적인 왕 길가메슈에 관한 서사시. 12개의 토판 문서에 새겨져 있는데, 그 중 11번째에 바빌로니아판 홍수 설화가 기록되어 있다. 전체 문서의 대부분을 차지하고 있는 나머지 부분은 주인공과 그의 친구 엔키두(Enkidu)의 여러 가지 영웅적 행적을 다루고 있다. 죽음은 누구에게나 오는 것이니 지금 인생을 즐기는 것보다 더 나은 것이 없다는 메소포타미아인의 체념적(諦念的) 인생관과 현세주의(現世主義)가 주제가 되어 있다. 홍수 설화는 부차적 중요성을 가지고 있으며 이 주제를 설명하는 데 돕고 있다. 이 서사시와 노아에 관한 성서의 이야기 사이에 유사점들이 즉시 눈에 띄지만, 주제와 관점에서 보이는 본질적 차이가 이들 사이의 직접적인 의존관계(direct dependence)를 의심스럽게 한다.

35) 에아(Ea): 엔키(地神)의 바빌로니아 이름. 신화 속에서 그는 흔히 'trickster'(주술・장난 등으로 질서를 문란케 하는 신화적 형상)로 제시된다.

36) 큐빗(cubit): 완척(腕尺). 팔꿈치에서 가운데 손가락 끝까지의 길이를 기준으로 한 고대의 여러 가지 단위들. 보통 46cm에 해당하나 때로는 53cm 이상이 될 경우도 있었다.

37) 또는 니무슈(Nimush).

니시르 산이 배를 꽉 붙잡아 움직이지 못하게 하였다.

. . . . .

일곱째 날이 왔을 때에
비둘기 한 마리를 날려보냈더니,
그 비둘기는 날아갔다가 내게로 돌아왔다.
쉴 곳이 없어서 돌아온 것이다.
제비 한 마리를 날려보냈더니,
그 제비는 날아갔다가 내게로 돌아왔다.
쉴 곳이 없어서 돌아온 것이다.
갈가마귀 한 마리를 날려보냈더니,
그 갈가마귀는 날아가서 물이 줄은 것을 보고
먹고, 날아다니고, 까악까악 울더니 돌아오지 않았다.
나는 (모든 것을) 사방으로 내보내고 제물(祭物)을 드렸다.
산꼭대기에 제주(祭酒)를 부었다.[38]

길가메슈 서사시와 역시 대홍수 이전의 열 번째 조상인 노아에 관한 성서의 이야기 사이에 방주와 대홍수 등과 같은 세부 내용을 포함하는 많고 다양한 유사점들이 있기는 하지만, 차이점들도 그에 못지 않게 주목할 만 하다. 히브리인들이 자기들이 B.C. 1500년경 이전에 살던 여러 가지 환경으로부터 정확하게 무슨 개념들을 얻었는지를 단정하는 것은 어려운 경우가 많다. 그러나 중요한 것은 히브리인들이 무슨 개념들을 차용하였든 간에 그들은 그것들에 그들 자신의 정신과 생각을 불어넣었고, 그렇게 함으로써 아시아 이웃들의 원시적 신화를 전혀 새로운 영적 수준으로 끌어올리는 윤리와 도덕의 내용을 그것들에 부여하였다는 점이다.

원형들(prototypes)의 자연주의[39]와는 달리 성서의 우주 기원론 속에서 성취된 *도덕적 강조*는 또 하나의 바빌로니아 홍수 전설인 '**아트라하시스 서사시**'[40]에 의하여 뚜렷이 예시된다. 그

38) A. Heidel, *The Gilgamesh Epic and Old Testament Parallels* (Chicago, 1963), pp. 85 ff.

39) 자연주의(naturalism): 본능이나 자연적 욕망에서만 나오거나 그것에 입각한 행동.

부분은 다음과 같다 -

[엔릴][41] 신은 그들의 모임들로 인하여 마음이 어지러워졌다.
그 신은 그들의 소음(騷音)을 듣고
위대한 신들에게 말하였다:
"인간의 소리가 꽤 커졌소;
나는 그들이 소란을 피우는 바람에 잠을 이룰 수가 없소."[42]

달리 말하여 신들이 단지 개인적인 성가심으로 인하여 앙갚음을 할 마음이 생긴 데 반하여, 창세기에서는 신의 노여움이 인간의 도덕적 타락에 기인하였다. 성서에는 "여호와께서 사람의 죄악이 세상에 가득함과 그의 마음으로 생각하는 모든 계획이 항상 악할 뿐임을 보시고, … "라고 쓰여 있다(창 6:5).

신과 언약에 관한 족장 시대의 개념

이스라엘사의 족장 시대에 있었던 몇 가지 특징이 특별히 중요한 것으로 눈에 띈다. 그 상세한 모습은 아직 분명하지 않지만, 성서의 자료와 근래의 고고학적 자료는 족장들

40) 아트라하시스 서사시(Atrakhasis Epic): 창조와 인류의 초기 역사에 관한 수메르와 바빌로니아의 전설들 가운데 하나임. 그것은 옛날의 메소포타미아 신들이 땅을 창조한 방법과 연소한 신들이 창조와 관련된 힘든 작업에 어떻게 반대했는가를 묘사하는 것으로 시작한다. 이어서 신들의 이 부담을 덜어주기 위하여 인간이 창조되지만, 엔릴 신은 *인간 활동의 소란함에 화가 나서* 여러 가지 방법으로 인구를 줄이려고 시도한다. 이러한 방법들이 효과가 없는 것을 알고 그는 인간을 전멸시키기 위하여 홍수를 보낸다. 지신(地神) 엔키(Enki)의 경고를 받은 아트라하시스는 배를 만들어서 자기의 가족과 몇 짐승들과 함께 화를 면하고, 나중에 신에게 제물을 바친다. 이 주제는 길가메슈 서사시, 그리고 창조와 홍수에 관한 그 밖의 메소포타미아 서사시들과 많은 공통점을 갖고 있다.

41) 엔릴(Enlil): 수메르 판테온의 주신(主神). 비와 바람의 신. 운명의 결정자.

42) J. J. Finkelstein, "Bible and Babel," *Commentary*, XXVI (1958), 431-444. [저자의 주].

이 우리가 알고 있는 바와 같은 일신교(一神教)는 아니지만 그렇다고 해서 다신교(多神教)도 아닌 종교를 믿고 있었음을 함께 보여주고 있다.

그 종교의 기본 개념은 나중에 민족적 의미로 발전할 것인 "언약"(또는 "성약", the Covenant)이라고 하는 것이었다. 이것은 한 특정한 신과 협약을 맺는 부족적 관습이었고, 그 결과 그 신은 그들의 배타적인 복종과 충성스런 신뢰에 대한 보답으로 오직 계약자들에게만 정성을 쏟았다. 아브라함은 하나님, 곧 "**아브라함의 하나님**"(the God of Abraham)과 서로 독점적인 협약을 맺었는데, 그에 의하여 아브라함은 *어느 다른 신도 인정하거나 예배해서는 안 되었고,* 하나님은 *오직 아브라함과 그의 가족의 복리만을 보호하고 추구해야 했다.* 이 점에 있어서 히브리인들은 그들의 메소포타미아 상대자들보다 훨씬 더 뛰어났는데, 그곳에서는 계약 관계가 순전히 경제적 보상(economic *quid pro quo*)의 차원에 머물렀고 마술적 요소가 대단히 중요한 구실을 하였기 때문이다.

이삭이 아브라함의 언약을 갱신하였을 때에 하나님은 "**이삭이 경외하는 이**"(the Fear of Isaac)가 되셨다. 야곱을 위해서는 하나님은 "**야곱의 옹호자**"(the Champion of Jacob)이셨다. 하란에 남겨진 아브라함의 동생 나홀(Nahor, 창 11:26)도 마찬가지로 자기 자신의 신(a personal god)을 채택하였다. 아브라함의 손자 야곱과 나홀의 손자 라반(Laban)이 그들 사이의 분쟁을 해결하였을 때에 야곱이 라반에게, "나의 조상의 하나님, 곧 '아브라함의 하나님'과 '이삭의 경외하는 이'가 나와 함께 계시지 않았더라면, 당신은 틀림없이 나를 빈손으로 돌려보내셨을 것입니다"라고 말하였다(창 31:42). 그러자 라반은, "아브라함의 하나님, 나홀의 하나님, 그들의 아버지의 하나님께서 우리 사이에서 판결하시기를 빈다"라고 대답하였다(53절).

족장시대의 히브리인들에게 오직 한 분뿐이신 하나님(one and only one God)의 존재에 대한 신념이 있었다고 생각하는 것은 지나친 일일 것이다. 그러나 어떤 의미에서는 그들이 일신교를 - 단, 그 말의 뜻을 명확히 하지는 않은 채로 - 실천하였다고 말해도 좋을 것이다. 족장들은 아마도 다른 신들의, 특히 그들 가운데 강력한 신들의, 존재를 부정할 생각은 하지 않으면서도 **한 분의 신에게** 애착을 가지고 **그분만을** 경배하였다. 그 신과 더불어 그들은 위반하면 엄한 처벌을, 그리고 적어도 이론적으로는 완전한 버림까지도 받는 조건으로 파기될 수 없는, 영원히 구속력이 있는 계약을 자발적으로 맺었다. 족장 시대에 발생한 두 가지 불가분의 개념들을 이해하지 않고 이스라엘의 그 후의 역사를 이해하는 것은 불가능하니, 곧 실제적 일신교(practical monotheism)와 족장의 가족들과 그들의 하나님 사이의 개인적 언약(personal covenant)이 그것이다.

질문하는 정신

족장 시대에 뿌리 내린 것이 분명한 또 하나의 현상은 고대 이스라엘이 지닌, 근본적으로 이의를 제기하고 독단에 반대하는 기질과 태도이다.43) 가부장적 구조 속에서 족장이 우두머리였고 그의 최종적인 권위로부터 자유로운 사람은 없었다는 것이 사실이다. 그러나 실제의 삶에 있어서는 예를 들어 아브라함의 아내 사라와 이삭의 아내 리브가와 같은 가모장(家母長, matriarch)도 역시 지배적인 인물이었다. 그리고 가족 안에서는 대체로 상당한 행동의 자유가 있었다. 가사의 영역에서 여자의 개선적 조언(ameliorative counsels)과 그녀의 모성적 감정은 진지하게 받아들여졌다. 가장의 권위에 대한 한 가지 중요한 견제는 경제에 토대를 둔 것이었다. 관습에 의하여 토지는 궁극적으로는 양도할 수 없는 것으로 여겨졌고, 그

---

43) Another phenomenon which apparently struck root in the patriarchal period is the fundamentally *questioning* and *antidogmatic* character and outlook of ancient Israel. p. 23.

결과 개인적 권리보다는 가족과 부족의 권리가 규범이었다.

하나님도 역시 가부장적 견지에서 생각되었다. 그분은 멀리 계신 비인격적 신(a faraway, impersonal deity)이라고 생각되지 않았다. 계약이라는 관념 자체가 계약자들 간의 평등을 함축하였고, 족장들에 의하여 하나님께 요구된 헌신은 하나님에 의하여 그들에게 요구된 헌신 못지않게 철저하였다. 그분은 *필요할 때마다 가까이 계셨고, 가부장적 가정의 한 구성원이셨고, 장시간의 질의응답 시간에 상대해 주셨다.* 족장시대 사회의 반유목적 가족 구조로부터 시작하여 성서의 마지막 책들의 저술에 이르기까지의 히브리 문학을 관통하여 권위에 이의를 제기하는 독특하고 불변하는 특색이 줄곧 이어지고 있다. 히브리 정신은 동족이든 외국인이든 간에 *어느 한 사람이나 한 부족의 절대적 지배에 반대하는* 점에 가장 깊게 표현되었다. 이 태도는 *하나님의 지배에까지도* 미쳤다. 그리하여 창세기 18:16-33에 나오는 아브라함과 하나님 사이의 유명한 대화에 있어서 아브라함은 하나님께서 소돔을 멸하실 계획을 알리셨을 때에 선한 사람들을 악한 사람들과 함께 벌하는 것은 공평치 못하다는 이유로 단호하게 반대하였다. 그리고 아브라함은 단지 열 사람의 의인이 남아 있어도 노를 발하지 않으시기로 하나님께서 약속하실 때까지 만족하고 그만두려 하지 않았다. 그럼에도 불구하고 실제로는 그곳에 의인이 열 사람도 없었던 것으로 보인다.

이 점에 있어서 족장 이야기들(patriarchal narratives)은 주인공들이 신들에게 말대꾸하는 당대 근동의 전설 양식을 반영하였다.

욥기는 신을 심문(審問)하는 한층 더 유명한 예를 제공한다. 그러나 아브라함도 욥도 프로메테우스와 같은 반항자의 성격을 띠지는 않았다는 것은 주목할 만한 일이다. 그들은 신에 대한 반란자들은 아니었고, 단지 정의가 행해지는 것을 확인하고, 하나님의 권능을 이해하고, 계약이 적절하게 작성되고 양편에서 다 같이 이행되도록 하기를 원했을 뿐이었다.

제2장 노예생활, 출애굽, 민족적 언약

고대 이스라엘사의 두 번째 중요한 시대는 한 무리의 히브리인들이 B.C. 17세기말이나 16세기초의 어느 땐가에 이집트로 내려감으로써 시작되었다. 여러 세기가 지나 그들의 후손들이 가나안으로 복귀하였을 때에는 그들은 하나의 민족을 이루기 일보 직전까지 와 있었다.[44] 그들이 이집트에서 얻은 경험은 이스라엘이 한 민족으로 발전하는 데 결정적 요인이 되었다. 이곳에서 히브리 가족들은 수가 늘어났고, 하나님께 관한, 그리고 하나님께서 그들과 맺으신 언약에 관한 그들의 개념이 히브리인 전체에 미치도록 확장되었다. 이곳에서 그들은 또한 이집트 국민 일반이 비굴하게 복종한 것과는 대조적으로 국가의 독재에 저항하기를 계속하였다. 이집트에서보다 더 정교하게 발달된 곳이 없는 국왕 신격화(神格化)의 고대 풍습이 그들에게는 근본적으로 아무런 영향을 끼치지 않았다. 이 위대한 에피소드에 있어서 모세(Moses)라고 하는 영웅적 인물이 서사시적 위풍 속에 두드러져 보인다.[45]

---

44) By the time their descendants had found their way back to Canaan, several centuries later, they were *on the verge of* nationhood. p. 25.

45) The Egyptian experience was a decisive factor in the development of Israel as a people. Here the Hebrew families grew in number, and *their conception of God and His covenant with them* was extended to cover *the entire Hebrew folk.* Here also they continued to oppose state autocracy, in contrast to the abject submission of the Egyptian people at large. The ancient custom of deifying kings, nowhere more elaborately developed than in Egypt, left them fundamentally untouched. In this great episode, the heroic figure of Moses stands out in epic grandeur. p. 25.

'에이소도스': 이집트와 힉소스인

가뭄과 기근이 팔레스타인 지역을 황폐하게 할 때마다 전체 부족들이 가재(家財)를 꾸려서 이집트로 피난 가는 것은 흔히 있는 일이었다. 그곳에서는 나일강의 주기적 범람이 오늘날에도 그렇듯이 그 땅에 생명을 주고 그 나라의 농업을 관리하는 데 도움을 주었다. 이집트인들은 일찍이 계절적 홍수에 대비하여 수로를 파서 곡물을 생산하는 땅에 물을 끌어대는 방법을 배웠다. 따라서 이집트에 이주하는 것은 오래 전부터 쓰인 방편이었다.46)

반면에 팔레스타인에서는 비가 언제나 필요한 때에 오는 것은 아니었다. 예를 들어 13세기말의 한 이집트 문서가 팔레스타인 남쪽의 에돔(Edom)에 살던 반유목 주민들이 가뭄 때에 "자신들이 살고 자기들의 가축을 살리기 위해서" 어떻게 그들의 고향을 떠나 이집트로 왔는지를 말해준다. 그보다 더 옛날에 아브라함과 이삭으로 하여금 남쪽으로 가게 한 것(창 12장과 26장)이 성서에 의하면 기근이었고, 야곱이 그의 아들들을 온 세상이 가문 때에도 곡식이 여전히 조달될 수 있는 이집트로 보낸 이유도 같은 방식으로 설명되어 있다(창 42장 이하). 이 임무 수행의 결과로 전 가족이 마침내 그곳에 정착하였다.

동시에 '엑소도스'(*Exodus,* 나가기)와 반대로 '들어가기'를 뜻하는 이 '에이소도스'(*Eisodus*)는 가나안에 대한 이집트인의 종주권(宗主權)을 얼마 동안 붕괴시키고 이집트 국내에서도 그들의 주권을 축소시킨 어떤 민족적 소동에 의하여 조장되었을 수도 있다. 이집트 국가의 점차적인 붕괴에 이어서 대부분이 셈족인 것이 분명하고 전체적으로는 힉소스인47)이라고 알려진 아시아인들의 혼합집단이 북쪽에서 출현하

46) Migration into Egypt was an ancient expedient. p. 26.

여 시리아와 팔레스타인을 지나 떼 지어 이동해 내려왔다. B.C. 1720년경까지에는 그들은 '육교'[48]를 건너 아프리카로 들어가서 이집트의 많은 부분을 정복하였었는데, 그들의 지배는 1550년경까지는 완전히 분쇄되지 않을 것이었다.

힉소스인과 히브리인 사이에는 여러 접촉점들이 있어 보인다. 예컨대, 이집트에 있던 어떤 힉소스인 추장이 *Jacob-el* 또는 아마도 *Jacob-har*라는 이름을 지녔는데, 그것은 "엘(El) 또는 하르(Har, 山神)가 보호해 주시기를"이라는 뜻이다. 또한 사람의 힉소스인 지도자는 *Jacob-baal*, 즉 "바알(Baal)이 보호해주시기를"이라 불렸다. "보호하다"라는 뜻을 지닌 동사적 요소 Jacob은 이집트에 정착한 히브리인 족장 야곱의 이름과 동일하다. 그뿐 아니라 이집트에서 이루어진 요셉(Joseph)의 출세, 즉 이집트 궁정에서의 한 히브리인의 집권이라고 하는 극적인 이야기 속에 있는 역사적 핵심(historical kernel)은 셈족, 그리고 십중팔구 그들 중의 하비루가 이집트의 새로운 지배자들 사이에서 두각을 나타내고 있었던 힉소스인의 시대에 이루어졌을 가능성이 높은데, 그 이유는 자기들 가운데 사는 낯선 사람들의 야심을 조장하는 것은 이집트인의 습성이 아니었기 때문이다. 더 나아가 성서에 의하면 바로 힉소스인이 그들의 새로운 수도 아바리스(Avaris)[49] 근처에 건설한 지역인 델타의 고센(Goshen)에 히브리인들이 정착하였는데, 이것은 단순한 우연이 아니었던 것으로 보인다.

이 점과 관련하여 많은 힉소스인들이 아바리스로부터 가

47) 힉소스인(Hyksos): 중왕국과 신왕국 사이의 중간기에 이집트를 정복하고 '힉소스 왕조'(제15·16왕조)를 세워 약 100년 간 그곳을 지배한 유목민. 아시아에서 이동해 온 것으로 생각됨. 말의 뜻은 "외국의 지배자들," 또는 "목자 왕들"임.

48) 육교(陸橋, land bridge): 팔레스타인의 서남부에서 해안을 따라 이집트로 들어가는 육로를 가리킴.

49) 후일의 타니스(Tanis).

나안으로 가서 그곳에서 예루살렘을 건설하였다는 뜻으로 이집트인 역사가 **마네토**(B.C. 275년경)[50]가 기록한 글을 A.D. 1세기의 유대인 역사가 **요세푸스**[51]가 인용하는 것을 보는 것도 재미있는 일이다. 마네토에 의하면 이들 힉소스인들은 "그 수가 적어도 240,000명 이상"이었는데, 이 숫자는 레위인들과 여자들과 아이들을 제외하고 603,550명의 히브리 남자들이 출애굽에 참가하였다고 하는 성서의 진술(민 1:46)을 생각나게 한다.

이 모든 사실들은 히브리인과 힉소스인이 상당히 친밀한 사이였을 가능성을 암시하고, 그 결과 히브리인들의 *이집트 입국은* 힉소스인들이 권세 있는 자리에 있었음으로 인하여 촉진되었고, 그들의 *노예 신분으로의 전락은* 힉소스 침입자들의 몰락 후에 있은 외국인 집단의 노예화로 설명될 수 있을 것이다. 만약 이 가설이 받아들여진다면, 그것은 히브리인의 이집트 체류에 관한 성서의 설명(창 39-50장; 출 1장 이하)이 그것이 묘사하는 사건들과 같은 시대로부터 유래한 것이라는 증거를 제공한다. 그 이유는 이집트인들 자신은 힉소스인에게 자기들이 정복당한 일에 굴욕을 느낀 나머지 당대의 사건들에 대한 어떠한 언급도 회피하거나 억제하였고, 그 결과 훨씬 후대에 역사적 세부 지식을 누군가가 알게 되는 것은 거의 불가능하였을 것이기 때문이다.

---

50) 마네토(Manetho): B.C. 3세기초의 이집트인 신관(神官). 그는 헬리오폴리스 신전의 대사제(大司祭)가 되어 프톨레마이오스 2세의 위임 하에 고대 이집트어 사료에 바탕을 둔 《이집트사》(*Aegyptiaca*) 3권을 그리스어로 저술하였다. 그의 작품은 후대의 요세푸스나 초기 기독교 저술가들에 의하여 인용된 단편밖에 남아 있지 않으나, 그가 메네스로부터 알렉산더 대왕까지를 30왕조로 구분하고, 그 전체를 '고왕국,' '중왕국,' '신왕국'으로 3분한 방법은 현재에도 쓰인다. 그러나 그가 전하는 연대는 기념비 등의 1차 사료에 의하여 정정되는 경우가 많다.

51) 요세푸스(Josephus, 37?-101경): 로마명 Flavius Josephus, 본명 *Joseph ben Matthias.* 1세기 후반에 활약한 유대인 장군, 역사가.

체재(滯在)

성서 자체는 이집트 노예생활의 마지막 시기에 관해서만 상세히 기술하고 있다. 그러나 그곳에 무엇이라고 쓰여 있는가? 이집트인들이 힉소스인들을 타도한 다음에 그들은 도망하지 않은 외국인들을 노예로 삼았고, 그리하여 성서에 기록되어 있는 바와 같이 그 땅에 있는 비이집트인들의 지위를 역전시켰다: "요셉을 알지 못하는 새 왕이 일어나서 애굽을 다스리더니 … 감독들을 그들[히브리인] 위에 세우고 그들에게 무거운 짐을 지워 괴롭게 하여 그들로 하여금 파라오를 위하여 국고성(國庫城) 비돔(Pithom)과 람세스(Ramses)를 건설하게 하였다"(출 1:8-11).

힉소스인의 지배하에서 이집트 문화는 매우 쇠퇴해서 그 시대가 "큰 굴욕"(The Great Humiliation)[52]의 시대로 묘사되어 왔다. 그러나 힉소스인에 대한 성공적인 해방전쟁은 매우 큰 규모로 이집트의 부흥을 초래하여 뒤이은 신왕국(新王國)의 시대, 그 중에서도 특히 18·19왕조의 시기(1550-1150년경)는 '황금시대'라고 일컬어져 왔고 "이집트가 동방을 다스리던 때"[53]라고 하는 시사적인 이름을 가진 근간 서적의 주제가 되었다. 문학과 예술과 건축의 발달, 스포츠와 전투에 있어서의 개인의 신체적 용맹의 도야(陶冶), 궁정에서의 그리고 상류 사회 전반에 있어서의 여성 세력의 현저한 신장 - 이 모든 것들이 제국주의적 대외 팽창과 국내의 도시화에 의하여 초래된 새로운 세계시민주의, 그리고 세속주의까지도 나타내었다.

---

52) John A. Wilson, *The Culture of Ancient Egypt* (원명, *The Burden of Egypt*)(Chicago, 1971), p. 154.

53) G. Steindorff and K. C. Steele, *When Egypt Ruled the East*, rev. ed. (Chicago, 1957). [저자의 주]

이집트의 환경 속에는 히브리인들이 열심히 모방할 수 있을 만한 많은 것이 있었다. 그러나 이집트의 노예 수용소에서 그들과 그 밖의 사람들이 살고 있던 종류의 삶은 문화적 도제(徒弟)살이(cultural apprenticeship)를 조장하지 않았다. 한 대가(大家)가 표현한 바와 같이, "정부의 건축 사업에 투입된 노예 떼들에게는 승려들이나 서기들과 토론할 기회가 없다. 그들의 순진한 불모의 영혼들은 퇴폐적 문명의 몇 가지 추행을 보고서는 그것들로부터 뒷걸음질치고, 속박의 땅이 이룩한 문화적 업적을 찬탄하기보다는 오히려 지루한 노예생활로부터 탈출하기를 갈망하였다."[54]

모세, '엑소도스'의 지도자

한 무리의 히브리인과 그 밖의 사람들이 이집트로부터 탈출하기 위하여 레위 지파 모세의 지휘 하에 단결한 것은 아마도 13세기의 어느 때쯤이었을 것이다. 이 지파는 자유를 위하여 탈출을 해보기 원하는 국가 노예들을 조직화하는 데 앞장섰다. 여러 명의 걸출한 레위인들이 이집트인의 이름을 가지고 있었는데, 예를 들면 모세(Moses), 미리암(Miriam), 홉니(Hophni), 비느하스(Phinehas), 므라리(Merari), 푸티엘(Puti-el), 그리고 아마도 아론(Aaron)이 그리하였다. 우리는 이 사실만으로도 그들의 이집트 거주 기간이 상당히 길었다는 것과, 오랜 동안 노예생활을 하였음에도 불구하고 자유롭게 되기 위한 그들의 저항과 결심이 비상한 정도였음을 짐작할 수 있다.

성서는 어떤 비히브리인 집단들, 즉 출애굽기(12:38)와 민수기(11:4)의 "수많은 잡족(雜族)"(the mixed multitude)이 모세와

54) J. A. Wilson, *The Burden of Egypt* (Chicago, 1951), p. 256.

람세스 2세: 출애굽 때의 파라오. 이 화강암 상은 그가 독특한 국왕의 헬멧을 쓰고 상징적인 홀을 쥐고 있는 것을 보여준다. 그의 곁에 있는 작은 여인은 그의 아내이다.

히브리인들과 함께 이집트에서 나왔음을 밝히 말하고 있다. 그런데 이집트의 자료들이 이러한 상황의 매우 분명한 배경을 제공한다. 여러 나라에서 태어난 사람들과 여러 민족 집단의 성원들인 수만 명의 일꾼들이 이집트 국가를 위해서 노동하였다. 아멘호텝(Amenhotep) 2세가 시리아와 팔레스타인에서 벌인 군사적 정복활동들의 결과로 이미 15세기에 3,600명의 아피루(Apiru, Habiru)를 포함하는 수많은 셈족 및 비 셈족 전쟁포로들이 국가 노예로 이집트에 끌려왔다. 14세기에서 12세기까지의 다른 이집트 왕들이 벌인 군사 작전들도 유사한 결과를 초래하였다. 비돔과 람세스와 같은 곳에서 람세스 2세(1301-1234경)가 벌인 대 건축 사업에는 이러한 "수많은 잡족"이 투입되었고, 그들 중의 다수가 노예 생활로부터 탈출하기를 갈망하였다.

모세와 출애굽에 관하여 언급하는 이집트 측 기록이 전혀 없다는 사실로 인하여 학자들은 오랫동안 걱정해 왔고, 어떤 학자들은 그것들을 언급하는 한 두 문서가 뜻밖에 나타날 수도 있으리라는 신념을 표현한 적도 있다. 그러나 이집트사를 연구하는 현대의 학자는 이런 걱정도 낙관도 할 필요가 없다. 첫째로 이집트인은 전투에서 지면 그것을 승리로 기록하든지 그렇지 않으면 침묵으로 지나쳐 버리든지 하는 것이 관례였다. 그리하여 힉소스인의 장기간의 지배는 힉소스인이 축출될 때까지는 당대의 이집트 자료에 언급되지 않았고, 그들에 대한 승리마저도 공식적으로는 기록되지 않은 것이 분명하다. 그리고 둘째로 출애굽의 규모와 그것이 이집트 정부에 대해서 지닌 중요성은 매우 미미해서 문서에 당연히 언급되어야 할 정도는 아니었다.[55)]

광야에서의 방랑

시나이 반도는 그것의 동쪽으로 그리고 남쪽으로 더 멀리 위치해 있는 아라비아 반도의 작은 복제품이다. 시나이는 서편으로는 홍해가 깊이 내민 팔에, 그리고 동편으로는 페르시아만이 아라비아 반도의 동쪽 경계를 이루듯이 아카바만(Gulf of Aqabah)에 접하고 있다. 모세가 길을 안내한 것은 이 뜨거운 황야의 고지(高地) 속으로였다.

바로 이곳 시나이의 황야에서 이스라엘은 무시무시한 고난을 겪으면서 달구어지고 두드려져서 그 모습이 잡히게 되었다. 약하고 지친 자들은 조상의 고향인 '약속의 땅'(Land of Promise)을 향하여 또다시 십리를 표류하도록 젊고 강한 자들을 뒤에 남겨두고 죽었다.[56)]

---

55) The *scope* of the Exodus and *significance* of it for the Egyptian government were so meager as not to merit any documentary mention. p. 30.

56) Here, in the wilderness of Sinai, Israel was *forged*, hammered into shape amid appalling hardship. The weak and weary perished,

모세가 이집트로부터 인도해 낸 이 집단 안에서 격렬한 권력투쟁(權力鬪爭)이 끝없이 일어났다. 고라[57]와 그의 레위 지파와 르우벤 지파로 이루어진 도당이 모세 자신의 권위에 도전하였다(민 16장). '금송아지' 사건에서 아론은 또 하나의 도당이 유사한 투쟁을 하는 데 이용되었다(출 32장). "우리가 애굽에 있을 때에 값없이 생선과 외와 수박과 부추와 파와 마늘을 먹던 일이 생각나지만, 이제 우리는 입맛을 잃어도 이 만나(*manna*) 밖에는 보이는 것이 없구나"(민 11:4-6)라고 "잡족"이 광야에서 불평을 토로하였을 때에 또 한 번의 어려움이 있었다. 강철 같은 의지의 소유자만이 이 끊임없는 언쟁과 음모와 퇴보를 견뎌낼 수 있었을 텐데, 모세가 바로 그 사람이었다.[58]

이러한 권력투쟁이 일어났고, 그 후에 이 잡다하고 미숙하고 교양 없는 개인들의 집단이 어느 정도 통합된 세력과 사회 집단으로 용접된 것은 이집트나 가나안에서가 아니라 바로 시나이의 황야에서 있었던 일이었다. 목적지에 접근하기까지 약 한 세대 - 전통적인 "40년"의 방랑 - 가 경과한 것은 이치에 닿는 일일 뿐 아니라 모세와 아론과 미리암과 같은 출애굽의 지도자들 중에 약속된 땅에 들어갈 만큼 오래 살은 사람은 거의 없었다는 사실을 설명해 준다.

최근까지 성서는 '황야에서의 방랑'의 역사를 알려주는 사실상 유일한 자료였고, 그 결과 이스라엘사에 있어서의 이 기간의 중요성은, 그것의 확실성 자체는 의심을 받지 않으면서도, 과소평가 되어 왔다.

---

leaving the young and strong to *drift* yet another mile *toward* the Land of Promise, the ancestral home. p. 31.

57) 고라(Korah): 모세와 아론에 대항하는 반란을 주도했던 레위인(민 16장).

58) Only a man of iron will could have endured this endless bickering, scheming, and backsliding. Moses was that man. p. 31.

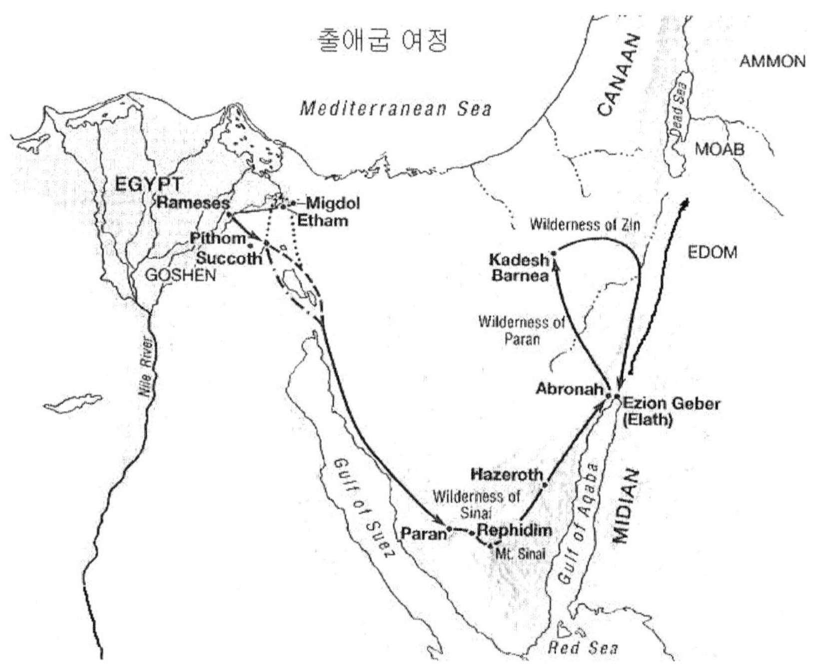

성서 이야기의 한 가지 주요한 내용은 방랑하던 히브리인들이 정치적 종교적 생활을 그 주변에서 영위한 이동식 성막(Tabernacle) 또는 회막(Tent of Meeting)[59]이다. 이 제도는 과거에 역투영된 후대의 허구라고 여겨지는 것이 보통이었다.[60] 그러나 근자에는 시나이 황야에서 사용된 이 건조물과 제도의 기원을 설명해 줄 뿐 아니라 가나안 정복 후에 실로(Shiloh)에 있었던 "여호와의 장막"(Tent of the Lord, 수 18:1)으로서의 그것의 역사를 밝혀주기도 하는 고고하적 및 문학적 유사물들이 축적되어 왔다. 그것은 마침내 다윗이

59) 성막(聖幕) 또는 회막(會幕): 이집트를 탈출한 유대인이 광야를 헤매었을 때 사용한 가동성(可動性) 성소(聖所). 솔로몬이 예루살렘 성전을 건립할 때까지 사용되었음(출 25-27장).

60) This institution used to be regarded as *a late fiction*, projected back into the past. p. 32.

계획하고 솔로몬이 건설한 성전으로 대체되었다.

언약궤(Ark; 민 10:33), 즉 전해 내려오는 바에 의하면 모세가 십계명을 기록한 두 석판을 넣어 두어 보존한 아카시아 상자의 경우에도 거의 같은 일이 일어났다. 더 나아가 출애굽기와 민수기에 묘사된 전통적인 방랑의 노정(路程)은 시나이의 지세와, 그리고 B.C. 13세기에 채굴되고 있었고 수비대가 두어진 구리와 터키 옥[61]의 광산(鑛山)들의 위치에 관하여 우리가 알게 된 바와 잘 들어맞는다. 수비대가 두어진 이집트인 수중의 이 장소들은 히브리인들이 시나이를 통한 그들의 고된 여행 중에 주의 깊게 비켜간 바로 그 지점들에 위치했던 것으로 보인다

모세와 언약

이스라엘의 역사에서 기본적 중요성을 지닌 한 요인인 하나님과 새 민족 사이의 언약(言約)이 이 시기에 맺어졌다.[62] 족장들과 그들의 하나님과의 관계는 반유목민적 가족생활의 사회적 양식에 따라 개인적 협정으로 시작되었었다. 불타고 있는 덤불 속에서 '신의 현현(顯現)'(theophany)이 있었을 때에 모세가 하나님(Deity)과 최초로 가진 경험에 있어서도(출 3장) 그 관계는 역시 개인적이었고, 족장 시대의 전통에 따라 하나님 자신이 보통 "주"(主, LORD) 또는 "여호와"(Jehovah)로 번역되는 YHWH라고 하는 새로운 개인적 이름(a personal

61) 터키 옥(turquoise): 벽청(碧靑) 또는 청록색 보석. 터키를 통해서 유럽에 수입되었기 때문에 이렇게 불린다.

62) *The Covenant between God and the new nation,* a factor of fundamental importance in Israel's career, came into being during this period. p. 33.

name)[63]을 얻으셨다.

출애굽과 방랑시의 경험들은 개인주의적 요소들을 벼려서 점차로 새로운 부족적 또는 민족적 단위로 만들어 내었다. 출애굽의 목적은 단순히 일단의 노예들을 그들 자신들을 위하여 해방하는 것이 아니라 무엇인가 훨씬 더 크고 더 중요한 것, 즉 하나의 새로운 민족의 창조를 위한 것이었다. 하나님과 그 민족 사이의 직접적인 관계는 *역사와 상황의 힘에 의하여 창조된* 새로운 요소였다. 그 시점으로부터, 그리고 앞으로 성서 전체를 통하여 새로운 언약, 즉 출애굽의 행위에 의하여 조인(調印)된 *하나님과 그분의 백성 사이의 국민적 협약이* 하나님과 족장시대 지도자들 사이의 낡고 개인적인 언약들을 대체하였다.[64]

모세의 인격이 이스라엘의 형성기를 크게 지배하였기 때문에 그가 오경(五經)을 저술한 것으로 후대가 믿게끔 되었다. 이 영예는 상징적인 의미에서, 그리고 아마도 사실적인 의미에서조차도 정당화되고도 남음이 있다. 오늘날의 연구 결과는 고대 이스라엘 법률의 한 중요한 부분이 분명히 히브리인의 황야에서의 방랑과 일치하는 가나안 이전 시대에서 유래함을 보여 주었다 (아래 제3장 참조). 그리고 위에서 언급한 바 성막(聖幕)이 시나

63) 그 히브리어 용어는 YHWH 또는 YHVH(*yod he vav he*)라고 하는 네 글자로 되어있고, 따라서 "**네 글자**"(Tetragrammaton)라고도 불린다. 오늘날 많은 학자들이 YHWH의 원래의 발음은 Yahweh(야훼)였다고 믿는다. 그러나 이 신념을 뒷받침할 증거가 결정적인 것은 아니고, 그 용어의 원래의 의미에 관해서도 상당히 많은 이견이 있다. 역자는 이 책을 번역함에 있어서 편의상 우리에게 익숙한 "여호와"라는 칭호를 많이 사용하였고, 때로는 "야훼"라는 칭호도 사용하였다.

64) The direct relationship between God and the Nation was the new element created by the forces of history and circumstance. From that point on, and throughout the entire Bible henceforth, the new Covenant, *a national pact* between God and His people, *sealed by the act of the Exodus*, replaced the older, individualistic covenants between God and the patriarchal leaders. p. 34.

이에서 기원한 것은 다수의 종교적 의식적 규정들이 모세의 지도하에 발달하였음을 암시한다.

난처하게 하는 많은 문제들을 해결하고, 새롭게 발생하고 변하는 상황들을 완전히 그리고 지혜롭게 이용하고, 조직되지 않은 히브리인들과 그들의 동행자들을 따라갈 때와 리드할 때를 아는 데에는 탁월한 지성과 인격이 필요하였다. 그 잡다한 부족적 일행이 황야를 빠져 나왔을 때에 그들은 모두 다 한 분 하나님께 매어 있었다. 모세만이 그 필수적인 리더쉽을 제공하였고, 그는 이스라엘을 한 민족으로 탄생하게 하였다고 하는 그의 전통적 세평(世評)을 족히 들을 만하다.

누가 모세의 권한을 계승할 것인가 하는 것은 대단히 중요한 문제였는데, 모세가 자기의 계승자로 에브라임 지파의 여호수아(Joshua)를 선택한 데에는 반대가 없었던 것으로 보인다.

모세와 아톤 신앙

많이 인용되는 한 이론에 의하면, 모세는 그가 히브리인들에게 도입한 일신교의 개념을 그가 성장한 이집트의 환경, 특히 이른바 아톤의 일신교[65]로부터 얻었을 수도 있다. 태양의 원반(圓盤)을 숭배하는 이 종교는 이집트에 전에도 알려져 있었지만, 아멘호텝 4세(일명 아케나톤; B.C. 1380-1362 경)에 이르

65) 아톤 신앙(Atonism): 이집트 신왕국(新王國)의 파라오 아멘호텝(Amenhotep) 4세는 부패한 승려들이 들끓는 수도 테베를 버리고 중부 이집트의 엘 아마르나로 천도한 다음 그곳에서 흔히 유일신 신앙으로 간주되는 아톤(Aton) 숭배의 보급을 위하여 노력하였다. 그는 자기의 이름도 "아톤은 만족하였다"라는 뜻을 지닌 아케나톤(Akhenaton)으로 바꾸고 종교의 윤리성 회복을 위하여 노력하였으나, 그의 급격한 이상주의는 대중의 호응을 얻지 못하여 실패하고, 그의 사후에 이집트인들은 이전의 아몬(Amon) 숭배로 되돌아갔다.

러 한 광신적 숭배자를 발견하였다.

그러나 서로 독립적인 두 가지 중요한 사실들이 이 이론을 반증한다. 첫째로 아톤 숭배가 아케나톤과 그의 가족에게 한정되어 있었고 아케나톤의 사후에 즉시 진압되었기 때문에 모세가 아톤 신앙의 영향을 받았을 가능성은 거의 없다. 실로 아케나톤 자신의 조신(朝臣)들은 바로 아케나톤을 숭배하였고, 이러한 점으로 볼 때 아톤 신앙도 진정한 일신교는 아니었다. 둘째로 모세가 일신교를 주창하였을 때에 그가 사실상 히브리인들에게 새로운 개념을 도입하고 있은 것은 아니었다. 그에게는 그가 사용할 수 있는 친숙하고 개발 가능한 히브리적 일신교 개념이 있었고, 시내산의 언약조차도 자신을 하나님께 결합시키는 옛 방식으로부터의 본질적 변화가 아니라 정도의 변화였다.

끝으로 성서에 의하면 히브리인들이 이집트로부터 문화적 짐 꾸러미(cultural baggage)를 거의 또는 전혀 들고 나오지 않았음이 분명하다.

제3장 가나안의 이스라엘: 사사들의 시대

가나안은 족장들의 고향이었고, 족장들의 하나님은 바로 이 땅과 관계를 맺고 계셨다. 모세와 그후의 모든 지도자들은 이 기본적인 사실을 알고 있었고 그들은 히브리인들을 황야를 거쳐서 바로 이 가나안으로 인도하였다. 사사(士師)들의 시대, 즉 "이스라엘인"이라는 용어가 "히브리인"이라는 용어를 대체한 12·11 세기에 하나님과 이스라엘과 이스라엘 땅의 관계가, 그 후 언제나 그래왔듯이, 서로 얽혀서 뗄 수 없게 되었다. 성서의 저자들은 하나님과 성지(Holy Land)가 없었더라면 이스라엘이 있을 수 없었을 것으로 생각하였다.[66]

이스라엘 땅의 지리

팔레스타인은 북쪽의 안티레바논 산맥[67]의 기슭에 있는 단(Dan)에서 남쪽의 브엘세바(Beersheba) 아래에까지, 그리고 서쪽의 지중해에서 동쪽의 트란스요르단[68]의 사막 언저리에 이르는 대략 26,000km^{2}의 지역에 걸쳐 있다(지도 II 참조). 그 전 영토가 크기와 모양에 있어서 뉴햄프셔 주를 닮았는데, 그것의 약 3/5이

66) In the view of the Biblical writers there could have been no Israel without God and the Holy Land. p. 36.

67) 안티레바논(Anti-Lebanon) 산맥: 레바논과 시리아의 국경을 따라 남북으로 뻗어 있는 산맥. 최고봉인 헤르몬산(2,814 m)은 그 남쪽 끝인 레바논·시리아·이스라엘 국경에 우뚝 솟아 있다. 지중해성 기후의 영향을 받아 겨울에 강수량이 많고 고산(高山)에는 만년설이 쌓여 있어 산맥 동쪽으로 흐르는 강들과 남쪽으로 흐르는 요단강의 수원이 되며, 시리아 쪽의 산기슭에도 다메섹 등의 오아시스가 자리잡고 있다.

68) 트란스요르단(Transjordan): 요르단 강 동쪽 지역.

요단강 서편에 있다. 이 작은 나라가 대략 여덟 개의 자연지리적 단위로 구분된다.

첫째로 지중해를 따라 폭이 약 16km이고 대략 현대의 텔아비브(Tel Aviv) 근처에 있는 욥바(Joppa)에서 반으로 나누어지는 해안평야(海岸平野)가 있다. '샤론 평야'[69]는 북으로 현대의 하이파(Haifa) 근처에 있는 갈멜(Carmel) 산맥에 이르기까지 펼쳐 있고, 더 중요한 '블레셋 평야'(Philistine plain), 즉 '필리스티아'(Philistia)는 그 남쪽에 펼쳐 있다. '악코 평야'(Plain of Acco)는 샤론의 북쪽 갈멜 산맥에서 악코의 좀 더 저편에 이르기까지 펼쳐 있다. 해안선을 따라 더 먼 곳에는 그 지역의 산들에 의하여 악코와 서부 팔레스타인의 남은 지역으로부터 분리된 '페니키아'(Phoenicia)가 있었다.

필리스티아의 동쪽에 그리고 그곳과 나란히 둘째 주요 지역인 세펠라(Shefelah) 평지가 있는데, 그곳은 중부 고지(Central Highlands)로부터 종곡[70]에 의하여 분리되고, 그것에 이르는 이행지역(移行地域, transition)을 형성한다. 구릉지대는 남 시리아에서 시작하여 언덕들과 산들의 형태로 팔레스타인의 길이를 따라 뻗쳐 내려오다가 남단(南端)에서 점차 소멸하기 시작한다.

북부 고지(Northern Highlands)라고 하는 셋째 부분은 갈릴리(Galilee)라고 일컬어지고, 보통 상·하 갈릴리(Upper and Lower Galilee)로 세분된다. 넷째 단위는 이스르엘 계곡(Valley of Jezreel) 또는 '에스드라엘론 평야'(Plain of

69) '샤론 평야'(Plain of Sharon): 지중해 연안의 모래 언덕과 내륙 산기슭의 작은 언덕 사이에 있고, 얍파(Jaffa)에서 카이사레아(Caesarea)에 걸쳐 있는 평야. 오늘날 이스라엘에서 가장 인구가 조밀한 지역이고, 성서 시대에는 아름다움과 비옥함으로 유명하였다.

70) 종곡(縱谷, longitudinal valleys): 산맥 사이에 끼여 산맥과 나란히 있는 골짜기.

Esdraelon) 또는 단순히 "계곡"(The Valley)이라 불리는 곳인데, 이 계곡은 갈릴리를 가로 질러가고 상인들과 침입자들이 트란스요르단에 이르는 수월한 길이기도 하다. 다섯째 부분인 중부 팔레스타인(Central Palestine)은 북에서는 사마리아(Samaria)로 이루어졌고, 그 남쪽 부분은 유다(Judah)를 구성하였다. 서부 팔레스타인의 나머지 부분으로 이루어진 여섯째 구분은 네게브(Negeb)라고 하는 남쪽의 광활한 반건조(半乾燥) 지대였다.

팔레스타인의 지형

일곱째 부분인 요단강 서쪽 영토(territory west of the Jordan)는 구릉 지대를 형성하는 언덕들의 긴 열이 필연적으로 만든 지질학상의 놀라운 "열곡"71)에 의하여 트란스요르단과 분리되었다. 이 열곡은 시리아에서 시작하여 레바논산(Mount Lebanon)과 안티레바논산(Mount Anti-Lebanon)(성서의 헤르몬산)을 가르고 형성하며, 요단 계곡과 아라바72)의 형태로

71) 열곡(裂谷, rift valley): 평행한 두 단층 사이의 땅이 꺼져서 오목하고 길게 된 부분.

72) 아라바(the Arabah): 사해(死海)에서 아카바만까지 약 160km 뻗어있

아카바만과 홍해에 이르기까지 - 실로 모잠빅과 아프리카 호수들에 의하여 채워지는 대저지(大抵地, great depressions)에 이르기까지 - 남쪽으로 계속된다. 요단강은 계곡을 관류(貫流)하여 도중에 훌레호(Lake Huleh)와 갈릴리(또는 긴네렛, Chinnereth) 바다에 고인 다음 남쪽으로 사해(死海) 또는 염해(鹽海)라고 하는 막다른 골목(cul-de-sac)에서 끝난다. 지중해면보다 약 390m 낮은 사해는 세계에서 가장 낮은 저지(低地)이다.

마지막으로 동부 팔레스타인 또는 트란스요르단(Transjordan)은 본질적으로 고원(高原)이고 네 강에 의하여 다섯 개의 주요 지역으로 분할되어 있다. 갈릴리 바다 바로 남쪽에서 요단강에 흘러들어가는 야르묵(Yarmuk)강은 바산(Bashan)과 길르앗(Gilead)을 가르는 선이 되었다. 아래로 2/3쯤 내려와서 요단강에 흘러드는 얍복(Jabbok)강(또는 와디 제르카, Wadi Zerqa)[73]는 길르앗과 암몬(Ammon) 사이의 경계선을 구성하였다. 이번에는 아르논(Arnon)강(또는 와디 모집, Wadi Mojib)이 사해의 가운데에서 때때로 암몬과 모압 사이의 자연적 장애의 구실을 하였다. 이 두 나라의 경계선은 성서 시대 동안에 바뀌었는데, 보통은 아르논강 북쪽에 있었다. 끝으로 사해의 남쪽 끝에서 제렛강(또는 와디 헤사, Wadi Hesa)은 모압을 에돔에서 갈라놓았다. 비가 올 때에 이 와디들은 진짜 강이 되었고, 그렇지 않을 때에는 그것들은 대부분 마른 강바닥이었다.

는 남부 팔레스타인의 지형상의 저지(低地). 그것은 '동아프리카 열곡'(East African Rift Valley)의 일부이다. 주로 모래 사막. 중요한 통상로와 가나안에서 유일하게 철광과 동광이 있는 곳으로서 아라바는 구약 시대에 유다와 에돔의 왕들 사이에서 흔히 분쟁의 대상이 된 곳이었다(신 2:8).

73) 와디(Wadi): 와디는 아랍어로 사막 지방의 개울을 지칭하는 말임. 우기(雨期) 이외에는 말라 있음.

성지의 기후

팔레스타인은 작기는 해도 얼마쯤은 다양한 지형 때문에 항상 *여러 가지 기후*의 이점(利點)들을 누려 왔다. 대체로 말해서 그 땅은 남가주의 건조한 지역들 비슷하지만 모든 것의 규모가 훨씬 작다. 높이가 2,740m 이상 되는 북쪽의 헤르몬산(Mount Hermon)은 추운 경향이 있는 반면에, 요단 계곡을 따라 남쪽으로 160km 남짓 밖에 안 되는 여리고(Jericho)는 열대의 온도 속에서 맥이 풀려 있다. 예루살렘은 비록 여리고의 남서쪽으로 24km도 안 되는 곳에 있지만 거의 1,220m나 더 높고, 주민들은 보통 그곳의 기후가 온화하다고 느낀다.

예루살렘에서 해안까지의 거리는 48km를 약간 넘는 정도이고, 경사는 약 790m로부터 해수면(海水面)까지이다. 해안의 기후는, 비록 요단 계곡(Jordan Valley)처럼 여름에 견디기 어렵지는 않지만, 훨씬 더 온난한 것은 물론이다. 트란스요르단 고원의 온도는 예루살렘의 온도에 가깝다.

또 하나의 중요한 요소로 *바람*이 있다. 동쪽에서 불어오는 바람은 사막에서 불어오기 때문에 보통 덥고 건조하다. 반면에 북쪽에서 불어오는 바람과, 특히 지중해를 가로질러 오는 바람은 훨씬 더 잔잔하고 시원한 공기와 비를 가져다 준다. 가장 중요한 *우기*(雨期)는 보통 10월에 시작하여 3월이나 4월에 끝난다. 하나님께서 이스라엘에 내리신 가장 큰 축복 가운데 하나는, “내가 너희 땅에 가을비와 봄비를 제 때에 내릴 것이니, 너희가 곡식과 포도주와 기름을 얻을 것이다”(신 11:14; 28:12)라고 하신 그분의 약속이다. 가뭄의 조짐은 저주요 재앙이었다.[74] (신 28:23-24).

---

74) The threat of drought was a curse and a disaster. p. 40.

지리와 경제

그물처럼 짜여진 계곡들이 상업적, 군사적 교통로 뿐 아니라 정착의 가도(街道)들[75]을 제공하였는데, 이러한 상황이 여호수아서, 사사기, 사무엘서 속에서 매우 두드러지게 나타나는 구릉 주민과 계곡 주민간의 역사적 상호작용을 촉진하였다.

성서의 이스라엘은 지리적 조건으로 인하여 농업을 주로 하고 단지 부차적으로만 상업을 하는 사회가 되었다. 샤론과 필리스티아로 이루어진 해안 평야, 이스르엘과 요단 계곡, 그리고 사마리아와 유다로 이루어진 구릉지대의 상당 부분이 농사를 지어 성공하기에 알맞았다. 거의 물이 없는 네게브조차도 주민들이 땅을 계단식으로 만들어 물을 대어서 가용수량(可用水量)을 부지런히 이용할 때에는 유익하게 경작되었다.

고대의 이스라엘 땅은 활용할 수 있는 항구가 적고 부적당해서 지중해 연안으로부터 얻을 수 있는 상업적 이득이 근소하였다. 그 나라에서 가장 좋은 항구였던 도르(Dor)와 욥바(Joppa)조차도 바다가 잔잔할 때에만 사용될 수 있었다. 해안을 따라서 발견될 수 있었던 더 좋은 항구들, 즉 비블로스(Byblos), 시돈(Sidon), 두로(Tyre), 그리고 흔히 악코(Acco)까지도 페니키아의 수중에 있었다. 솔로몬 당시에 상당한 해상 무역이 아카바만의 에시온게벨[76]과 엘랏[77] 근처

---

75) avenues of settlement.

76) 에시온게벨(Ezion-geber): 아카바만의 북단에 위치한 항구 도시. 솔로몬은 이곳에서 선박을 제조하여 홍해와 아프리카 연안에 이르는 무역항으로 활용하였다. "솔로몬왕이 에돔땅 홍해 물가 엘롯 근처 에시온게벨에서 배들을 지었다. 히람(Hiram, 두로 왕)이 자기 종들, 곧 바다에 익숙한 사공들을 솔로몬의 종들과 함께 그 선단(船團)에서 일하도록 보내니, 저희가 오빌(Ophir)에 이르러 거기서 금 420 달란트를 가지고 와서 솔로몬 왕에게 넘겨주었다."(왕상 9:26; 대하 8:17, 18)

를 중심으로 행해졌고, 그의 치세 후에도 얼마동안 적어도 간헐적으로 계속되었다.

이스라엘 땅이 상업상의 중요성을 띠게된 것은 아시아와 아프리카 사이의 교량으로서였다.[78] 그 땅의 평야와 계곡, 그 중에서도 이스르엘과 지중해 연안은 태고 적부터 상업적, 군사적 대로(大路)였고, 이 사실이 왜 이러한 길들을 지키고 통제한 장소들이 성서의 역사에 있어서 그렇게도 중요한 구실을 하였는가를 설명해 준다. 벧산(Beth-shan),[79] 므깃도(Megiddo), 세겜(Shechem), 가자(Gaza), 그리고 브엘세바(Beersheba)는 서부에서 잘 알려진 도시들이었고, 트란스요르단에서는 아스다롯(Ashtaroth), 길르앗 라못(Ramoth-gilead),[80] 랍밧 암몬(Rabbath-ammon), 헤스본(Heshbon), 그리고 기르 하레셋(Kir-hareseth)과 같은 곳들이 다메섹으로부터 바산, 길르앗, 암몬, 그리고 모압을 지나 남쪽의 에돔으로 가는 주요 도로를 지배하였다.

---

77) 엘랏(Elath): 때로는 엘롯(Eloth)으로 표기되기도 함. 에시온게벨과 같은 곳으로 여겨질 만큼 서로 근접해 있다.

78) It was as *the bridge between Asia and Africa* that the land of Israel acquired commercial significance. p. 41.

79)벧산 또는 벧스안(Beth-shean): 이스르엘 평원과 요단 계곡이 만나는 곳에 위치한 전략적 요충. 이곳은 가나안 원주민이 '철병거'(鐵兵車, iron chariots)를 사용하였기 때문에 초기에 이스라엘인이 정복하지 못했던 성들 가운데 하나였다(수 17:12-16; 삿 1:27,28). 사울왕은 블레셋으로부터 이 성을 탈취하기 위하여 공격하다가 길보아(Gilboa)산에서 전사하였고, 마침내 그와 그의 세 아들들의 목이 잘려서 이 성읍의 성벽에 전시되었다(삼상 31: 9-13). 이곳은 다윗왕 때에 정복된 것으로 보인다(왕상 4:12).

80) 길르앗 라못: '길르앗의 고지'라는 뜻. 요단강 동쪽에서 도피성으로 지정된 한 도읍(수 20:8). 그곳은 이스라엘과 아람이 소유권을 다투어서 여러 번 주인이 바뀌었다. 이스라엘의 아합 왕은 이곳에서 전사하였다(왕상 22:1-40). 엘리사는 예후를 이스라엘 왕으로 도유하기 위하여 길르앗 라못으로 한 예언자를 보내었다(왕하 9:1-3).

세겜 고갯길(The Shechem Pass): 가나안의 중심부로 들어가는 전략적 관문(strategic gateway). 그리심(Gerizim)산(좌측)과 에발(Ebal)산(우측) 사이의 대상 교차로(caravan crossroads)에 위치한 세겜은 아브라함이 머문 곳이기도 하고, 북왕국 이스라엘의 처음 수도이기도 하였다(왕상 12:25).

이스라엘은 천연자원이 풍부하지 못하였다. 남방의 동광석과 철광석은 에돔이 이스라엘인의 지배하에 있을 때에만 그들에 의하여 이용되었다. 면적과 물 공급량이 적어서 그 나라는 큰 인구를 먹여 살릴 수는 없었다. 그럼에도 불구하고 이스라엘인은 그들의 영토가 바로 서아시아와 이집트의 팽창하는 제국들이 사용한 침략과 정복의 통로에 위치하지 않았더라면, 그들의 영토를 **"젖과 꿀이 흐르는 땅"**(출 3:8)으로 바꾸는 데 충분히 성공하였을는지도 모른다.

여호수아와 가나안 정복: 이상과 현실

성서의 이야기에 대한 전통적인 이해에 의하면, 가나안 정복은 여호수아가 서른 한 왕들을 죽인 단 한 번의 눈부시게 성공적이었던 침입으로 성취되었다. 이 묘사 속에서 히브리인 지파들은 여호수아의 인도로 사해 근처에서 요단강을 건너서 여리고(Jericho)라고 하는 요지(要地)를 탈취하였는데, 그 곳의 "성벽이 무너져 내렸다." 그 다음의 목표는 여리고에서 서쪽으로 직선거리 16km 남짓 밖에 안 되지만 걸어서는 그 두 배 되는 윗편 구릉지대의 아이(Ai)였다. 이 성읍을 여호수아는 전략으로 점령하였다.

그 후에 여호수아는 계곡 아래로 일련의 급습(forays)을 벌여서 립나(Libnah), 라기스(Lachish), 에글론(Eglon), 헤브론(Hebron) 드빌(Debir) 등 일련의 성읍들을 탈취하여 파괴하였다. 유실된 『**야살의 책**』[81]이 전하는 바에 의하면(수 10:12-14) 이렇게 하는 과정에서 여호수아는 한 번은 가나안인의 나머지 저항 세력을 소탕하기 위하여 그가 기브온(Gibeon)에서 태양이, 그리고 아얄론(Aijalon) 계곡에서 달이 멈춰 서도록 명하기도 하였다. 이렇게 한 다음에 그는 남부 가나안의 모든 고지와 가자(Gaza)에 이르기까지의 길

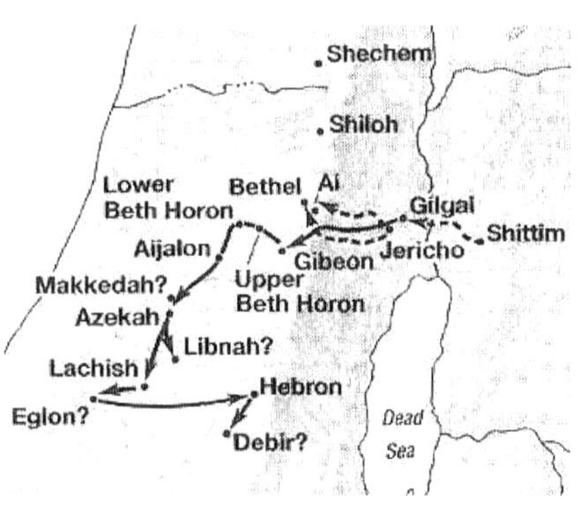

가나안 정복전쟁 (중부와 남부)

81) 야살의 책((Book of Jashar): '야살'은 '정직한,' '의로운'이라는 뜻을 가진 낱말로서 역사상 의롭고 위대한 인물들이나, 의로운 사람들인 이스라엘 민족을 상징한 명칭으로 여겨진다. 따라서 『**야살의 책**』은 고대 이스라엘의 시가집(詩歌集)으로서 이스라엘의 위대한 전승(傳承)들을 기록한 책이며, B.C. 8세기경에 집대성되었을 것으로 추정된다. 성서는 여호수아의 명령대로 기브온과 아얄론에서 해와 달이 머물렀다는 시구(수10:13)와 사울과 요나단의 죽음에 대한 다윗의 애가(삼하 1:18-27)는 야살의 책에서 인용하였다고 밝히고 있다. 일부 학자들은 '미리암의 노래'(출 15:21)와 '드보라의 노래'(삿 5장)도 이 책에 실려 있었을 것으로 추측한다. 민수기 21:14에 언급되어 있는 『**여호와의 전쟁기**(戰爭記)』도 이와 유사한 책이었을 것으로 여겨진다.

고 가느다란 해안지대의 한 부분을 정복하였다. 그런 다음 그는 길갈(Gilgal)에 있던 그의 기지로부터 160km쯤 되는 북쪽의 메롬 물가[82]에서 가나안의 군대를 패주(敗走)시켰다.

르우벤 지파와 갓 지파와 므낫세 반 지파는 트란스요르단을 차지하였고, 다른 므낫세 반 지파는 에스드라엘론 바로 남쪽의 샤론 평야에 정착하였다. 종교적 기능을 수행하는 사람들로만 구성된 레위 지파는 고정된 단일한 영토를 받지 않았다. 그 밖의 지파들은 그들의 인구에 따라서 가나안 땅의 분배에 참여하였다.

여호수아 10-11장의 저자가 이 전통적 견해의 근거를 제공한다. 그는 이야기한다 -

> … 여호수아가 온 땅 곧 산지(the hill country)와 남방(Negeb)과 평지(Shefelah)와 경사지(the slopes)와 그곳의 모든 왕들을 쳐서 한 사람도 남기지 않고 무릇 호흡이 있는 자는 진멸(殄滅)하였으니, 이스라엘의 하나님 여호와께서 명하신 바와 같았다(10:40). … 이와 같이 여호수아가 여호와께서 모세에게 말씀하셨던 대로 그 온 땅을 점령하여 지파의 구분에 따라 이스라엘에게 기업[83]으로 주었다. 그 땅에 전쟁이 그쳤다(11:23).

그러나 여호수아 15-19장과 사사기 1장은 정복에 관하여, 그리고 정복에 있어서 여호수아가 수행한 역할에 관하여 위와는 다른 묘사를 한다. 이 설명은 정복을 주로 여호수아와 그의 세대가 지나간 다음에 부분적으로도 좀처

82) 메롬 물가(Waters of Merom): 전에는 이곳이 훌레(Huleh) 호수와 동일시되었으나, 아직 분명히 확인되지는 않고 있다. 여호수아가 지휘한 이스라엘 군이 하솔(Hazor) 왕 야빈(Jabin)이 이끈 가나안 북부 지역의 동맹군을 이곳에서 격파하였다(수 11: 5, 7).

83) 기업(基業, inheritance): 대대로 전해 내려오는 사업과 재산, 상속재산.

럼 연합 활동을 하고 있지 않은 *개별적인 지파들과 씨족들에 의하여 성취된 느리고 단편적인 일*[84]로 묘사한다. 그리하여 사사기 1:1은 그 땅이 전쟁으로부터 쉬지 않았고, 사실상 결코 진압되지 않았음을 나타낸다. “여호수아가 죽은 후에 이스라엘 사람들이, ‘우리 중에 누가 앞장서서 가나안 사람들과 싸울까요? 라고 여호와께 여쭈었다.”

열두 지파의 토지분배

정복에 관한 후자의 묘사가 정확한 것으로 학자들에 의하여 일반적으로 받아들여졌고, 전자는 여호수아의 전통적인 생애와 함께 가공의 이야기라고 폐기처분 되었다. 그러나 사건의 진상은 두 가지 설명을 다 포함하는 것같이 보인다.[85] 라기스(Lachish)와 텔 베이트 미르심(Tell Beit Mirsim),[86] 기브온(Gibeon), 하솔(Hazor), 에글론(Eglon), 벧세메스(Beth-shemesh), 기브아(Gibeah), 벧엘(Bethel), 실로(Shiloh), 므깃도(Megiddo), 그리고 벧산(Beth-shan)에서의 발굴 결과는 이 장소들이 B.C. 13, 12, 11세기에 *파괴되거나 점령된 다음*, 때때로 *다시 가나안인들에 의하여 수복되어 재건되었다가*, 다시금 *주인이 바뀌었음을* 암시한다.

84) a slow and piecemeal affair.

85) The latter picture of the conquest was generally taken by scholars to be correct and the former thrown into discard, together with Joshua's career, as myth. The truth of the matter, however, appears to comprehend both versions. p. 43.

86) 아마도 성서의 기럇세벨(Kiriat-sepher).

> 여호수아의 정복에 관한 성서의 설명은 "*연대가 다양하고 확실성도 다양한* 잡다한 단편들의 수집물로 (보일 것이다). … 여호수아가 어떤 주요한 가나안 왕도(王都)들을 공격하여 놀라운 성공을 이룩한 전쟁이 있었지만, … 여호수아의 사후에도 점령을 위한 투쟁(struggle for possession)이 오랜 동안 계속되었다."[87]

성서의 저자들은 긴 전쟁들의 이야기를 *단축*하고 – 이것은 오늘날에도 결코 버려지지 않은 장치임 – 승리의 공로를 여호수아와 같이 그 명성이 확고부동한 *군사적 영웅들에게* 모두 돌리는 경향이 있었다. 아무튼 그들의 목적은 과거를 기록에 남길 뿐만 아니라 *극적으로 표현하고* 그들의 *독자를 교화(敎化)하는* 것이었다.[88] 이 목적을 달성하기 위하여 그들이 지루한 세부사항들을 한 사람의 뛰어난 이름 아래 *일괄하는* 경향이 있은 것은 자연스러운 일이었다. 이리하여 여호수아는 다시 한 번 출애굽과 방랑에 모세가 관련된 것에 못지않을 만큼 당연하고 현저하게 가나안 정복과 관련되게 되었다.

---

87) *Journal of Near Eastern Studies*, V (1946), 105-114에 있는 G. E. Wright의 글에서 인용. 여호수아의 아이(Ai) 점령은 아마도 벧엘(Bethel)의 점령과 혼동되었을 것이다. 여리고에 관한 고고학의 설명은 분명치 않다. [저자의 주].

88) Biblical authors tended to telescope accounts of long campaigns – a device by no means abandoned even today – and to give all the credit for victory to well-established military heroes such as Joshua. Their purpose, after all, was not merely to *chronicle* but to *dramatize* the past and to *edify* their readers. p. 44.

가나안 문명

히브리인들과 이스라엘인들이 가나안에 들어가 보니 그곳에는 고도로 발달되고 세련된 사회가 있었다. 비명(碑銘)들과 그 밖의 고고학적 증거가 최근에 발견되어서 우리는 이 대단히 중요한 문화의 일부를 되찾게 되었다. 실로 가나안 문명은 그 수준이 매우 높아서 사막에서 온 침입자들의 마음을 거의 빼앗았다.[89] 셈계의 악카드인들이 수메르의 비셈계 사회에 휘몰아쳐 들어갔을 때에 그런 일이 있었고, 로마가 그리스를 정복하였을 때에도 그와 같이 승자들이 자기들의 희생자들의 우수한 문화에 되 정복되었다.

여호수아서와 사사기에 묘사된 이스라엘인들이 적어도 10세기 솔로몬의 시대에 이르기까지 가나안의 물질적 기술에 전혀 필적할 수 없었다는 것은 의심할 여지가 없다. 예를 들어 기브아(Gibeah)에 주둔한 사울의 강점(强點)이었던 이스라엘의 방어시설들은 당대 가나안의 그것들과 비교가 되지 않았다. 가나안 성읍들에서 발견되는 초석(礎石)들과 석공술(石工術)은 이스라엘의 유물보다 분명히 우수하다. 가나안의 벧엘에는 배수시설이 있었는데, 그것이 이스라엘 성읍들에는 알려져 있지 않았다. 중기와 후기 청동기 시대(B.C. 2000-1200년경) 가나안의 도기(陶器)는 최상의 것들에 필적하였지만, 이스라엘의 제품들은 조잡하였다.

알파벳의 기원은 아직 정확하게 단정할 수는 없다. 그러나 가나안인들이 그것의 발명과 관련지어져 왔고, 그것이 사실이라면 그들이야말로 이 위대한 문화적 힘을 전 세계에 제공한 사람들이었다. 족장 시대에 히브리인들과 이스라엘

---

89) Indeed, the Canaanite civilization was so advanced that it nearly *absorbed* the desert invaders. pp. 44-45.

인들이 정확하게 무슨 셈계 언어나 언어들을 말하였는가 하는 것도 역시 불확실하지만, 그들이 가나안에 정착한 다음에 그들은 다양한 가나안 알파벳들과 방언(方言)들을 차용하였다. 따라서 성서 자체가 히브리인의 언어를 "가나안 말"(사 19:18)이라고 칭해서 *성서의 히브리어*가 원래 *가나안어의 한 방언*이었음을 인정하는 것은 당연한 일이다.

가나안의 문학은 신화적이고 종교적인 글들로 유명하였다. 그리스인들과 로마인들은 자기들의 알파벳보다 훨씬 더 많은 것을 B.C. 1000년 이후에 그리스인들이 페니키아인들이라고 부르기 시작한 가나안 사람들한테서 받아들였으니, 그들은 자기들의 신화 속에 있는 상당히 많은 중요한 요소들도 이들한테서 받아들였다.

종교제도는 가나안인의 일상생활의 거의 모든 면에서 고도로 조직된 중심적 요소였고, 그것의 영향은 경제적, 정치적, 사회적 영역에 널리 미쳤다. 승려(僧侶)들은 가나안 사회의 상류층에서 하나의 중요하고 강력한 집단이었다. 그들은 대규모 지주, 노예소유자 및 대금업자로서 신전(神殿) 안에서 그리고 신들의 보호 하에 일하였다. 비록 메소포타미아나 이집트에서보다는 규모가 작았지만 가나안에서 신전들은 "많은 토지재산을 증여 받았고 거대한 수입을 거두어들였다. 어떤 시기에는 신전들이 아마도 국토의 거의 전부를 소유하였고, 백성의 자유로운 경제활동을 거의 저해할 만한 힘을 획득하였다."90)

가나안인들의 종교적 신념과 관행은 그들의 경제가 지닌 주로 농업적인 성격을 중심으로 맴돌았다. 그들은 자연력을 신적 존재로 간주하고 그것들에게 인격적인 이름을 부여한

---

90) "The Significance of the Temple in the Ancient Near East," *Biblical Archaeologist*, VII (Sept. and Dec., 1944), 41-88. [저자의 주]

다신교도(多神敎徒)들이었다. 이러한 신들은 해, 달, 별들, 행성과 같은 천체들과 비, 천둥, 번개, 초목, 죽음, 지혜와 같은 자연현상들을 인격화(人格化)한 것이었는데, 맨 끝에 언급된 '지혜'에는 기술과 발명품들이 포함되었다.

"번개의 바알." 폭풍우와 비 옥함의 주인인 이 신은 산들을 밟고 서있는 것으로 보인다. 오른손으로는 몽둥이를 휘두르고, 왼손으로는 창을 들고 있는데, 그 창의 위 부분은 번개를 상징하는지도 모른다. 투구 위에는 생식력을 나타내는 숭배동물인 황소의 뿔들이 있다. 시리아의 라스 샴라에서 발견되었음.

신화적인 이야기들과 특성들이 신들의 생애에 관하여 엮어 만들어졌고, 가나안 종교의 신전들에서 행해지는 의식의 많은 부분이 주로 토지의 생산력(fertility of the soil)을 확보하기 위하여 행해졌다. 신들 가운데 으뜸가는 신은 바알(Baal)이었는데, 성서에는 그 신에 대한 매우 많은 경멸적 언급이 나온다. 가나안의 바알은 농업 세계의 원동력인 *비의 신*이었다. 주기적으로 바알은 *가뭄과 죽음의 신* 모트(Mot)의 군대에 의하여 죽여져서, 그 결과 강우와 식물의 성장이 멈추었다. 그러나 바알은 가을에 회생하여 가장 중요한 비가 다시금 내렸다. 봄에는 바알과 그의 의붓자매이며 다산(多産)과 전쟁의 여신인 아낫(Anath)이 동거하여 그 결과 그 땅과 그 땅의 주민에게 생식력(fecundity)이 돌아왔다. 가나안인들이 신들에게 드린 예배의 특징은 우상숭배와 성적 의식이었다.91)

이스라엘과 가나안

이스라엘인들이 가나안 문명에 반응한 방식으로 인하여 이 시대는 그들의 극적인 역사에 있어서 하나의 생기 있는 시기가 되었다. 야곱과 요셉의 시대에 히브리인들이 다 가나안을 떠나 이집트로 가지는 않았다는 것이 생각날 것이다. 그때에 가나안에 머문 사람들(the stay-at-homes)은 자기네 조상들이 참가하지 않은 '노예생활'과 '탈출'에 관하여 무관심한 경향을 보였다. 자기들의 친족이 떠나가서 위험에 처하고 하나님을 찾아서 발견하는 동안에 그들 자신은 토지와 가축 떼와 지위를 얻었었다. 그리고 이러한 목적을 위하여 그들은 가나안의 문화와 종교에 크게든 적게든 타협하였었다. 위로부터의 훈계인 율법의 엄한 헌정사(獻呈辭)는 결코 그들을 위한 것이 아니었다 -

> 오직 강하고 극히 담대하여라. 나의 종 모세가 네게 명한 율법(律法)을 다 지켜 행하고 좌로나 우로나 치우치지 말라. … 이 율법 책이 네 입에서 떠나지 않게 하여 주야로 그것을 묵상하고, 그 가운데 기록된 대로 다 지켜 행하라. 그리하면 네 길이 평탄하고, 네가 형통할 것이다(수 1:7,8).

이 사람들은 이미 민족적 언약의 도움 없이 사리(私利)를 추구하였었다.[92]

새로운 정착민들 가운데서도 *다른 선례들이* 생겨났다. 모세가 지도하던 현장에서 갓 나온 사람들의 일부에게는

---

91) The Canaanite worship of their gods was characterized by idolatry and sexual rites. p. 47.

92) These people had already *feathered their nests* without the assistance of the national Covenant. p. 47. feather one's nest (보통 부정수단으로) 부자가 되다, 사복을 채우다.

자기들이 일단 편안하게 자리 잡은 이상 한 눈을 깜박거려 율법으로부터 눈길을 돌리는 것이 바람직하다는 생각이 들었다.[93] 몇 차례나 르우벤 지파와 갓 지파와 므낫세 반 지파는 서부 팔레스타인에서 동료 부족민들이 그들에게 배당된 분배지(分配地)를 확보하는 데 도와주라는 명령을 들어야만 했다(수 1:12-18). B.C. 1125년경에 이스르엘 계곡의 타아낙(Taanach)에서 이스라엘인들과 가나안인들 사이의 중대한 싸움이 절정에 이르렀을 때에 - 이 전투는 승리를 축하하는 '드보라의 노래'(삿 5)로 유명해진 사건이었다 - 여러 지파들이 전투에 참가하지 않으려 했고, 그래서 저주를 받았다. 우유부단하고 머뭇거리는 가운데 꼬박 한 세기를 지낸 다음에야 마음 내키지 않는 그 지파들이 공동의 위험에 직면하여 공동의 전선(戰線)을 펼 마음을 가질 수 있게 되었다. 이 지파들의 이기주의와 광야의 습성이 쉽사리 없어지지 않았다.[94]

동일한 과정이 사사기에 그려져 있는 종교적 그림에도 반영되어 있다. 모세와 여호수아가 주창한 바와 같이 여호와를 온전히 섬기는 일은 *심한 반대에* 봉착하였다.[95] 그 땅에 새로 온 사람들까지도 포함해서 이스라엘 주민 전반이 자기들의 생활방식을 가나안인의 풍습(風習), 특히 그들의

93) Among the new settlers too there developed different points of view. Some of those fresh from the Mosaic scene, once they were comfortably ensconced, found it desirable to *wink an eye* and *look away from the Law.* p. 47-48. enscónce, *vt.* 편안히 앉히다, 안치하다.

94) A whole century of indecision and wavering passed before the reluctant tribes, faced with a common danger, were able to bring themselves to make a common cause. The individualism and desert ways of these tribes died hard. p. 48. die hard 좀처럼 죽지 않다, (습관 등이) 쉽사리 없어지지 않다.

95) The complete devotion to the Lord advocated by Moses and Joshua ran into dire opposition. p. 48. dire 무서운, 무시무시한.

복리를 유지하고 향상시키는 것을 목적으로 하는 풍습에 편리하게도 적응시켰다.[96] 사제와 점쟁이의 단체들이 관장하는 지역적인 사당(祠堂)들이 도처에 생겨났다. 여호와를 나타내기 위하여 우상을 만들기까지는 하지 않았지만 다수의 이스라엘인들이 가나안 사람들이 믿는 '다산여신'(多産女神, goddess of fertility)의 소입상(小立像)[97]을 획득하였다. 그들은 또한 바알, 아세라,[98] 아스토렛[99]과 그 밖의 가나안 신들을 숭배하는 의식의 요소들을 여호와께 예배하는 의식에 가미(加味)하기도 하였다. 이러한 일이 있었음에도 불구하고 이스라엘의 하나님은 이질적 요소의 혼합으로 그분의 영향력이 희석된 때에도 변함없이 잔존하셨다.[100] 사울과 다

---

96) The Israelite population at large, even the newcomers in the land, conveniently *adapted their way of life to the Canaanite practices,* especially those which were aimed at the maintenance and improvement of their wellbeing. p. 48.

97) 소입상(figurine): 도토(陶土), 금속 등으로 만든 장식용 작은 입상(statuette).

98) 아세라(Asherah): 고대 셈족의 우상 여신 중 하나로 때로는 아스토렛과 동일시되었다. 페니키아인과 가나안인이 다산의 여신, 행복의 여신, 바다의 여신 등으로 숭배하였다. 이것은 주상(柱像), 목상(木像)으로서 바알 제단과 함께 세워졌으며, 그 제의(祭儀)의 행사에는 부도덕한 성행위가 수반되었다. 이것은 바알과 함께 이스라엘에서 가장 큰 악영향을 끼친 이방신으로서, 엘리야를 비롯한 많은 예언자들과 요시야 왕 등에 의하여 엄격히 금지되었다(왕하 23:4-7). 그럼에도 불구하고 이 여신의 숭배는 이스라엘인들 사이에서 잔존, 확산됨으로써 결국 왕국 멸망의 주요 원인 중 하나가 되었다(왕상 16:33; 미 5:14).

99) 아스토렛(Ashtoreth): [복수형은 아스타롯 Ashtaroth] 가나안의 사랑과 풍요의 여신. B.C. 15~13세기경 셈족 사이에서 널리 믿어진 풍요와 생식(生殖)의 여신. 악카드에서는 이슈타르(Ishtar), 후일의 그리스 신화에서는 아스타르테(Astarte) 등으로 민족에 따라 호칭이 달랐다. 산에서 그 숭배가 성행하였음(삿 2:13). '텔 베이트 미르심'에서 발굴된 아스다롯 토판의 모양은 손에 수양의 뿔을 든 나체상으로서, 그 제의(祭儀)에는 부도덕한 성행위가 수반되었다고 한다. 가나안에 정착한 이스라엘에 유입된 이 아스다롯 숭배는 그후 많은 예언자들에 의하여 금지되었지만 이스라엘의 멸망시까지 계속되었다(삿 10:6; 왕상 23:13; 삼상 7:3; 렘 7:18).

윗(B.C. 1000년경)과 같은 영웅들이 자기들의 일부 자녀들에게 "바알"이라는 말을 포함하는 이름들을 지어주었다는 사실은 주목할 만한 일이다.

나체여성 소입상: 다산여신의 상징물들. 높은 머리장식을 쓰고 있는 것은 므깃도의 B.C. 2000-1200년 층 속에서 발견되었고, 머리가 없는 것은 벧산의 B.C. 14세기 층 속에서 발견되었다.

그러나 이스라엘의 기드온 가문(the Gideons)과 같은 일부 사람들은 이방의 낚싯밥을 먹으려 하지 않았다. 사사기 6장이 우리에게 전하는 바에 의하면 여호와의 명에 따라 기드온은 야음을 틈타 자기의 목숨을 걸고 바알 제단을 때려부수고, 그 곁에 있던 아세라 상을 이스라엘의 황소 제물을 태울 땔감으로 쓰기 위하여 베어 넘어뜨렸다. "성읍 사람들이 아침에 일찍이 일어나 보니 바알의 단이 파괴되었고, 그 곁의 아세라가 찍혀 넘어졌으며, 새로 쌓은 단 위에 둘째 수소가 드려져 있었다"라고 설명은 계속된다(28절).

사사기의 저자들은 정착 기간에 이스라엘이 당한 불운한 일들이 이 만연한 *종교적 변절(變節)에* 기인한 것이라고 공개적으로 비난하였다.101) 미디안의 낙타 부대 침입자들과 암몬

100) In spite of this, the God of Israel survived *through thick and thin*, even when His influence was diluted by alien admixture. p. 48. through thick and thin 만난(萬難)을 무릅쓰고, 변함없이, 시종일관.

101) The authors of the Book of Judges openly blamed Israel's misfortunes during the period of settlement upon this widespread religious defection. p. 49.

과 모압의 더 잘 조직된 군대가 이스라엘인의 공동체들을 침략하였을 때에 그들의 약탈 행위가 이스라엘이 여호와를 저버린 데 대한 벌이라고 설명되었다. 언약 아래 단결하였더라면 이스라엘이 이 재난을 당하지 않았을 것이라고 성서의 기자들은 주장하였다.[102] 이스라엘의 강점은 여호와께 대한 단합된 헌신에 있었는데, 바알 숭배는 이스라엘이 맞서지 않으면 안 되었던 가장 분열적이고 파괴적인 힘이었다.[103] 그것은 하나님과 그분의 선민(選民) 사이의 언약을 파괴할 우려가 있었다.[104]

"사사들"

여호수아 이후 사울 왕에 이르기까지의 시기는 성서에서 "사사들[105]이 다스리던 때"라고 묘사되어 있다(룻기 1:1). 이

102) "이스라엘 자손이 여호와의 목전에 악을 행하여 바알들을 섬기며, 애굽 땅에서 그들을 인도하여 내신 그들의 조상들의 하나님 여호와를 버리고 다른 신들, 곧 그들 주위 사람들의 신들을 좇아 그들에게 절하여 여호와를 진노하시게 하였다. 그들이 여호와를 버리고 바알과 아스타롯을 섬겼기 때문에 여호와께서 이스라엘에게 진노하셔서 그들을 노략하는 자의 손에 붙여 노략을 당하게 하시며, 또 사방 모든 대적의 손에 그들을 팔으시니 그들이 다시는 적들을 당하지 못하였다. 그들이 싸우러 나갈 때마다 여호와의 손이 그들을 쳐서 패하게 하시니, 여호와께서 그들에게 맹세하신 것과 같았다. 그들의 괴로움이 심하였다"(삿 2:11-15).

103) Israel's strength lay in *united devotion to the Lord*, and the worship of Baal was the most divisive and destructive force that Israel had to face. p. 49.

104) It threatened to destroy the Covenant between God and His chosen people. p. 49.

105) 사사(士師, judges): 여호수아의 사망 후 왕정(王政)이 수립될 때까지 이스라엘을 다스린 지도자들. 이들은 하나님의 부르심을 받아(삿 2:16; 3:10) 외침시 이스라엘 백성을 이끌고 나가 *군사 지도자로* 활약하였고, 평시에는 정치 지도자로 활약하였다. 대개의 경우 이들의 통

"사사들"은 원래 *지역적 군사적 영웅들*(local military heroes)이었고 평정과 적응의 시기에 이스라엘을 지배하였다.[106] 외국 군대가 이스라엘의 일부분을 공격하였을 때에는 비범한 용기를 가진 사람들이 백성들로부터 나와서 그들의 동료들을 규합하고 지휘하는 일이 자주 있었다. 이러한 자생적 지도자들(natural leaders)은 성공적인 지도자로 판명되면 우두머리가 되고 저항 지역 내에서 지배자로 받아들여졌다(삿 2: 16 이하).

성서는 모두 12 명쯤의 사사들을 기록하고 있는데, 그들 중에 에훗[107]과 삼갈[108]의 경우와 같이, 몇 사람은 동시대인들이었다. 가장 유명한 사사들은 에훗, 기드온, 입다, 삼손이었다. 이 성공적인 군사 지도자들은 지방 성소(聖所)의 사제들과 함께 사법적 권한을 획득하였지만 그것은 단지 부차적인 권한일 뿐이었다. 그들은 그것을 "그 땅이 적으로부터 평온을 누리는" 동안만 보유하였다. 후일의 왕정 시대 재판관들과는 달리 이 "사사들"은 대외적 군사적 필요에 의

치와 권위는 특정 지파와 위기의 시기에만 국한되었다. 사사기에 나오는 열두 사사의 이름은 옷니엘, 에훗, 삼갈, 드보라, 기드온, 돌라, 야일, 입다, 입산, 엘론, 압돈, 삼손이었다. 그 중 '소사사'(小士師)로 여겨지는 삼갈, 돌라, 야일, 입산, 엘론, 압돈 등 6명에 관해서는 간단한 언급만 있을 뿐이다. 많은 학자들이 이 시기의 이스라엘은 각 지파에 자율성이 많이 주어진 느슨한 '부족연맹체'였다고 말한다.

106) These "judges" were primarily *local military heroes* and dominated Israel during the period of *pacification* and *adjustment*. p. 49.

107) 에훗(Ehud): 베냐민 지파 게라의 아들(삿 3:15). 그는 왼손잡이 용사로서 사사 시대 초기에 이스라엘의 두 번째 사사로 활약하였다. 이스라엘이 18년 동안 모압 왕 에글론(Eglon)에게 지배를 받던 중에 하나님의 사사로 부름을 받았다(삿 3: 14-15). 그는 에글론에게 공물을 바치러 갔다가 은밀히 그를 불러내어 단검으로 살해하고 도망쳤고(삿 3:29), 에브라임 산지에서 군대를 소집하여 요단강 나루터에서 침입해오는 모압 군사 "약 만 명을" 죽이고 승리하였다(삿 3:29).

108) 삼갈(Shamgar): 아낫의 아들. 그는 "소모는 막대기로" 블레셋 사람 600명을 죽이고 이스라엘을 구원하였다(삿 3:31).

하여 생겨난 재판관들이었다.

사사 시대에 정말로 판결을 내린 지도자들은 세 사람에 불과하였고, 그들은 드보라, 엘리, 사무엘이었다. 그러나 엘리는 보다 엄밀히 말하자면 제사장이었다. 그리고 드보라와 사무엘은 다른 사람들과는 달리 "예언자들"이라고 묘사되어 있는 반면, 이 두 사람 중 아무도 어떤 지파를 위해서 군사 지도자로 봉사한 적은 없었다.

이스라엘과 이웃 나라들의 부족적 구조

위기를 맞이하여 이따금씩 잠시 동안 서로 제휴한 경우를 제외하고는 이스라엘의 지파들은 사사시대에 *완전한 자치권*을 유지하여 이스라엘 전체를 위한 어떤 중심적 수도나 성소도 인정하지 않았다. "그 때에는 이스라엘에 왕이 없어서 사람마다 자기의 소견에 옳은 대로 행하였다"(삿 17:6, 21:25). 계곡들과 와디들의 미로(迷路)로 갈라진 구릉성 지세가 정치적 분열을 조장하였고,[109] 어떤 적도 한 번에 이스라엘의 한 작은 부분 이상을 위협할 만큼 강하지는 않았기 때문에 외부로부터의 압력이 어떤 유효한 통합을 초래할 만큼 크지는 못했다. 평지 주민들은 산지 주민들의 곤경을 무시하였고, 산지 주민들은 평지 주민들의 곤경을 무시하였다. 공통의 종교가 있었음에도 불구하고 지파들 사이의 전쟁조차도 미지의 것이 아니었다[110](삿 12장).

---

109) The hilly terrain, netted by a maze of valleys and wadies, made for political disjunction. p. 50. net, *vt.* 그물로 만들다, 엮다, 짜다.

110) An intertribal warfare itself was not unknown, despite a common religion.

이스라엘인의 경제와 정부

한편 이스라엘인들은 소와 양과 염소를 기르고 땅을 경작하였다. 장인들은 조합을 만들고, 매우 작은 규모로라도 천을 짜고, 염색하고, 무두질하고, 대장일을 하고, 도기를 만들고, 그 밖의 공예에 종사하였다. 우물을 포함하여 토지의 개인소유가 점차로 족장시대의 공동소유를 대체하였다.

가나안인들 사이에는 부(富)의 집중 현상이 있었지만, 이스라엘인들 사이의 부유한 가문들이 사사시대에 공동체들을 지배한 것으로 보이지는 않는다. 팔레스타인 흙무더기의 가나안 층들 속에서 발견되는 당당한 궁전들과 정교한 성채(城砦)들에 필적할 만한 것이 이스라엘 층들에서는 솔로몬의 시대에 이르기까지는 나타나지 않는다. 집중된 부가 없었다는 사실은 또한 *전국적인 의식(意識)을 가진 지도층의 발달을 억제하는* 역할을 하였다.[111] 이러한 상황이 또한 적어도 다윗의 시대에 이르기까지는 이스라엘에 부역(*corvée*), 즉 강제노역이 없었다는 사실을 설명해 준다.

사사시대에는 부족적 단위 안에 부족의 다른 구성원들을 지배할 수 있는 어떠한 집중된 권위도 있었던 것으로 보이지 않는다. 부유하고 중요한 가문들의 우두머리들이 “장로들”(elders)의 모임을 구성하였고 그들은 필요할 때마다 그 시대에 회합 장소로 흔히 쓰였던 성문(城門)에서 모이는 것이 보통이었다. 장로들과 연계하여 비록 정확한 관계는 아직 불명하지만 공동체의 모든 성년 남자 자유민으로 구성된 민회(public assembly)도 있었다. 장로들과 민회는 군사적, 정치적, 종교적, 경제적, 법률적, 사회적 면을 막론하고 공동

111) The lack of concentrated wealth also helped hold back the development of *a nationally conscious leadership.* p. 51.

체 활동의 모든 면에서 그들의 권위가 느껴지게 하였다. 이스라엘인의 사회에서 이 활동들의 세속적인 면과 종교적인 면을 분리하는 것은 쉬운 일이 아니었다.

이스라엘의 법전들

이스라엘의 법률 제도는 '사사들의 시대'에 명확한 형태를 취하기 시작하였다.[112] 오경(五經)의 법적 규정들이 두 가지 주요한 부류로 나누어진다는 데 대해서는 현재 일반적으로 의견의 일치가 이루어져 있다. 많은 규정들이 "~ 하라(또는 하지 말라)"라고 하는 여호와의 직접적인 명령이나 금지로 도입된다. 예를 들어, "나 외에는 다른 신들을 네게 있게 하지 말라"라고 하는 등의 십계명(출 20:1-17)은 바로 이러한 경우이다. 이렇게 독단적으로 그리고 직접적으로 표현된 규정들은 *정언적*(定言的, *apodictic*)이라고 불린다.[113]

해의적(解疑的, *casuistic*)이라고 불리는 두 번째 주요한 부류의 특징은 "만약 ~하면"이라는 조건절이 첨부되어 있다는 점이다.[114] '언약서'(출 21~23장)[115]는 이러한 표현 형식

---

112) During the Period of the Judges the legal system of Israel began to take on definite shape. p. 52.

113) Laws expressed so dogmatically and directly are called *apodictic*. p. 52. 정언적(定言的, *apodictic*): 아무 제약이나 조건 없이 내세우는 (= 단언적). [보기] '정언적' 명령, '정언적' 판단.

114) The second major group of laws, called *casuistic*, is characterized by a conditional clause. p. 52.
해의적(解疑的, casuistic): 의심을 풀어주는 방식이라는 뜻. 법규가 어떠한 원칙을 세우는 것이 아니라 어떠한 대표적 사례를 가정하고 그에 대하여 예시적(例示的)이고 구체적인 규정을 하고 있는 것을 의미한다. 해의적 법문은 "~하면, ~한다"라는 형식을 취하고 있다. 함무라비 법전의 규정형식이 거의 다 이렇게 되어 있다.

의 좋은 예이다. 예를 들어 "도둑이 뚫고 들어오는 것을 보고 그를 쳐죽이면, 피 흘린 죄가 없다. 그러나 해 돋은 후에 그렇게 하면, 피 흘린 죄가 있다"(출 22:2, 3), 또는 -

> 외국인이 너희 땅에 거류(居留)하여 함께 있으면, 너희는 그를 학대하지 말고, 너희와 함께 있는 외국인을 너희 가운데서 태어난 자같이 여겨서 자기같이 사랑하라. 너희도 애굽 땅에서 외국인이었다. 나는 너희 하나님 여호와이다(레 19:33-4).

대체로 이스라엘의 민법(民法, civil law)은 해의적으로, 그리고 전례법(典禮法, ritual law)은 정언적으로 표현되어 있다.

이스라엘인들이 바빌로니아인들과 후르르인들과 가나안인들의 법률을 어느 정도 차용한 것으로 보일 텐데, 이것은 특히 해의적 부류의 법률에서 명백하다. 정언적 부류는 주로 가나안에서 그리고 시나이 광야에서 있었던 유목민적 방랑시의 그들 자신의 경험에서 유래하였다. 전반적으로 보아 이스라엘인들은 자기네의 생활 방식에 맞도록 그들 자신의 법률을 *제정·편찬*하였고, 다른 사람들로부터 차용한 것이라 하더라도 자기들의 필요에 맞게 *개조*하였다.

블레셋 사람들

B.C. 1175년경에 에게해 연안의 몇 민족들이 북에서 온

115) '언약서'(言約書, Book of the Covenant): 출 21~23장에 있는 법률적 내용이 동 24:7에 있는 언급에 따라 이렇게 불린다. 이 '언약서'가 구약성서 중의 가장 오래되고 중요한 법률집이라는 데에는 이론이 없다. 이 부분의 앞뒤에 있는 설명에 의하면 '언약서'의 법률은 모세가 시내산에서 십계명을 받은 다음 역시 하나님께로부터 받아서 백성에게 전한 것으로 되어 있으니, 그 기원이 출애굽 시대에 있다고 볼 수 있을 것이다.

침입자들에 의하여 크레타 섬과 소아시아 연안에 있는 그들의 고토로부터 쫓겨났다. 그들은 이집트에는 침투하지 못했지만 팔레스타인의 해안에는 발판을 마련하였다. 이집트인들이 "해양민족"(sea peoples)이라고 부른 이 민족들은 우수한 군사적 정치적 조직을 갖고 있었다. 그들은 수적으로 우세하지는 않았음에도 불구하고 점차로 *해안평야를* 장악하였다. 이들 이주 해양민족들의 일부가 블레셋인들(Philistines)이었다. 실로 천년 이상이 지난 다음에 유다를 정복한 로마인들에 의하여 최종적으로 그 전 지역에 새겨 넣어진 라틴화한 그리스어 낱말 "팔라이스티나"(Palaestina)를 거쳐서 "팔레스타인"(Palestine)이라는 이름이 유래한 것은 바로 그들로부터이었다.

블레셋인들의 밀접하게 짜여진 정치 구조는 상업적 팽창의 필요와 결부되어 그들을 내륙으로 진출하게 하였다. 블레셋 사람들의 사회는 각각의 정상에 한 사람의 "참주"(僭主, tyrant), 즉 수령(首領)이 있는 다섯 개의 중요한 도시국가들로 나뉘어 있었다. 이 도시국가들은 군사적 공격을 위하여 연합하는 방법을 알고 있었다. 더욱이 블레셋 사람들은 중요한 새로운 금속이었던 철(鐵)을 사실상 독점하고 그것을 보습과 낫뿐만 아니라 검과 도끼와 병거를 만드는 데도 사용하였다.

이스라엘인들은 바로 블레셋 사람들의 동진(東進) 운동의 진도에 있었다. 이스라엘의 여러 지파들이 해안에서 오는 그 낯선 사람들의 조직적인 약탈행위에 큰 타격을 입었다. 마침내 사태가 매우 위태로운 지경에 이르러서 가장 심한 해를 입은 지파들이 중앙권력(central authority)을 받아들일 만한 처지에 몰렸다. 그러나 이 이색적인 제도는 '시내산 언약'(Sinaitic Covenant)의 의미를 극히 축자적으로 해석하기를 주장하는 완고한 보수주의자들로부터 격심한 저항을 받은 다음에야 비로소 도입될 수 있었다. “왕”이 되도록 선택된 사람은 사울(Saul)이었고, 그에 반대한 사람들의 지도자는 사제적(司祭的) 선견자116) 사무엘(Samuel)이었다.

사울 왕

사무엘은 장로들과 모여든 자유인들 앞에서 연설하여, 그들이 사울을 선택하여 왕이 되게 하면 그것은 ‘하나님의 수위권’(首位權)(the primacy of God)을 경멸하는 것이 될 것이라고 주장하였다.117) 그가 염려하고 있는 것은 자기 자신의 통치권(judgeship)이 아니라 여호와의 통치권이라고 사무엘은 주장하였다. 그는 더 나아가 왕이 그들의 아들들과 딸들, 그들의 땅의 가장 좋은 부분, 그리고 그들의 곡식과 가축의 십분의 일을 취할 것이라고 이스라엘인들에게 경고하였다. 이스라엘인들은 사실상 왕의 노예를 의미하는 왕의 하인들이 될 것이라고 그는 말하였다. 그리고 “그날에 너희가 너희 자신을 위하여 택한 왕 때문에 부르짖어도, 여호와께서 너희에게 응답하지 않으실 것이다”(삼상 8:18)라고 그는 말하였다.

이스라엘인들의 민회는 이 ‘카토적’(Catonian)인118) 경고를

116) 선견자(先見者, seer): 꿈이나 이상(異象)을 통하여 하나님의 계시를 받아 백성들에게 선포하는 사람. 선포하는 예언자의 기능보다 계시를 받는 기능이 강조된 말. ‘예언자’보다 더 오래 전부터 사용되었다(삼상 9:9). 성서에서는 사무엘(삼상 9:19), 잇도(대하 12:15), 갓(대상 21:9), 예후(대하 19:2), 아모스(암 7:12), 사독(삼하 15:27) 등이 ‘선견자’로 불렸다.

117) Speaking before the elders and assembled freemen, Samuel argued that if they elected Saul to be their king they would be *flouting the primacy of God*. p. 54. flout [flaut] 경멸[모욕]하다, 얕보다.

118) 카토(Cato, 234-149 B.C.): 로마의 보수적 정치가 · 군인 · 저술가. 그리

거부하고 그들의 초대 왕이 되도록 베냐민 지파의 사울을 선택하였다. 사울은 두드러진 인물, 즉 사나이들 가운데 사나이였다. "이스라엘인들 가운데 그보다 더 잘생긴 사람이 없었고, 그의 키는 모든 사람들보다 어깨 위만큼 더 컸다"(삼상 9:2)라고 씌어 있다. 더 이상의 이의제기가 소용없음을 알았을 때에 사무엘은 사울에게 기름을 부었고, 이리하여 이스라엘을 다스릴 왕권(kingship)이 성별(聖別)되었다.119)

사울 왕의 시련

거의 즉시 사울의 왕권(royal authority)은 시험을 받았다. 취임한지 얼마 안 된 때에 그는 트란스요르단의 길르앗 야베스(Jabesh-gilead)에 대한 암몬인의 포위를 풀기 위하여 모든 이스라엘을 소집하였다. 사울은 소집에 응하지 않는 모든 강건한 이스라엘인의 소 떼들을 죽이겠다고 협박하였다. 그는 암몬인들을 격퇴하기에 충분한 군대를 모집하였지만, 지파들의 반응은 전혀 일치하지 않았다. 사울의 가까운 추종자들은 병역기피자들을 죽일 것을 제안하였지만, 그는 거절하였다. 또 한 번은 믹마스120)에서 블레셋인들과 싸울 때에 사울의 군대의 일부가 탈영하였고, 왕세자 요나단(Jonathan)이 궁리해낸 영리한 계략이 없었더라면 그는 패배하였을 것이다.

그리고 또 한 번 승리를, 이번에는 아말렉 사람들(Amalekites)

스 문화의 침식에 대항하여 옛 로마의 규율을 진흥시킬 것과 카르타고의 토벌을 주장하였다. 흔히 "대 카토"(Cato the Elder)로 불림.

119) When Samuel saw that further protest was useless, he anointed Saul, and thus the kingship over Israel was sanctified. p. 54.

120) 믹마스(Michmash): 예루살렘에서 동북쪽으로 13km 되는 산지에 있는 베냐민 지파의 성읍. 이곳은 전술적으로 중요한 지역으로 사울과 요나단이 블레셋 사람들을 격퇴하였을 때에 그들은 이곳의 지형을 적절히 이용하였다(삼상 13:2-14:13).

에게, 한 다음에 사울의 정치적 성공은 그 빛이 바래기 시작하였다. 사무엘이 이끄는 보수분자(保守分子)들이 끊임없이 왕의 기반을 허물어갔다. 그들은 고무하는 데 인색하여 그가 이겼을 때에는 그의 공로를 별로 인정하지 않고, 그가 졌을 때에는 큰 소리로 그를 비난하였다. 그리고 한편으로 사울은 자기 자신의 격렬하고 변덕스런 성격의 희생자였다.121)

한 번은 아세가(Azekah) 근처의 셰펠라 구릉에서 거인 골리앗(Goliath)이 이끄는 군대와 마주쳤을 때에 사울은 갑자기 자신을 잃었다. 한때 강력하였던 군주는 "놀라고 크게 두려워"(삼상 17:11)하였다. 무명 소년인 베들레헴 이새의 아들 다윗(David)이 대역을 할 기회가 온 것이다.122) 무도한 골리앗을 살해하자 그는 온 이스라엘의 소년 영웅이 되었다. 그 후에 그의 출세는 유성(流星)과 같았다.123)

매우 이른 나이에 군사적 수훈(殊勳)을 세운 다음 다윗은 거의 그의 성년이 충분히 시작되기도 전에 한 전설적 인물로서의 능력을 나타내기 시작하였다. 그는 블레셋 사람 골리앗을 극적으로 정복하기 전에도 사자와 곰을 죽인 일이 있었다고 여겨진다. 이처럼 일찍 이룩된 업적들로 인하여 그는 대중 사이에서 비범한 인기를 획득하였다.

국왕이 재난을 당하다

사울이 처음에는 다윗을 자기의 부하(protégé)로 삼아 그에

---

121) And meanwhile Saul was the *prey* of his own tempestuous and moody nature. p. 55. prey 먹이; 희생, (먹이로서의) 밥.

122) The opportunity presented itself for an unknown lad, David son of Jesse of Bethlehem, to *step into the breach*. p. 55. breach (성벽, 제방 등의) 갈라진 틈. step into the breach 위급할 때 구원해 주다, 대역을 맡다.

123) Thereafter his rise was *meteóric*. p. 55. meteóric 유성 같은; 급속한.

게 자기의 딸 미갈(Michal)을 주고 그를 궁정의 총신(寵臣, favorite)으로 인정하였다. 그러나 그는 곧 다윗이 대중적 인기의 중심이 되고 있다는 것과 명성의 정치적 보상을 거둬들이기 직전이라는 것을 깨달았다.[124] "사울은 천천(千千)을, 다윗은 - 만만(萬萬)을 죽였다"[125]라고 군중은 노래하였다. 왕의 아들 요나단조차 다윗을 자기의 막역한 친구(bosom friend)로 여겼다. 사울은 여러 차례 자기의 연하의 경쟁자를 죽이려 하였다. 벼락 출세자 다윗을 제거할 수만 있다면 자기에게 모든 것이 잘될 것이라는 질투에 사로잡힌 생각이 사울의 마음에서 떠나지 않았음을 성서의 저자들은 우리에게 말해 준다(삼상 18-30장). 마침내 그는 다윗을 궁정에서 추방하였다.

다윗은 용감하고 기략이 풍부한 행위로 백성들의 마음속에 자기의 자리를 계속 유지하였다.[126] 그는 자기의 부모를 안전을 위해서 모압으로 보냈다. 자기 자신은 때로는 예루살렘 근처 놉(Nob)에 있는 성소(sanctuary)에서, 때로는 가드(Gath)의 블레셋 왕이요 사울의 적인 아기스(Achish)의 궁정에서 피신하였다. 한때 그는 아둘람(Adullam) 지역의 셰펠라 구릉에서 수백 명의 불량배들의 무리를 이끌기도 하였다. 그리고 다시금 블레셋 사람들을 위하여 남방에서 변경 수비대 역할을 함으로써 자기의 기개(氣槪)를 입증하였다(삼상 21-30장). 그는 추방 기간에 여러 차례나 사울을 죽일 수도 있었지만, 그의 인격의 고결함과 아마도 또한 하나님께서 기름 부으신 자로서의 사울에 대한 그의 경외심이 이 최후의 극단적 행위를 예방하였다.

---

124) He soon realized, however, that David was becoming the center of popular favor and was threatening to reap the political rewards of fame. p, 56.

125) Saul has slain his thousands, but David - his ten thousands! P. 56.

126) David maintained his place in the hearts of the people by his *gallant* and *resourceful* acts. p. 56.

사울은 그가 처음에 명성을 떨친 곳인 싸움터에서 사망하였다. 이스르엘 계곡에 모인 블레셋 사람들에 대항하여 사울과 그의 군대는 가까운 길보아(Gilboa)산에서 대진(對陣)을 쳤다. 뒤이은 교전에서 블레셋 사람들이 이스라엘 사람들을 압도하였고, 사울은 적의 수중에 빠지기보다는 "자기 칼을 취하여 그 위에 엎드러졌다"(삼상 31:4). 이스라엘사의 중대시기에 그가 감당한 것은 영웅적이고 비극적인 역할이었다.[127] 블레셋 사람들의 공격에만 아니라, 국왕으로서의 그의 도유(塗油)로 대표된 결정적 변화에 대하여 그의 백성이 보인 필연적 반응에 정면으로 맞서는 것이 그가 처한 어려운 운명이었다.[128] 게다가 그의 병든 성미(性味)가 그의 처지의 어려움을 더욱 가중시키고 극적으로 보이게 하였다. 그러나 이 모든 것에도 불구하고 사울은 *블레셋 사람들의 전진을* 효과적으로 저지하기 위한, 그리고 그들의 가치 있는 *철의 독점에 대하여* 공격을 하기 위한, 그리고 아마도 가장 중요한 것으로서 이스라엘의 개인주의적 지파들 가운데서 *상당한 정도의 통일을* 이룩하기 위한, 토대를 놓았다.

127) His was a heroic and tragic role in a *crucial* period in Israel's career. p. 57.

128) It was his hard lot to *bear the brunt*, not only *of Philistine aggression* but also *of the inevitable reaction of his own people* to the decisive change represented by his anointment as king. p. 57. brunt (공격 등의) 주력, 예봉(銳鋒). *bear the brunt of* (공격에) 정면으로 맞서다.

제4장 다윗과 솔로몬 치하의 이스라엘인 제국

고대 이스라엘의 황금시대는 다윗과 솔로몬이 이스라엘을 통치하고 이스라엘이 서아시아를 지배한 B.C. 10세기에 도래하였다. 후대에 예언자들이 통일 이스라엘의 회복을 역설하고 그들 주변의 원수들에 대한 보복을 부르짖었을 때에 그들이 염두에 둔 것은 바로 이 시기였다. 그리고 그들은 이러한 업적을 이룰 수 있는 지도자가 바로 *다윗의 후손들* 가운데서 출현할 것으로 생각하였다. 그리하여 이사야는 확언하였다.

> 이새[129]의 줄기에서 한 싹이 나고 … 여호와의 영(靈)이 그의 위에 임하시리니, … 그 날에 이새의 뿌리가 만민의 깃발(banner)로 설 것이요, 민족들이 그에게로 모이리니, 그가 거하는 곳이 영화로울 것이다(사 11:1-10).

근래의 발견물들은 성서의 기사가 지닌 역사적 가치를 크게 높였고, 그 기사의 3000년 묵은 이야기를 많은 양의 새로운 자료로 풍부하게 하기까지 하였다.[130] 스바의 여왕(Queen of Sheba)[131]은 솔로몬을 만난 후 다음과 같이 탄성을 발하였다고 전한다.

---

129) 다윗의 아버지.

130) Recent discoveries have greatly enhanced the historical value of the Biblical account, and even enriched its three-thousand-year-old story with considerable new material. p. 58.

131) 스바(Sheba): 아라비아 서남단에 있는 오늘날 예멘의 옛 이름으로 추정됨. 솔로몬의 지혜를 시험하기 위하여 찾아왔던 여왕의 나라(왕상 10:1-13). 이 나라는 대 상업국으로서 그곳의 대상(隊商)들은 토산품인 황금, 보석, 향료 뿐 아니라 인도와 아프리카의 특산물로 페니키아 등지와 활발한 무역을 하였다(욥 6:19; 시 72:10; 사 60:6; 렘 6:20; 겔 27:22).

> 내가 내 나라에서 당신의 업적과 당신의 지혜에 대하여 들은 소문이 진실합니다. 내가 그 말들을 믿지 않았는데, 이제 와서 눈으로 직접 본즉 내게 말한 것은 절반도 못되니, 당신의 지혜와 번영이 내가 들은 소문을 능가합니다.
>
> (왕상 10:6-7)

위와 똑같은 말이 근래에 새로 발견되는 사실들에 비추어 다윗과 솔로몬의 치세에 관한 성서의 역사를 다시 읽는 현대 학자들의 기분을 나타낸다고 해도 좋을 것이다.

다윗이 사울의 왕좌를 획득하다

길보아산에서 패배함으로써 이스라엘인들은 지도자가 없어지고 취약해져서 그들보다 앞서 가나안인들이 그랬던 것처럼 완전한 와해의 언저리에 걸려있는 것으로 보였다. 그런데 이러한 운명을 그들은 다윗과 그의 추종자들 덕분에 모면하였다.132)

사울이 사망하자마자 그의 권력을 계승하기 위한 투쟁이 발생하였다. 어떤 사람들은 사울의 아들 이스보셋133)을 지지한 반면에, 다른 사람들, 특히 유다 지파는 다윗을 왕으로 삼을 것을 주장하였다(삼하 2-4). 왕권을 탈취하고 굳히기 위해서 다윗은 나라 안팎의 문제들을 해결하지 않으면 안되었다. 그는 한

---

132) Left leaderless and vulnerable by their defeat at Mount Gilboa, the Israelites seemed *poised* on the verge of complete disintegration, like the Canaanites before them. From this fate they were saved by David and his followers. p. 60.

133) 이스보셋(Ishbosheth 또는 Esh-baal): 사울의 넷째 아들. 사울 왕과 그의 세 아들들이 전사한 뒤 헤브론에서 왕이 된 다윗에 대항하여 군사령관 아브넬의 도움으로 요단강 동편의 마하나임에서 왕이 되어 유다 지파를 제외한 이스라엘을 2년간 통치하다가 암살 당하였다(삼하 2:8-4:12).

편으로 이스라엘에서 독점적 권한을 획득해야만 하였고, 또 한편으로 그는 이스라엘을 단결시켜 블레셋 사람의 대공세를 막아내지 않으면 안 되었다.[134]

뒤따라 일어난 피비린내 나는 전투에서 다윗과 그의 추종자들은 어느 집단이 이스라엘을 통치해야 하는가에 관해서 의문의 여지를 남기지 않았다(삼하 2:17). 이스보셋의 일부 지지자들은 - 반드시 다윗에게 알리거나 그의 동의를 받아서 된 일은 아니었던 듯 하지만 - 처형되었고, 요나단의 절름발이 아들 므비보셋[135]과 같은 다른 사람들에게는 자비가 베풀어졌다(삼하 9). 다윗은 자기의 동료 이스라엘인들에게 완전히 의존하지는 않고 크레타(Crete)와 그 밖의 곳에서 용병(傭兵)들, 즉 전통적으로 '그렛 사람들'(Cherethites)과 '블렛 사람들'(Pelethites)이라고 불리는 사람들을 고용하였는데, 그들은 그의 호위대(bodyguard)의 구실을 하였다(삼하 8:18; 15:18).

권력과 위세를 이처럼 신속하게 강화함에 있어서 한층 더 중요하고 눈부셨던 것은 그의 군사적 업적이었다. 여부스인들의 요새로서 여부스[136]라고도 알려진 예루살렘은 그의 공격에 함락되었다. 그후 그는 여러 차례 블레셋 사람들을 저지하고 마침내 그들을 특히 가드(Gath)에서 매우 심하게 궤멸시켜서 그들은 이스라엘을 위협할 힘을 다시는 회복하지 못하였다(삼하 21:15-22).[137] 서쪽 측면과 남쪽 측면을 확보한 다

---

134) On the one hand he had to acquire sole authority in Israel, and on the other hand he had to unite Israel and check the Philistine drive. p. 60. drive (군대의) 맹공격, 대공세(strong military offensive).

135) 므비보셋(Mephibosheth): 요나단의 아들. 다섯 살 때에 사고로 절름발이가 되었다(삼하 4:4).

136) 여부스(Jebus): 예루살렘의 옛 명칭. 이것은 그곳에 살던 가나안 종족의 이름이기도 하였다(수 15:63). 이 성읍은 원래 베냐민 지파에 할당되었으나 그들이 이를 정복하지 못하고 있던 중 다윗이 비로소 이를 함락하여 이스라엘의 수도로 삼았다(삼하 5:6-7).

137) 이 전투들 중의 일부가 다윗과 골리앗의 경우와 같이 또는 다윗과

음 다윗은 자기의 군대를 요단강을 건너 동북쪽으로 다메섹(Damascus)과 소바[138]에까지 보내었고, 긴 일련의 전투에서 그는 암몬인과 모압인과 에돔인 뿐 아니라 정력적인 아람인 집단들의 일부를 정복하였다. 그는 사울이 시작했던 바 남방에 있는 교묘하게 도망치는 아말렉인들[139]을 멸절하는 일을 끝내기까지 하였다.

다윗의 놀라운 무력이 소진되었을 때에는 시리아의 오론테스(Orontes) 강변에 있는 가데스(Kadesh)에서 아카바(Aqabah) 만두(灣頭)에 있는 에시온게벨(Ezion-geber)에 이르는 영토를 이스라엘인들이 지배하고 있었다(지도 III 참조). 페니키아(Phoencia)와 필리스티아(Philistia)의 작은 부분들을 제외한 지중해 연안이 공물(貢物)을 바치게 되었었고, 동쪽으로 아라비아 사막에 이르기까지의 트란스요르단이 또한 다윗을 왕으로 인정하였다. 이러한 군사적 업적들은 더 나아가 부족들간의 제휴와 오래된 불화의 진정을 촉진하였다. 이스라엘은 사울의 치하에서 명목상으로만 왕국이었던 것과 마찬가지로 이미 사실상의 왕국이 되어가고 있었다.[140]

이스보셋의 군대를 대표하는 12명씩으로 이루어진 팀들의 경우처럼 양편에서 나온 한 명 이상의 정선된 전사들 사이의 싸움으로 결정된 것으로 보이는 것은 재미있는 일이다(삼하 2:12-17). [저자의 주].

138) 소바(Zobah): 아람족의 왕국. '아람소바'라고도 불린다(시 60편). 이곳은 레바논 산맥과 안티레바논 산맥 사이의 골짜기, 하맛(Hamath)과 다메섹 사이에 위치해 있다. 소바는 이스라엘과 적대관계에 있어서 사울왕 때에는 이스라엘과의 전투에서 패했고(삼상 14:47), 다윗 왕 때에는 이스라엘에 조공을 바쳤다(대상 18:3-9).

139) 아말렉인들(Amalekites): 에서의 자손으로 가데스-바네아(Kadesh-barnea)에서 시나이 반도에 이르는 사막 지대인 아말렉에서 살았다(창 26:16).

140) Already Israel was becoming a kingdom in fact, as it had been only in title under Saul. p. 61.

팽창을 위한 국제 환경

이스라엘인의 제국(帝國)이 생겨난 일은 오직 근동(近東) 전체와의 관련 하에서만 올바르게 이해될 수 있다.[141] 제2 천년기 말엽에 보통은 이스라엘이 속한 역사적 환경 안에서 활동하는 공격적 세력들이었던 메소포타미아나 소아시아나 시리아나 이집트에서 단 하나의 국가도 다윗의 팽창 계획을 방해할 만큼 강력하지는 못하였다. 바빌로니아는 B.C. 16 세기에 함무라비 왕조가 멸망한 이래 쇠퇴하고 있었다. 북동 이라크에 있었던 후르르인의 국가는 13세기에 앗시리아에 멸망당하였다. 차례로 앗시리아는 (1100년경 티글랏필레셀 1세 치하의 짧은 기간을 제외하고는) 너무 약해서 B.C. 900 년 이후까지 그 자체의 영토 밖에서 제국과 모험을 추구할 수는 없었다. 14세기 초에 북부 시리아와 후르르인의 국가를 접수하였었고 당시에 전 근동에서 이집트 이외에는 그들의 세력에 필적할 세력이 없었던 헷족(Hittites)은 B.C. 1200 경에 에게해 민족들(the Aegean peoples)[142]의 맹공격에 붕괴하였다.

이집트의 세력도 역시 기울었었다. 제20왕조 때, 특히 1150년 이후에 시작되었던 붕괴가 1100년 직후에 아몬[143]의 성직자와 그들의 부유한 제휴자들이 토지에 대한 관리권을 장악하였을 때에 완화되지 않았다. 성서에서 시삭(925년경)

---

141) The rise of the Israelite empire can be understood properly only in the context of the entire Near East. p. 62.

142) 에게해 민족들(the Aegean peoples): 앞서 언급한 "해양민족"(海洋民族, sea peoples)과 같음.

143) 아몬(Amon): 원래 이집트 테베(Thebes)의 지방신이었으나, 중왕국(中王國) 때에 테베가 이집트의 수도가 되면서 태양신 라(Ra)와 결합하여 생산력을 상징하는 이집트의 국가신(國家神)이 되었다(렘 46:25). 따라서 테베는 '아몬의 성읍'이라는 뜻으로 '노아몬'(No-amon)으로 불리기도 하였다(나 3:8). 오늘날에도 인근의 카르낙에는 아몬의 장대한 신전이 남아있다.

으로 불리는 셰숑크 1세[144]의 짧은 치세 동안을 제외하고 이집트는 4세기 이상이 지난 후 제26왕조 느고[145]의 치하에서 국력이 회복될 때까지 국경 밖의 누구에게도 도전할 만한 위치에 있지 않았다. 아람인들(시리아인들)에 관해서는 북 트란스요르단에서의 그들의 우세가 막 시작되어 그곳에서 그들이 마침내 몇 개의 도시국가들을 창설하였을 뿐이었다.

B.C. 1000년경의 서아시아에 있었던 이 정치적 공백을 배경으로 하여 다윗 제국의 발흥에 관한 성서의 기사는 이스라엘인들이 그 공백을 메우기 위하여 움직인 능숙한 방법을 웅변적으로 증언해 준다.

이스라엘과 페니키아

다윗은 페니키아[146]와만 전쟁을 하지 않았는데, 그것은 그 나라와 전쟁을 하는 것이 필요하지도 바람직하지도 않았기 때문이었다.[147] 한때 위대하였던 가나안 문명권은 현대의 하이파(Haifa) 근처에서 비블로스(Byblos) 저편에 이르는 좁고 긴 해안으로 축소되었다. 바로 이곳에서 페니키아의 유풍(遺風)이 번창하였다.

---

144) 셰숑크(Sheshonk) 1세: 성서의 시삭(Shishak). 이집트 제22왕조의 창시자(재위 B.C. 940-915년경).

145) 느고(Necho, B.C. 609-593): 이집트 제26왕조의 제2대 왕.

146) 페니키아(Phoenicia): 한국어 성서의 '베니게.' 지중해 동북 연안에 있는 오늘날의 레바논. 구약 시대에는 '시돈'(Sidon) 또는 '두로'(Tyre)라 불렸다(사 23:1-2). 이 나라는 갈멜산 북쪽 약 200km 지점에 있었는데, 가경지(可耕地)가 적고 토양이 나빠서 농업에는 부적당하였지만, 비블로스, 시돈, 두로 등 양항(良港)이 있어서 해상 무역이 성행하였다.

147) Only against Phoenicia David did not go to battle; to do so was neither necessary nor desirable. p. 63.

다윗 치하의 이스라엘인들과 히람(Hiram) 1세 치하의 페니키아인들은 상호간에 유익한 군사적 정치적 협약을 맺었다. 페니키아인들은 이스라엘인들에게 숙련된 기사들과 장인들, 그리고 레바논산 백향목(柏香木)과 잣나무의 목재를 공급하기로 하였다. 사실인즉 그들은 다윗에게 궁전을 지어주었는데(삼하 5:11), 다윗은 아마도 그 대가를 은이나 금으로보다는 보호와 불침략으로 더 많이 치른 것 같다.[148] 아무튼 페니키아는 군사적으로나 경제적으로나 이스라엘의 손에 맡겨져 있었고, 그 나라는 그 나라가 이스라엘의 왕들에게 유용한 동안만 독립을 유지하고 부를 늘이기를 기대할 수 있었다.

이러한 상황은 페니키아인들이 해상 팽창에 전념하는 것이 지리적으로 필요할 뿐 아니라 실제로 가능한 일이 되게 하였다. 매우 짧은 기간 안에 그들은 스페인, 사르디니아, 코르시카, 시칠리아, 북·중 아프리카(후일의 카르타고) 등 지중해 연안의 거의 모든 곳에 이르러 교역이나 식민 활동을 하면서 문화적 영향을 끼쳤다. 실로 그리스와 로마가 - 그리고 그들을 통하여 마침내는 전 세계의 많은 부분이 - 페니키아인들로부터 알파벳을 배워서 아마도 구전(口傳)으로 발생하였을 일리아드와 오딧세이와 그 밖의 서사시들을 성서의 사사시대에 해당하는 시대에 기록하였다.

새로운 통치

이렇게 한 세대 안에 이스라엘의 지파들은 오경에서 그렇게도 자주 약속되었던 *제국적 광채* 안에 들어오게 되었고

148) As a matter of fact they built David a palace, for which he, in turn, probably paid more in protection and non-aggression than in silver and gold. p. 63.

전에는 전혀 없던 곳에 하나의 민족적 수도(首都)를 만들어 내었다.149) 유다의 헤브론에서 새로 정복된 예루살렘으로 자기의 본거지를 옮기면서 다윗은 이곳을 왕실의 사적(私的)인 영지(領地)로 삼았다. 모든 부족적 관할권의 밖에 있었고 국왕에게만 속하였기 때문에 그곳은 자주 "다윗 성"(the City of David, 삼하 5:9)이라고 불리게 되었다.

국왕의 주거에 정치권력을 집중하고 보니 종교적 지배를 위해서도 그에 상응하는 초점이 필요하게 되었고,150) 그래서 다윗의 신하들이 이스라엘의 보이지 않으시는 하나님의 지상(地上) 거처를 상징할 장려한 건물인 왕실 예배당의 건축을 계획하기 시작하였다. 신전에서 합당한 예배를 드리기 위하여 사제단(司祭團)이 임명되고, 악단(樂團)들이 조직되었는데, 후자는 십중팔구 자기 자신이 뛰어난 연주가요 작곡가였던 다윗에 의하여 조직되었을 것이다. 두 사람 다 유서 깊고 훌륭한 가문의 출신이었던 아비아달(Abiathar)과 사독(Zadok)이 다윗의 제사장으로 임명되었다. 후에는 이 동일한 사독의 실제상 또는 명목상의 후손들인 '사독의 자손들'(Zadokites)이 '성전 제사장들'(Temple priests)이라는 주요 계층이 될 것이었다.

다윗의 수중에 권력을 집중시키는 일은 새로운 행정제도와 군사제도의 창설로 한층 더 이행되었다. 여러 지파들의 경계선들이 재정 및 행정상의 효율을 늘린다는 - 그럴듯하긴 하지만 그 보다는 부족들의 독립을 약화시키려는 더 큰 목적을 위한 것이었을 것 같은 - 구실로 변경되었다.

---

149) Thus within one generation the tribes of Israel came into the imperial splendor so often promised in the Pentateuch and created *a national capital* where none had previously existed. p. 64.

150) The centralization of political authority in the abode of the king called for a corresponding focus for religious jurisdiction. p. 64.

새로운 구역들은 부족장들과 가족장들에 의한 전통적 방식에 따라서가 아니라 국왕의 관리(官吏)들에 의하여 예루살렘 궁정에서 대표될 것이었다. 그리고 이렇게 해서 왕정의 대가(代價)인 세금의 징수를 위한 길이 열렸다.151)

군대가 항구적인 전문 단체로 바뀌고, 예루살렘에서의 통제권을 직접 국왕의 권한하에 집중시키기 위하여 사령부가 재조직되었다. 사울과 이스보셋 밑에서 군사령관을 지냈던 아브넬(Abner)은 죽임을 당하고 다윗의 기략이 뛰어난 조카이자 헌신적인 친구였고 성서에서 가장 과소평가 된 인물들 중의 한 사람인 요압(Joab)으로 대체되었다.

이스라엘인의 역사상 최초로 정부가 강제노역(forced labor)을 도입하였다. 이스라엘에 거주하는 모든 강건한 사람은 무보수로 근로봉사(勤勞奉仕)를 하지 않으면 안 되게 되었다. 이 새 제도의 도입이 아마도 다윗이 전국을 통해서 실시하게 한 인구조사의 이면에 있던 주요 동기이기도 하였을 것이다.

제국을 공고하게 하는 일이 신속히 진행되었다. 예루살렘의 신전과 정부 공관들을 건설하기 위한 계획들이 세워지고, "제사장들과 레위 사람들의 반열(班列)과 여호와의 성전에서 섬기는 모든 일"(대상 28:13)을 위한 양식이 결정되었다. 다윗은 전국에 산재하는 요새지(要塞地)들과 므깃도와 같은 행정 중심지들의 필요를 인정하였다. 이 모든 것에 거대한 건설 프로그램이 수반되었고, 그것은 새로운 군대의 육성, 행정 서비스의 확장, 왕가의 재조직 등과 함께 고려할 때에 전례 없는 양의 자금과 인력과 관리요원을 필요로 하는 일이었다.

151) And thus *the way was paved for* the collection of the taxes which were the price of monarchy. p. 65. pave (도로를) 포장하다.

관리요원은 비이스라엘인들을 포함시켜야 했을 만큼 많이 모아진 서기들과 전령들과 기록관들과 장관들과 청지기들과 사무관들로 구성된 새로 창설된 **궁정관료**(宮廷官僚)에 의하여 제공되었다. 충분한 자금과 인력을 얻기 위해서는 피정복 민족들로부터의 전리품과 공물, 그리고 국내에서의 징세와 부역에 의지하는 것이 필요하였다. 이 방대한 프로그램으로 인하여 다윗이 이스라엘의 군사적 영웅만이 아니라 위대한 건설자와 조직자가 될 무대가 마련되었다.152)

그러나 이 모든 장대한 계획들을 실행에 옮길 수 있기 전에 다윗이 사망하여서 그의 건설상의 실제 업적은 블레셋 사람들에 대항하는 몇 개의 주요 지점들, 즉 남 셰펠라의 **텔 베이트 미르심**과 북 셰펠라의 **벧세메스**와 지중해 근처의 **텔 카실레**를 요새화한 것과 예루살렘과 아마도 또한 므깃도에 왕실 건물들을 지은 것에 불과하였다.

다윗 왕, 그의 인품

성서가 전하는 바에 의하면 다윗에게 여러 가지 소질이 있었던 것으로 보이는데, 그 중에서 시와 음악에 대한 그의 재능보다 사람들의 마음을 더 끄는 것은 아마 없을 것이다. 사울과 요나단을 애도하는 유명한 애가(哀歌, 삼하 1:17-27) 말고도 그가 쓴 것으로 성서가 전하고 있는 시가(詩歌)들 중에 적어도 일부는 십중팔구 그가 지었음에 틀림없다. 그러나 다윗의 명성이 매우 높아서 그의 치세 전후에 쓰여진 많은 시가들이 그의 이름과 결부되게 되었다. 150편 전권(全卷)은 아닐지라도, 그때 이래 많은 사람들이 믿고 가정해온

152) This vast program set the stage for David to become *the great builder and organizer*, as well as the military hero of Israel. p. 66.

바와 같이 실로 처음 72편의 시가로 이루어진 공식 콜렉션은 그의 이름을 지니게 되었다.

다윗의 애증관계는 그의 시대 이래 길이길이 사람들의 감정과 상상을 사로잡아 왔다. 아마도 가장 유명하였던 것은 요나단에 대한 그의 깊은 애정이었겠지만, 다윗의 이름만 들어도 압살롬[153]과 아비가일[154]과 아름다운 밧세바[155]가 생각난다. 이들 각각의 이야기에 *왕자적(王者的) 위엄*이 그 후 각 세대의 독자들을 감동시키고 사로잡아온 방식으로 *인간적 나약*과 뒤섞여 있다.[156]

상당히 많은 수의 백성이 다윗의 통치에 항거하는 무장반란에 가담한 희귀한 일이 벌어졌을 때에 그 지도자들 가운데 다윗이 총애하는 아들인 미남이면서도 우유부단한 압살롬이 있었다. 반군(叛軍)은 속임수에 빠지고 다윗의 잘 훈련된 시민군에게 져서 비록 궤멸되지는 않았지만 패배하였는데, 그때에 무자비한 요압이 압살롬을 자기 자신의 손으로 죽임으로써 반란 전체를 끝장내었다. 다윗이 모반한 자기의 아들에게 어떠한 해도 미치지 않기를 원하였다는 것과, 그 비극적인 소식을 들었을 때에, "그의 마음이 심히 아파서 문루[157]로 올라가서 울고" 올라가면서 "내 아들 압살롬아,

---

153) 압살롬(Absalom): 다윗의 셋째 아들. 아버지에게 반역하여 요압에게 살해되었다(삼하 13-18장).

154) 아비가일(Abigail): 갈멜산 부근 마온(Maon)의 부자 나발(Nabal)의 아내. 그의 양떼를 보호해주었던 유랑 시절의 다윗이 도움을 청하자 나발이 그에게 도움을 주기는커녕 그를 모욕하는 발언을 하여 다윗의 보복을 받을 위기에 처하였을 때에, 그녀가 남편을 위하여 신속히 용서를 구하여 화를 면하게 하였다. 남편의 사망 후에 그녀는 다윗의 아내가 되었다(삼상 25:1-44).

155) 밧세바(Bathsheba): 다윗의 부하 장수인 헷족 우리아의 아내. 후에 다윗의 아내가 되어 솔로몬을 낳았다(삼하 11, 12장).

156) In each of these stories *kingly grandeur* is blended with *human weakness* in a way that has touched and captivated each succeeding generation of readers. p. 67.

내 아들, 내 아들 압살롬아, 내가 너를 대신하여 죽었더라면 좋았을 것을, 압살롬, 내 아들아, 내 아들아"[158]라고 말하였다는 것은 다윗의 흔히 예측할 수 없었던 정서적 특성을 아주 잘 표현한 것이었다.

다윗이 자기의 정염(情炎)[159]을 억제할 수 없었던 다른 유명한 경우들, 즉 남편을 그가 죽음에서 구하려고 시도하지 않은 아비가일이나 남편을 그가 잔인하게 죽게 만든 밧세바의 경우에, 다윗은 자기의 연적(戀敵)들의 죽음을 초래한 데 대하여 진정으로 참회하고 예언자 나단[160]의 통렬한 질책을 겸손히 받아들였다. 인류 역사의 넓은 범위 안에서 이처럼 열정적이고, 강박적이고, 극적이고, 실제적이고, 재능있는 또 하나의 인물을 발견하거나, 우리의 모든 문학 속에서 이처럼 단순하고도 강력한 성격묘사를 다시금 발견하는 것은 쉽지 않을 것이다.

후대의 이스라엘인들에게 다윗은 자기네 역사의 황금시대에 살았던 핵심 인물로서 나무랄 데 없고 비길 데 없는 인물이었다.[161] 하지만 그의 계획들을 실행하여 최종적이고 자주 불쾌한 결말들을 초래한 것은 그가 아니라 그의 아들과 후계자였던 솔로몬이었다. 다윗은 자기 백성의 역사에서 영예로운 자리를 차지할 자격이 충분히 있었지만, 그래도 그의 선이 그의 뒤에 살아남은 반면에 그의 악이 솔로몬의 뼈와 함께 매장된 것은 주로 행운에 관한 문제였다.[162]

---

157) 문루(門樓): 궁궐문이나 성문의 바깥문 위에 지은 다락집(chamber over the gate).

158) "O my son Absalom! My son, my son Absalom! Would that I died for you, O Absalom, my son, my son!"(삼하 18:33).

159) 정염: 불꽃같이 일어나는 욕정(passion).

160) 나단(Nathan): 다윗왕 때의 궁정 예언자이자 고문.

161) To Israelites after him, David was *the key figure* in the Golden Era of their history, a figure beyond reproach and beyond compare.

솔로몬 왕

다윗의 최후가 다가오자 사울의 사망시에 그랬던 것과 똑같이 또 한 차례의 왕위 계승 싸움이 있었다. 이 점에 있어서 이스라엘의 역사는 앗시리아나 바빌로니아나 이집트에 있은 어느 다른 유사한 왕국들의 역사와도 다를 바가 전혀 없다. 이러한 권력투쟁에서 이등을 하는 것에 대한 벌은 통상적으로 죽음이었다.[163] 다윗의 맏아들로서 이복동생 솔로몬보다 우선권을 갖고 있었던 아도니야[164]의 경우가 그러하였다. 아도니야는 실로 가공할 요압을 포함하는 그의 추종자들에 의하여 이미 왕으로 선포되었었는데, 그제야 비로소 솔로몬의 후원자들이 반격을 시작하였다. 다윗의 총애하는 아내요 솔로몬의 모친이었던 밧세바가 예언자 나단과 제휴하여 솔로몬을 법적 계승자로 지명하도록 노령의 다윗을 설득하였다. 밧세바는 만약 아도니야가 제 뜻을 이룬다면 그녀와 그녀의 아들은 죽은 것이나 다름없게 될 것임을 지적하였다.

다윗은 마음이 움직여서 결정적 명령을 내렸다: "제사장 사독과 예언자 나단으로 하여금 그[솔로몬]에게 기름을 부어 이스라엘의 왕으로 삼게 하라. 그리고 나팔을 불고 '솔로몬왕 만세!'를 외쳐라"(왕상 1:34). 아도니야의 추종자들은 그를 저버렸고, 솔로몬은 나중에 구실을 찾아 그를 죽였다. "나라가 솔로

---

162) David fully deserved his place of honor in his people's history, but, at the same time, it was largely *a matter of good fortune* that his good lived after him, whereas his evil was interred with Solomon's bones. p. 68.

163) The penalty for coming out *second best* in such a power struggle, normally, was death. p. 68.

164) 아도니야(Adonijah): 학깃(Haggith)의 소생(삼하 3:4)으로 다윗의 넷째 아들이었는데 이때까지에는 그의 이복형들(암논, 길르압, 압살롬)이 모두 사망하였었다.

몬의 손안에 견고해질 때까지"(왕상 2:46; 대상 29장) 아도니야의 다른 지지자들도 마찬가지로 죽임을 당하거나 추방되었다.

솔로몬의 건축 프로그램: 성전

솔로몬은 그의 부친 다윗이 단지 짜내고 꿈꾸었을 뿐 시간과 상황이 허락하지 않아서 달성하지 못한 계획들을 성취하는 과업을 물려받았다. 그리고 이 프로그램에 그는 자기 자신의 계획들과 꿈들을 추가하였다. 솔로몬은 페니키아와의 협정을 계속하고 연장하여 성전 건축을 위하여 막대한 양의 레바논산 목재를 수입하고 수많은 기사들과 감독들과 장인들을 모집하였다.

솔로몬은 그가 지은 성전으로 가장 잘 알려져 있다. 그 성전은 다윗이 의도했던 대로 국가적 성소(the national shrine)가 됨으로써 예루살렘을 이스라엘의 정치적 수도만이 아니라 영적 수도로 만드는 과정을 마쳤지만, 그 대가는 어마어마한 것이었다. 그 장려한 건물을 완성하기 위하여 솔로몬은 무자비하게 세금을 징수하고, 수만 명의 백성들을 집단노동에 투입하고, 레바논에서 백향목과 잣나무를 잘라서 목재를 페니키아로부터 욥바[165]에 뗏목으로 나르고, 통나무 하나 하나를 예루살렘 고지(高地)로 운반하지 않을 수 없었다.

성전 복합체와 그것의 부속 건물들은 하나의 장려한 건축물 단지를 형성하였다.[166] 성전은 가나안 건축가들에 의하여 지어졌기 때문에 그들의 토착적(土着的) 신전 전통의 양식을

---

165) 욥바(Joppa): 예루살렘 북서쪽 56km 지점의 지중해 연안에 있는 항구로서, 솔로몬의 시대에는 지중해 연안 무역의 거점이었다(대하 2:16).

166) The **complex** of the Temple and its associated buildings formed a magnificent architectural unit. p. 69.

솔로몬 성전: '동문'(東門)의 양편에서 버팀 없이 서있는 두 개의 큰 장식적 기둥들을 보여주는 모형도. 이 성전은 원래 페니키아 건축 양식에 따라 지어졌다. '성전'(Temple) 앞에 '뜰'(courtyard)이 있었는데, 그곳에 '번제단'(altar of burnt offering)이 놓여 있었다.

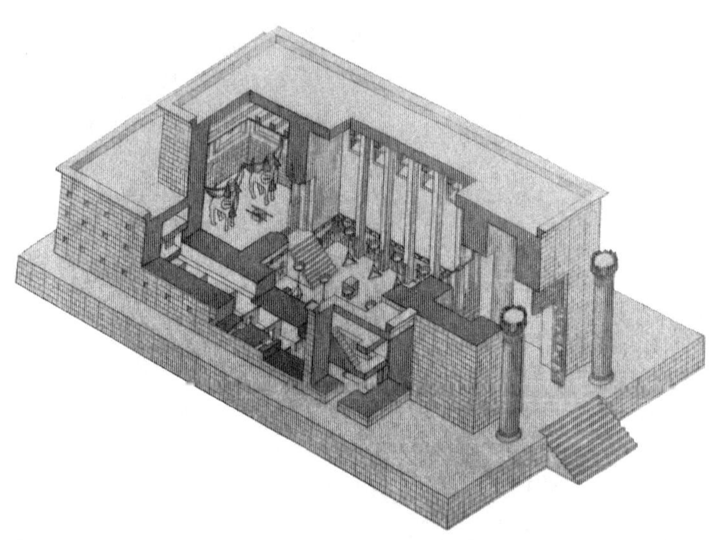

성전의 내부: 회중은 '주 제단'(high altar) 근처의 바깥 '뜰'에서 예배하였다. 시리아-페니키아 지역의 다른 신전들과 마찬가지로 이 성전은 '*전실,*' '*성소,*' '*지성소*'라고 하는 세 부분으로 나뉘어 있었다.

따랐다.[167] '야긴'(*Jachin*)과 '보아스'(*Boaz*)(왕상 7:21)라고 불린 두 개의 독립해 있는[168] 기둥들과 '*전실*'(前室, vestibule), '*성소*'(聖所, holy place), '*지성소*'(至聖所, holy of holies)라고 하는 세 주요 부분들, 이 모든 것들이 가나안 양식에서 발생하였다. 그것들 각각의 히브리어 이름들인 '울람'(*ulam*)과 '헤칼'(*hekhal*)과 '데빌'(*debir*)도 역시 – "여호와의 집"이었던 신전 전체를 가리키는 '바이이트'(*bayit*, 집)라는 용어와 마찬가지로 – 가나안인들로부터 도입된 것으로 보인다.

솔로몬 정권은 정부 청사들의 건립과 주요 요새들의 건설이나 재건으로도 이름이 나 있다. 예를 들어 므깃도,[169] 게셀(Gezer), 텔 카실레(Tell Qasileh), 에시온게벨, 하솔(Hazor), 그리고 라기스(Lachish)와 같은 이스라엘 도시들의 솔로몬 시대(초기 철기 시대) 층의 유적들을 발굴하는 것은 고고학자들이 빈번히 하는 일이다. 성전과 마찬가지로 이러한 건조물들은 구상(concept)에 있어서, 그리고 석공술, 주두(柱頭)의 사용,[170] 통로의 양식과 같은 세부사항들에 있어서 대체로 페니키아적이었다.

---

167) Built by Canaanite architects, it followed the style of their native temple tradition. p. 69.

168) '독립해 있는'(free-standing): (조각이나 건축의 구성 요소가) 아무것도 지지하지 않고 서 있는.

169) 므깃도(Megiddo): 에스드라엘론 평야의 남서쪽 끝에 위치한 구릉지대로 군사 전략상 매우 중요한 요지이다. 솔로몬 때에 이곳을 행정과 군사의 중심 도시로 건설하였다(왕상 9:15-19). 후일에 이곳에서 유다 왕 요시야가 이집트 파라오 느고와의 전투에서 패하여 전사함으로써 백성들을 애통하게 하였다. 이 지역은 1903년 독일의 슈마커(G. Schumacher)에 의하여 처음으로 발굴된 이래 많은 사람들에 의하여 발굴되었다. 솔로몬 시대의 것으로 추정되는 망대가 있는 성벽이 발굴되었는데, 이것은 솔로몬 시대의 요새화 된 성읍의 모습을 잘 보여준다.

170) 주두(柱頭, capital)를 사용하는 것은 몇 세기 후에 그리스인들도 페니키아인들로부터 도입하였다.

므깃도 고갯길(The Pass of Megiddo): 가자와 이집트 국경에 이르는 주요 해안 간선도로(coastal highway)와 이스르엘 평원을 잇는 길이 이 고갯길을 통과하게 되어 있었다. 고대의 많은 전투가 므깃도라고 하는 견고하게 요새화된 도시에 의하여 지켜진 이 전략적 지역에서 벌어졌다.

호상(豪商) 솔로몬: 에시온게벨

특별히 재미있는 것은 현재의 해안선에서 북쪽으로 약 500m 되는 곳에서 1930년대 중반에 재발견된 아카바만에 면한 에시온게벨(Ezion-geber)의 유명한 동제련소와 항구이다. 그 항구의 유적은 학자들과 여행자들이 오랫동안 찾았었지만, 시나이 반도와 에돔의 광산들에서 채굴한 동광석을 제련하기 위하여 특별히 지어진 색다른 구조물을 발견할 것을 기대한 사람은 아무도 없었다. 그것의 발굴자는 에시온게벨을 "팔레스타인의 가장 중요한 항구일 뿐 아니라 팔레스타인의 핏츠버그"라 부르고, 솔로몬을 "위대한 구리 왕"이라고 평하였다. 에시온게벨은 므깃도나 텔 카실레에 있는 솔로몬 시대의 상응하는 층들과 마찬가지로 "미리 설계되고 상당한 건축 및 공학 기술로 일시에 하나의 완전한 통일체로 지어졌다."171)

솔로몬이 에시온게벨에서 그곳의 항구와 상선단(商船團)으로 벌인 커다란 사업을 생각해 보면 호기심을 자극하는 오래된 성서의 의문 하나가 해명될 것으로 보이기도 한다. 다음과 같은 질문이 흔히 있어왔다: 스바의 여왕이 정말로 솔로몬을 방문하였는가? 그리고 만약 방문하였다면, 한 여자인 그녀가 왜 믿어지지 않을 만큼 값진 선물들을 가지고 서남 아라비아에 있는 그녀의 나라에서 예루살렘까지 2,000km가 넘는 그 힘들고 위험하기까지 한 여행을 하였을까? "스바 여왕이 … 솔로몬의 명성을 듣고 어려운 문제들로 그를 시험하고자 하여 그에게 오니 … "(왕상 10:1-13)라고 성서는 설명하고 있다. 그런데 이것은 분명히 외교적인 설명이다. 그 "어려운 문제들"은 지갑의 문제와 관련되어 있었을 가능성이 높다. 에시온게벨에 관한 우리의 권위자는 지적한다: -

> 솔로몬의 해운 항로(shipping line)가 스바 여왕이 지배하고 있던 유리한 대상(隊商) 무역을 매우 심각하게 잠식했기 때문에 그와 우호적인 교역협정을 체결하기 위하여 그녀가 온갖 선물을 가지고 예루살렘에 서둘러 오게 된 것이다. … 만족스런 통상조약이 맺어졌음이 분명한데, 그것은 "솔로몬 왕은 스바 여왕에게 그가 왕다운 활수함(royal bounty)에 따라 그녀에게 준 것 외에도 그녀가 소원대로 요청한 것을 다 주었다"(왕상 10:13)라고 성서가 우리에게 알려주고 있기 때문이다.172)

---

171) N. Glueck, *The Other Side of the Jordan* (New Haven, 1940), chs. iii, iv. [저자의 주]. 그러나 John Bright는 그의 *A History of Israel*, 3rd ed. (1981) p. 216에서 이 동제련소에 관하여, "에시온게벨에서 발견되고 오랫동안 구리 제련소라고 생각된 큰 시설이 지금은 '요새와 창고'(a fortress and storehouse)였던 것으로 여겨진다"라고 말하고, 같은 쪽 각주 73에서 "이것은 발굴자 자신에 의하여 인정되었다. cf. N. Glueck, *BA*, XXVIII (1965), pp. 70-87"라고 말하였다. [역자의 주]

국왕의 상인들에 의하여 행해진 솔로몬의 통상 사업들은 모든 방향에 미쳤다. 그리하여 그는 돈이 벌릴 뿐 아니라 전략적으로 중요하기도 한 말과 병거(兵車, chariot)의 교역을 사실상 독점하였다. 그의 대리인들이 길리기아(Cilicia)에서 말을, 그리고 이집트에서 병거를 매점(買占)해서 그것들을 헷족, 아람인들, 그리고 그 밖의 근동 민족들에게 팔았다(왕상 10:28-29).

페니키아와의 관계

이스라엘과 페니키아 사이의 경제적 관계(왕상 5장 참조)의 상세한 내용은 아마도 결코 완전히 밝혀지지는 않을는지도 모른다. 솔로몬이 적어도 그의 치세 초기에는 자기가 히람한테서 받은 인력과 물자의 대가로 많은 돈을 페니키아 정부의 금고에 지불하지 않았을까 하는 생각을 우리는 해볼 수 있을 것이다.[173] 아무튼 페니키아는 다윗의 손 못지않게 솔로몬의 손에 좌우되었고, 길리기아에서 말들을 구입한 것은 페니키아가 아니라 이스라엘이었다. 반면에 솔로몬은 페니키아가 없었더라면 에시온게벨의 항구도, 제련소도, 선단(船團)도, 선원들도 없었을 것이고, 후자는 순수한 호의만으로 이것이 가능하게 하지는 않았다.[174] 페니키아인들은 이 사업들을 자기들이 지휘하거나 적어도 이익 분배에 참여하기를 더 원했음 직하지만, 그들을 다룸에 있어서 솔로몬이 거의 자기의 뜻대로 할 수 있었음은 분명하다.

---

172) N. Glueck, in *Biblical Archaeologist,* I (Sept., 1938), 14. [저자의 주].

173) "솔로몬이 히람에게 그 궁정의 식물(食物)로 밀 20,000석(石)과 맑은 기름 20석을 주고, 해마다 그와 같이 주었다"(왕상 5:11).

174) On the other hand, Solomon would have had no port, refinery, fleet, or crews at Ezion-geber were it not for Phoenicia, and the latter did not make this possible out of sheer good will. p. 72.

이스라엘과 페니키아의 관계는 솔로몬 사후에 근본적으로 변하였다. 이스라엘의 통일왕국은 둘로 쪼개졌고, 근동의 군사적 균형은 이집트에서의 시삭(Shishak)의 등장과 함께, 그리고 앗시리아와 아람이라는 경쟁적 제국(帝國)들의 성장과 함께 변하였다. 페니키아는 계속하여 해상 무역과 식민 사업으로 부유해졌고, 이스라엘에게 더 이상의 양보나 호의를 베풀지 않았다.

솔로몬의 통치

솔로몬은 그의 부친 다윗이 시작한 행정조직을 완성하고 확장하였고(왕상 4장), 그렇게 함으로써 세금징수와 강제 노력동원을 한층 더 쉽게 하였다. 그와 동시에 그는 부족적(部族的) 충성심을 한층 더 약화시켰다.[175]

행정적 목적으로 이스라엘은 각각 그 자체의 지방장관을 가진 12 구역으로 나뉘어 있었다. 그러나 그 관할 지역들은 반드시 옛날의 부족적 판도와 일치하지는 않았다. 발굴 결과에 의하면 일부, 아마도 전체, 지방장관들이 관저(官邸, palaces)에 살았는데, 거기에는 현물세(現物稅)로 징수된 곡물, 감람유, 그리고 가축을 보관하기 위한 창고가 부속되어 있었다. 각 지방장관은 왕실을 위하여 한 해에 한 달 동안 식량을 제공하도록 요구되었다. 그러나 '유다 지구'(district of Judah)는 국가의 수도요 주요 도시인 예루살렘이 그 지역 안에 위치해 있었기 때문만이 아니라 왕실의 주요 지지자들과 보좌관들이 그곳 출신들이었기 때문에 국왕 직속의 특권적 지위(privileged position)를 차지하고 있었다. 적어

175) At the same time, he weakened further the *tribal loyalties.* p. 72.

도 열두 지방장관들 가운데 두 사람이 유다 지파의 구성원들이었을 뿐 아니라 솔로몬 자신의 사위들이었다.

문화와 종교

모세와 사사들의 시대에 결코 미지의 것은 아니었지만 흔하지도 않았던 '글 쓰는 일'이 솔로몬의 시대에는 널리 보급되어 있었다. 왕실서기들(royal secretaries)이 나라 일들을 기록하였고, 왕실문서고(royal archives)가 있었는데, 이러한 사실이 열왕기와 역대기에 문구는 조금씩 달라도 "그리고 ○○○ 왕의 나머지 행적과 그가 한 모든 일, 보라 그것들은 이스라엘(또는 유다) 왕의 역대지략[176]에 기록되어 있다"라는 말로 여러 차례 언급되어 있다. 그러나 불행하게도 이 기록들은 아직 발굴자들이 되찾지 못하였다.

국왕의 연대기(royal annals)는 사사기와 사무엘서와 같은 다른 책들의 고전적 히브리어 설화체(說話體)와 어울리게 고도로 발달된 히브리어 산문으로 기록되었다. 그뿐 아니라 이스라엘의 시인들은, 예를 들어 **'홍해에서의 승리에 관한 모세의 노래'**(출 15의 일부), **'모세의 축복'**(신 33), **'발람의 신탁'**(민 23-24),[177] **'드보라**

176) 역대지략(歷代志略, Book of the Chronicles): 왕들의 재위 기간에 일어난 여러 가지 사건들을 사관(史官)들이 간략하게 적어놓은 역사 기록. 그것은 현재 남아 있지 않으나, 열왕기와 역대기의 편찬자는 바로 이 문서를 사료로 사용하였을 것으로 추정된다. 성시에는 **'이스라엘 왕 역대지략'**(왕상 14:19), **'유다 왕 역대지략'**(왕상 14:29), **'다윗왕의 역대지략'**(대상 27:24), **'솔로몬의 실록(實錄)'**(왕상 11:41) 그리고 제사장 가계의 **'역대지략'**(느 12:23) 등이 언급되어 있다.

177) 발람: 아람(Aram)의 술사(術士, 민 22:5; 31:8). 이스라엘 백성이 광야 생활을 거의 마치고 여리고 성 맞은 편 모압 평지에 이르렀을 때(B.C. 1406년경)에 모압 왕 발락으로부터 이스라엘을 저주하라는 부탁을 받고, 물욕에 끌려서 가다가 천사의 견책을 받았다. 모압에 이르러 그는 발락의 기대와는 달리 세 번이나 이스라엘을 축복하였다. 자기를 질책하는

의 노래'(삿 5)와 같은 지금까지 보존된 몇 편 안 되는 표본에서 쉽게 알 수 있는 바와 같이, 이스라엘의 산문작가들과 동일한 높은 수준에 이르렀다.

오경(五經)의 책들이 수세기 동안 대대로 구전(口傳)되어 왔던 자료로부터 형태를 갖추기 시작하였다. 솔로몬 자신이 문학과 학예의 후원자였고, 그래서 그의 이름이 잠언, 아가, 전도서와 같은 고전(古典)들 - 비록 이 책들이 현재의 기록된 형태로 윤곽이 잡힌 것은 바벨론 유수 이후이긴 하지만 - 과 밀접하게 관련되게 된 것은 우연한 일이 아니다.

그러나 외래 종교의 관념을 관용하고 그에 동화하는 경향이 최초로 현저하게 증가한 것이 솔로몬의 치세에 있은 일이었다.[178] *가나안적 요소들을 도입한 것*이 여호와 신앙으로부터의 주요 일탈(逸脫)의 원인이었다.[179] 이스라엘과 페니키아가 *경제적, 정치적 협력*을 하다보니 *문화적, 종교적 관행들도 자유롭게 교환되게* 되었다. 바알과 그 밖의 주요한 페니키아 신들의 숭배가 그것의 일부 광란적 요소(orgiastic elements)와 함께 이스라엘 안에 퍼졌다. 페니키아 및 그 밖의 비이스라엘 민족들과의 통혼이 덜 드물게 되었다. 왕 자신이 "파라오의 딸 외에도 많은 외국 여자들을 사랑하였으니, 곧 모압과 암몬과 에돔과 시돈과 헷 여자들이었다"(왕상 11:1 이하). "700명의 후비[180]와

발락에게 그는, "발락이 *그의 집에 은금을 가득히 채워서 내게 줄지라도* 나는 여호와의 말씀을 어기고 선악간에 임의로 행하지 못하고, 여호와께서 말씀하신 대로 말하리라"(민 24:13)라고 말하였다. 그러나 그후 모세가 미디안 다섯 왕을 죽일 때 그도 비참한 최후를 맞았는데(민 31:8), 이는 그가 이스라엘 백성을 타락하게 하는 일에 관련되었기 때문인 것으로 보인다(민 25:1,2; 31:16; 벧후 2:15; 유다 1:11).

178) It was, however, during Solomon's reign that a tendency toward *toleration* and *assimilation* of alien religious ideas first increased to prominence. p. 74.

179) Canaanite elements were responsible for the main *divergences* from the worship of the Lord. p. 74.

300명의 빈장[181]"이라고 쓰여있는 총인원 가운데 다수가, 왕의 결혼이 흔히 그렇듯이, 솔로몬이 외교상의 필요에 따라 얻은 것이었음은 사실이다. 그러나 이처럼 외국인들과 함부로 한 결혼들에는 외래의 신들에게 더욱 더 양보하는 일이 뒤따랐다. 성서의 기자들은 솔로몬이 페니키아의 진기한 것들(Phoenician novelties)이 성전 제식(祭式)과 설비의 여러 가지 양상들 가운데 끼어들도록 허용한 것과 똑같이 그가 아스토렛, 밀곰, 그모스, 몰렉,[182] 아세라, 그리고 외국 공주들이 섬기던 그 밖의 신들을 위하여 우상숭배 하는 사당들을 세웠다는 사실을 간과하지 않았다.

단, 아셀, 스불론, 납달리, 그리고 므낫세 등 변경 지역에 사는 수만 명의 이스라엘인들이 페니키아인들과 분주히 어울렸다. 또한 텔 카실레와 같은 상업도시들과 벳세메스와 같은 국경 도시들에서 이스라엘인들과 비이스라엘인들이 자유롭게 사귀었다. 이처럼 여호와께로부터 떠난 일로 인하여 열왕기를 기록한 성서 역사가들이 솔로몬을 비난한 것은 크게 놀라운 일이 아니었는데, 그것은 바로 그 배교(背敎)가 그들의 생각에는 왕국의 붕괴와 솔로몬 사망 후에 있은 그 밖의 재난들의 주요원인이었기 때문이다.

180) 후비(后妃): 임금의 아내.

181) 빈장(嬪嬙): 왕에게 수청드는 궁녀.

182) 몰렉(Molech): '몰록'(Moloch)과 동일함. 암몬인의 신(왕상 11:7). 사람을 제물로 바치는 의식이 특징임(렘 32:35). 솔로몬은 만년에 암몬 출신 아내를 위하여 몰렉 신전을 만들어 하나님의 진노를 초래하였다(왕하 17:7; 겔 23:37). 이 제단은 요시야 왕(B.C. 640-609) 때 이르러서야 파괴되었다(왕하 23:10-13).

통일왕국의 최후

솔로몬 왕국의 부와 힘은 숙명적으로 쇠퇴하게 되어 있었다.[183] 이 쇠퇴의 점증하는 압력 하에서 대내외적인 긴장이 정치적으로 편애를 받던 남부의 유다(Judah)와 자신들을 이스라엘(Israel) - 여기에서 "이스라엘"이라는 말은 영적 단위가 아니라 정치적 단위를 의미하는데 - 이라고 부르게 된 북부 구역들 사이의 분열을 초래하였다.

유다 뿐 아니라 이스라엘에서도 솔로몬의 통치가 그 땅에 큰 번영과 위세를 가져다준 것은 사실이지만, 서민들은 이 새로운 부와 지위를 상류 계급과 조금밖에는 공유하지 못하였다. 강제노역과 중세(重稅)와 정치적 부패가 그 왕의 체제에 대한 수많은 적들을 길러내었다.[184]

이러한 불만의 원인들이 *유다인들과 그들의 사칭적(詐稱的) 우월성(assumed superiority)에 대하여* 북방 부족들이 종래 갖고 있던 불신과 원한을 한층 더 악화시켰다. 솔로몬의 치세가 종말에 가까워지기 전에도 상황은 위험한 상태에 이르렀었다. 솔로몬의 아들이며 후계자였던 르호보암(Rehoboam)이 여로보암[185] 아래 있던 이스라엘인들을 다루기 위하여 자기의 감역관

---

183) The opulence and power of Solomon's kingdom *was doomed to* deteriorate. p. 75.

184) Forced labor, high taxes, and political corruption bred a host of enemies for the king's regime. p. 75.

185) 여로보암(Jeroboam): 솔로몬의 신하인 에브라임 사람 느밧의 아들(왕상 11:26). 그는 요셉 가문 감역관(監役官)으로 일하던 중 예언자 아히야로부터 왕국이 분열되고 북왕국의 왕이 될 것이라는 예언을 들었다. 이 소문을 들은 솔로몬의 분노를 피하여 그는 이집트로 도피하였다(왕상 11:40). 솔로몬이 사망하자 그는 북쪽 열 지파의 추대로 북왕국 이스라엘의 초대 왕이 되어, 세겜과 브누엘을 요새화하였다. 백성이 예루살렘 성전에 가서 예배하면 그들의 마음이 르호보암에게 돌아갈 것을 염려한 나머지 단과 벧엘에 금송아지를 만들어 백성으로 하여금 섬기게 하였다(왕상 12:25-30). 남왕국 유다의 2대 왕 아비야와의 전쟁에서 영토를 잃고, 그후

아도니람[186]을 보내었을 때, 그는 노골적인 반항에 직면하였다. 아도니람은 돌에 맞아 죽었고, 르호보암 자신은 간신히 살아 도망쳤다(왕상 12; 대하 10). 이 폭력 사태가 '분열왕국'(Divided Kingdom)의 도래를 알리는 신호탄이 되었다[187](922년).

북방 이스라엘의 반란 지도자들은 왕정을 반대하지 않았고 성전과 성소들에서 어떠한 종류의 예배가 진행되는 지에 관해서 관심을 갖지도 않았다. 그들은 과세(課稅)의 무거운 짐을 덜고 공동의 부에서 자기들이 차지하는 몫을 늘리게 되리라는 희망과 신념으로 *자기들 가운데 한 사람을* 왕으로 세우기를 원했다.[188] 그러나 북방 반란의 주력을 형성하였던 하층민들은 여로보암과 그 밖의 북방 지도자들이 의도한 바가 솔로몬의 유다 왕정을 *똑같이 가혹한* 그들 자신의 *또 하나의 왕정으로* 대체하는 것에 불과하였음을 앞으로 배우지 않으면 안 되었다.

성서의 역사가는 만약 르호보암의 배후에 있던 통치 집단이 왕국의 적지 않은 부를 여로보암의 주요 지지자들과 공유하려는 마음이 있었더라면 솔로몬의 왕국이 존속하였을 것이라는 점을 명백히 하고 있다(왕상 12:1-19). 두 집단을 만족시키기에 충분한 부가 단순히 존재하지 않았든지 또는 르호보암이 자기의 힘을 과대평가 하였든지 간에, 북방이 남방과 영구히 갈라섰다는 사실은 남아있다.[189]

에 병을 얻어 사망하였다(대하 13:1-20).

186) 아도니람(Adoniram): 다윗, 솔로몬, 르호보암 때의 노동 감독관. '아도람'이라고도 불림(삼하 20:24).

187) This act of violence *ushered in* the Divided Kingdom. p. 75.

188) They were willing to support *one of their own* as king, in the hope and belief that this would lighten the heavy burden of taxation and increase their share in the common wealth. p. 76.

189) Whether there simply was not enough wealth to satisfy both groups, or whether Rehoboam overestimated his strength, the fact remains that the North broke forever with the South. p. 76.

제5장 **분열왕국: 이스라엘과 유다**

이스라엘인의 문명이 인류의 물질적 진보에 아무런 중요한 공헌도 하지 못한 것은 숙명적인 일이었다. 그 땅의 자연적 경제적 지리(地理)가 이러한 업적을 이룩하는 데에 엄청난 장애물이 되어 있었다. 단에서 브엘세바 사이에 있는 지역의 천연자원은 근소하였고, 인구는 적었으며, 따라서 경제적 잉여는 하찮은 것에 불과하였다. 이집트인, 페니키아인, 그리고 수메르인, 바빌로니아인, 앗시리아인과 같은 서아시아 민족들과는 달리 이스라엘인은 고대 근동의 위대한 건축자들, 상인들, 또는 전사들 가운데 주요한 자리를 차지해본 일이 한 번도 없었다.

이스라엘의 방어적 상황(defensive situation)도 조금이라도 더 행운한 것은 못되었다. 더 강력한 문명국들의 한 복판에 위치한 완충적(緩衝的) 지역에 그네들의 고장을 마련하였기 때문에 이스라엘인들은 그들을 아주 정복하고자 하는 것은 아닐지라도 적어도 그들의 땅을 어떤 경쟁국을 침입하기 위한 통로나 기지로 사용하고자 하는 이웃나라들의 거의 끊임없는 압력이나 공격을 받고 있었다. 다윗의 치세가 끝나자 서아시아의 제국적(帝國的) 투쟁에 잠시 있었던 소강상태도 끝났다.[190] 이러한 소강상태가 없었더라면, 이스라엘인의 제국은 거의 출현조차 하지 않았을 것이고, 그 소강상태가 끝났을 때에 유다와 이스라엘은 평온한 날이 없게 되었다. 실제의 침입이 드물지 않았고, 가능하거나 박두한 공격의 조짐이 거의 끊임없이 존재하였다.[191] 반면에 바로 *이*

---

190) Once David's reign was over, *the momentary lull* in the imperial struggles of western Asia came to an end. p. 77.

191) *Actual invasions* were not uncommon, and *the threat of possible*

동일한 조건들이 문화와 종교의 영역에서 이스라엘인의 천재성(天才性)이 표현되게 하는 환경을 제공하였다. 그리고 이스라엘인의 문명이 그 결정적인 형태와 성격을 취한 것은 주로 분열왕국의 시대에 있은 일이었다.

솔로몬의 계승자 르호보암에 대항하여 북방 반도(叛徒)들의 지도자 여로보암이 일으킨 반란에 뒤이은 유다와 이스라엘의 불화는 교착상태에 이르렀다.[192] 북쪽 부분이었던 이스라엘은 전체 경지면적과 인구의 양면에 있어서 더 컸던 관계로 경쟁자보다 더 부유하였다. 그러나 다윗 왕국의 발상지였던 유다는 비록 더 작고 지리적으로 더 밀집되어 있긴 하였지만, 그곳은 바로 그러한 이유로 인해서 더 능률적으로 관리되고 지역간의 알력에 의한 분열이 덜하였다. 이스라엘은 주로 유다에 대한 반감에 의하여 결속되어 있었다.[193]

두 왕국은 내버려두었더라면 어느 한 편이 다른 한 편보다 우세해졌을 것이다. 그러나 일종의 형평을 유지한 주요 요인들은 외부적인 것이었다.[194] 잠시 동안 이집트가, 그리고 그 다음에는 아람과 앗시리아가 그 두 나라 사이에서 세력균형을 유지하는 일을 해냈다.[195]

국제환경: 이집트, 아람, 앗시리아

수세기 동안의 휴면 상태를 거친 다음에 이집트는 제22왕조의 창시자 시삭[196]의 치하에서 제국적 활력의 기미들을 다

or impending attack was almost constant. p. 79.

192) The split between Judah and Israel … resulted in a stalemate. p. 79.

193) Israel was united chiefly *by its opposition to Judah*. p. 79.

194) The major factors in preserving *an equilibrium* were external. p. 79.

195) Egypt for a short time, and then Aram and Assyria *managed to* preserve a balance of power between the two. p. 79.

시금 보이기 시작하였다.[197] 시삭은 여로보암과 에돔 사람 하닷[198]과 같은 솔로몬의 적들에게 피신처를 제공함으로써 통일 이스라엘의 분열을 준비하는 데 도왔었고, 그런 다음에 그는 솔로몬의 사망에 뒤따른 분열을 이용하여 남왕국 유다를 침입하는 조치를 즉시 취했다.

이집트의 침입을 예상한 르호보암은 이스라엘의 분리파 정부에 도전할 생각을 접어둔 채 그 대신 자기 자신의 방어 시설들을 강화하고자 열광적인 노력을 기울였다(대하 11:5-12). 그러나 이러한 노력은 시삭의 군대가 (920년경에) 진군하기 시작하였을 때에 수포로 돌아갔으니, 유다의 요새화된 도시들이 하나씩하나씩 함락되고, 예루살렘 왕궁과 성전의 보물들이 적의 수중에 들어갔기 때문이었다.

처음에 북쪽의 이스라엘은 이집트가 유다를 침입함으로써 생긴 한동안의 숨쉴 틈을 반겼다.[199] 그러나 시삭의 혼성된 약탈자의 무리들은 유다의 변경에서 멈추지 않고, 남쪽의 에돔과 서쪽의

---

196) 시삭(Shishak, 이집트어로는 셰숑크 1세, B.C. 940-915년경): 이집트 제 22왕조의 창시자. 그는 솔로몬 즉위 초에 평화유지의 목적으로 게셀(Gezer: 에브라임 지파가 이곳에서 가나안 원주민을 축출하지 못했던 것을 자기가 축출하였음) 성읍과 함께 자기의 딸을 솔로몬의 아내로 주었다(왕상 9:16). 그러나 그는 솔로몬의 말기에는 장차 북왕국 이스라엘의 초대 왕이 될 여로보암이 이집트로 망명하였을 때에 그를 보호해주었고, 솔로몬의 아들 르호보암 왕 제5년(B.C. 926년경)에는 예루살렘에 침입하여 성전과 왕궁의 보물을 약탈해 갔다(대하 12:2-9). 카르낙의 비문에는 그가 점령한 가나안과 에돔의 많은 성읍들의 이름이 적혀있다.

197) After lying *dormant* several centuries, Egypt began to show renewed signs of imperial vigor under Shishak, founder of the Twenty-second Dynasty. p. 79.

198) 하닷(Hadad): 요압이 에돔 남자들을 살륙하였을 때에 이집트로 피신하였다가 후에 본국으로 돌아와 솔로몬의 적이 된 에돔의 통치자(왕상 11:14-22, 25).

199) At first, northern Israel welcomed *the breathing spell* provided by Egypt's invasion of Judah. p. 80. spell 한동안, 한참(a short period).

블레셋으로만 아니라 이스라엘의 영토 안으로도 마구 전진하였다. 그렇지만 본국에서의 어려움이 시삭으로 하여금 이 눈부신 시작을 활용하지 못하게 하였다. 그럴지라도 적어도 한 가지 점에 있어서 이 고립된 제국주의적 침입은 큰 의의가 있었으니, 곧 그것이 유다로 하여금 이스라엘에 대한 이전의 우위(優位)를 회복할 수 없는 상태가 되게 한 것이다.[200)]

이스라엘과 유다의 분열은 이스라엘과 유프라테스강 사이에 있는 지역의 북부, 즉 시리아에서 여러 아람 국가들이 출현하는 것을 상당히 용이하게 하였다. 다윗과 솔로몬의 강력한 국가는 이 지역을 제어하였었지만, 분열된 이스라엘과 유다는 그 일을 잘하지 못하였다. 이따금 그들은 아람인들에 대항하여 제휴하였고, 또 다른 때에는 그 중의 한 나라가 자기네 자매국(姉妹國)에 대항하여 아람의 한 나라와 연합하였다.

페니키아조차도 독립을 유지하지 못하였다. 처음에는 아람인들의, 그리고 후에는 앗시리아인들의 성장하는 세력에 직면하여 페니키아인들은 이스라엘과의 그들의 선린 관계를 계속하여 구축하였다. 이러한 정책의 결과로 특히 이스라엘 왕 오므리(Omri)의 아들 아합(Ahab)이 페니키아 잇도바알[201)]왕의 딸 이세벨(Jezebel)과 결혼하는 일도 있었다. 그러나 9세기 초에 앗시리아인 아슈르나시르팔(Ashurnasirpal) 2세(883-859년경)가 페니키아의 부분들을 속국으로 만드는 일을 해냄과 동시에 앗시리아 군대가 무자비한 만행으로 명성이 나게 하였다

앗시리아의 위협은 이스라엘인들과 아람인들에 의하여 지휘되는 방어연합(defensive coalition)이라는 형태의 반응을 그 지역에서 유발하였다. 앗시리아의 국왕 연대기에 의하면

200) This isolated imperialist irruption was of great significance: it left Judah unable to re-establish its old *predominance* over Israel. p. 80.

201) 잇도바알(Ittobaal): 성서의 엣바알(Ethbaal)(왕상 16:31).

이스라엘의 아합왕이 2,000의 병거와 10,000의 보병을 그 연합에 제공하였다고 한다. 그러나 이러한 웅장한 규모에도 불구하고 그 군대는 853년경에 하맛[202] 근처의 '카르카르(Karkar) 전투'에서 패하였다. 앗시리아인들이 그 승리를 즉시 이용할 수 있었던 것으로 보이지는 않지만, 10년 안에 그들은 이스라엘과 페니키아처럼 서쪽으로 멀리 떨어져 있는 나라들로부터도 조공을 받아내고 있었다. 그때로부터 약 2세기 반쯤 후에 메디아인들과 재기하는 바빌로니아인들이 그 나라를 굴복시킬 때(B.C. 612년)까지 앗시리아는 서아시아 전체를 지배하였다. 유다와 이스라엘의 역사는 이러한 배경 하에서 읽지 않으면 안 된다.

북왕국 이스라엘

솔로몬의 왕국이 붕괴한 다음 단 하나의 주요 집단도 이스라엘을 한 번에 한 두 세대 이상 지배하는 데 성공한 적이 없었다. 왕위 계승을 둘러싸고 음모(陰謀)를 꾸미는 일이 만성적으로 발생하여 왕들과 왕이 되고자 하는 사람들이 거듭거듭 피비린내 나는 종말을 맞았다(왕상 15:9 이하; 16:1-23). 수년의 내란 후 B.C. 876년경에 오므리[203]라고 하는 군사 지

202) 하맛(Hamath): 시리아 오론테스 강변의 주요 도시. 소아시아와 동부 지중해 연안 사이의 주요 무역로를 차지한 전략적 요충지로 두로, 시돈, 다메섹과 같이 상당히 번영하였다.

203) 오므리(Omri): 이스라엘의 제6대 왕. B.C. 885년에 시므리(Zimri)가 티르자에서 쿠데타를 일으켜 이스라엘 왕 엘라(Elah)를 살해하였을 때에 오므리는 당시 군 지휘관으로 불레셋 전선에 나가 있던 중에 군대에 의하여 왕으로 추대되었다(왕상 16:15 이하). 그가 티르자에 진군하여 그 성읍을 함락시키니 시므리는 자결하였다. 또 한 사람의 왕위 청구자 티브니(Tibni)는 4년간 오므리에 저항하다가 마침내 살해되었다. 오므리는 그 후에 새 왕조에 어울리게 수도를 사마리아로 옮겼다

도자가 마침내 우위를 차지해서 앗시리아의 국왕 연대기에서 "오므리가(家)"(House of Omri)라고 지칭된 왕조를 확립하였다. [본서 말미의 '왕력표' 참조]

오므리 왕조

북왕국이 최초로 영구적이고 볼 만한 수도를 마련한 것은 오므리의 치하에서 된 일이었다. 오므리는 약 40년 동안 일종의 수도 역할을 하였던 티르자(Tirzah)[204]를 버리고 새로운 정치 중심지를 건설하여 그곳을 사마리아라고 명명하였다. 이 유적에서 이루어진 발굴 성과들로 미루어 우리는 오므리와 그의 아들 아합이 그곳에 건설한 장려한 궁전과 성채들의 모습을 충분히 그려볼 수 있다. 그리고 므깃도에 건설된 거대한 마구간들이 그들의 시기에 지어진 것임이 근래의 발굴에 의하여 밝혀졌다.[205] 그것들은 카르카르에서 사용된 아합의 2,000 병거에 매어진 말들 가운데 다수를 수용하였다.

오므리가는 북왕국에 번영을 가져다주었다. 아람은 당분간 위협적인 존재가 되지 않았고, 트란스요르단의 모압은 제어되었

(왕상 16:24). 그는 이웃나라들에 대하여 교묘하게 외교를 하였고, 그의 나라에 번영을 초래하였다. 그러나 그가 자기의 아들 아합을 페니키아의 공주 이세벨에게 결혼시킴으로써 맺은 동맹은 그의 나라에 이방 종교(왕상 18:18)를 허용하게 하였는데, 이로 인하여 그는 왕상 16:25-6에서 혹된 비난을 받고 있다. 앗시리아의 비명(碑銘)들은 오랫동안 이스라엘을 '오므리의 나라' 또는 '오므리가'로 간주하였다.

204) 티르자(Tirzah): 사마리아 동쪽 14km, 세겜 북동쪽 11km에 위치한 가나안 사람들의 성읍으로 여호수아 때 점령하였다(수 12:24). 아름다운 도시로 유명하며(아 6:4), 여로보암 1세로부터 오므리에 이르기까지 북왕국 이스라엘의 수도였다(왕상 14:7; 15:33; 16:23).

205) 므깃도의 이 유명한 마사(馬舍)는 약 450 마리의 말을 수용할 수 있는 규모였음.

사마리아 언덕(The Hill of Samaria): 이스라엘의 오므리 왕이 이 언덕 위에 그의 수도를 건설하였다. 그 언덕의 거의 난공불락인 경사면들과 그 언덕을 둘러싼 강력한 방어시설들로 인하여 앗시리아 군대가 삼년 동안 포위공격을 한 끝에 그 성을 함락할 수 있었다.

으며, 페니키아와의 경제적 관계는 급속히 발전하였다. 그러나 이 번영은 거의 이스라엘의 상류층에 국한되었다. 도시와 농촌에서 손으로 일하는 사람들은 이 새로운 부의 분배에 거의 참여하지 못하였다. 소농(小農)은 자기의 수확물과 땅을 대지주에게 잃는 경우가 빈번하였다. 도제(徒弟)들과 직인(職人)들은 자기들과 주인들 사이의 경제적 사회적 격차가 커지는 것을 알게 되었다. 상인 계층은 전보다 더 부유하고 유력하게 되었다. 자유민들은 노예가 되어 갔고, 가난한 사람들은 자기들의 자녀를 종으로 팔지 않을 수 없는 처지에 있었다. 하층민이 부자들한테서 대부를 받을 수 있는 경우에도 이율이 엄청난 것이 보통이었다. 아합의 치세에 있었던 가뭄과 기근과 같이 그 땅에 간헐적으로 찾아온 가뭄들도 경제적 사회적 구조의 개선에 아무런 도움도 되지 못하였다.

아합, 나봇, 그리고 엘리야

바로 이 시기에 열왕기상 21장에 기록되고 정의(正義)의 역사와 문학에서 유명한 그 사건이 일어났다.206) 나봇

(Naboth)이라는 한 서민이 아합의 궁전[207]에 가까운 곳에 포도원을 소유하고 있었다. 왕이 그 땅을 취득하기로 결심하고 그것을 사겠다는 제안을 여러 차례 하였지만, 조상에 대한 관심이 강한 사람이었던 나봇은 자기가 조상들로부터 상속한 그 토지를 팔려고 하지 않았다.[208] 그러자 아합의 페니키아인 아내 이세벨이 나봇을 독신(瀆神)과 반역죄로 무고하도록 두 사람을 매수하였다. 나봇과 그의 후사들이 돌로 쳐죽임을 당하였고, 그 포도원은 왕의 차지가 되었다.

국왕 부부의 이 불의를 예언자 엘리야(Elijah)는 통명스럽게 비난하였다: "네가 죽이고 또 빼앗았느냐?" 그리고 그는 이어서 왕을 저주하여, "개들이 나봇의 피를 핥은 곳에서 네 몸의 피도 핥을 것이다"[209]라고 말하였다(왕상 21:19).

옛 질서에 속한 재산과 그 밖의 권리를 무효화하려는 전제군주(專制君主)의 기도를 비난함에 있어서 엘리야는 밧세바의 남편 우리아를 죽게 한 일로 인하여 대담하게 다윗을 책망한 전 세기의 예언자 나단(삼하 11-12)과 같은 전통에 따라 행동하고 있었다.

예후 왕조

예후[210]가 아합의 아들[211]에게 반란(842년경)을 일으켜서

---

206) During this period occurred that event recorded in 1 Kings 21 and celebrated in the annals of justice and literature. p. 82.

207) 이스르엘(Jezreel)에 있던 아합의 이궁(離宮).

208) Naboth, a man *of strong ancestral sentiment*. would not sell the property he had inherited from his fathers. p. 83.

209) "In the place where the dogs licked the blood of Naboth, the dogs shall lick your own blood."

210) 예후(Jehu, B.C. 842-815년경): 여호사밧의 아들. 북왕조 이스라엘의

왕위에 앉았다. 새 군주는 오므리가와 그 주요 지지자들에 대한 광범한 숙청을 개시하였다. 그는 이세벨을, 그리고 아합의 후사 전부와 "이스르엘에 남아있는 아합의 집에 속한 모든 사람들"(왕하 10:11)을 죽였다.

아람의 하사엘[212] 왕이 이스라엘을 위협하였을 때에 예후는 그 시리아 지배자를 제어하기 위하여 앗시리아의 살만에셀 3세에게 공물(貢物)을 바쳤다. 이 사건은 1846년에 그의 궁전에서 발견된 '살만에셀의 검은 오벨리스크'(Shalmaneser's Black Obelisk)가 그 거래를 기록[213]과 함께 그림으로 보여주기 때문에 유명하다. 그 부조(浮彫)는 "그 강력한 제왕(帝王)"에게 공물을 가져오는 한 부복한 인물 - 예후나 그의 특사 - 을 필두로 하는 이스라엘 사절단의 모습을 분명히 보여주고 있다.

후에 앗시리아인들이 그들 자신의 나라에서 곤경을 겪게

제10대 왕이자 네 째 왕조의 창시자로 28년간 다스렸음. 아합과 여호람의 통치기간에 이스라엘에서 배교(背敎)가 매우 심해지자 엘리사가 예언자 한 사람을 보내어 예후를 왕으로 기름 붓게 함으로써 저항을 부추겼다. 예후는 자기가 지휘하던 여호람의 군대의 환호를 받고 왕이 길르앗 라못 전투에서 부상당하여 누어있는 이스르엘로 갔다. 그는 그곳에서 여호람과 그를 만나러 나온 유다 왕 아하시야를 죽였다. 새 왕은 이세벨을 창문에서 던져 죽이게 하였다. 그렇게 한 다음 그는 아합의 가족들과 추종자들을 모두 처형함으로써 반대세력을 근절하였다. 그는 이어서 바알 신을 섬기는 자들을 계략으로 다 모이게 하여 그들을 살육하고, 그들의 신당도 파괴함으로써 바알 숭배를 박멸하였다. 그러나 예후 자신은 벧엘과 단에 있는 금송아지들을 숭배함으로써 배교를 계속하였는데, 이로 인하여 그는 하사엘 통치하의 시리아에 그의 영토의 일부를 합병 당하는 벌을 받았다(왕하 9, 10장).

211) 아합의 아들: 여호람(Jehoram). 그는 형 아하시아(Ahaziah, 850-849경)의 뒤를 이어 왕위에 올라 849-842년경까지 통치하였다(왕하 1:17; 3:1).

212) 하사엘(Hazael, B.C. 842-806): 아람(=시리아)의 다메섹을 다스린 역대 왕들 가운데 가장 위대한 왕으로 꼽힌다. 엘리사는 일찍이 하사엘이 벤하닷 2세를 암살하고 왕이 되어 이스라엘을 괴롭힐 것을 예언하였었다(왕하 8:7-15). 하사엘은 왕이 되어, 여호람, 예후, 여호아하스 3대에 걸쳐 이스라엘을 괴롭혔다(왕하 13: 3, 7, 22; 암 1:4).

213) 이 돌비의 명문(銘文)에 "오므리의 아들 예후의 조공"(the tribute of Jehu, son of Omri)이라는 말이 적혀 있다. *ANET* pp. 280-1 참조.

되었을 때에 이스라엘에 대한 그들의 지배는 하사엘과 그의 아들 벤하닷 3세[214] 치하의 아람인의 지배로 대체되었다. 그러나 이번에는 아람이 내란으로 찢겨 약화되었고, 그 결과 이스라엘 왕국에게 다시 한 번 팽창과 번영의 긴 시기를 맞이할 기회가 주어졌다.[215]

여로보암(Jeroboam) 2세의 긴 치세 동안에는 원래 다윗과 솔로몬이 지배하였던 지역의 상당히 많은 부분을 재정복(再征服)하는 일시적이지만 극적인 일이 있었다. 아람에 빼앗겼던 요단강 건너편의 영토가 회복되었다. 성서에는 여로보암이 "하맛 어귀에서부터 아라바[216] 바다에 이르기까지 이스라엘 영토를 회복하였다"라고 쓰여 있다(왕하 14:25). 앗시리아나 아람이나 유다 가운데 어느 한 나라도 이스라엘이 제한된 목표들을 추구하는 데 간섭할 처지에 있지 않았고, 페니키아인들은 그들의 장기간의 협력 정책을 통하여 이스라엘과 함께 이익을 얻고 있었다. 사마리아와 므깃도와 같은 도시들에 대한 발굴로 이 기간에 있었던 이스라엘의 늘어난 부에 대한 뚜렷한 증거가 발견되어 왔다. 북쪽의 이스라엘이 다시금 번영과 평화의 길을 잘 가고 있는 것으로 보였다.[217]

---

214) 벤하닷(Ben-hadad) 3세: 하사엘의 아들(왕하 13:3, 25). 그는 이스라엘의 요아스 왕과 세 번 싸워 모두 패하고 부왕이 이스라엘로부터 빼앗았던 성읍들을 도로 빼앗겼다.

215) But Aram, in its turn, was rent and weakened by civil war, thus giving the kingdom of Israel the opportunity to embark once again on an *expanded* period of expansion and prosperity. p. 84.

216) 아라바(the Arabah): 팔레스타인 남북으로 길게 펼쳐 있는 저지대. 넓게는 갈릴리 호수 남쪽에서 요단 계곡을 지나 아카바만에 이르는 저지대를 말하며, 좁게는 사해 남쪽에서 에시온게벨에 이르는 사막지대를 말한다(수 11:2). 따라서 사해를 '**아라바 바다**'라고도 부른다.

217) It seemed that northern Israel was again well on the way to prosperity and peace. p. 84.

아모스와 호세아

그러나 다시금 국왕의 오만과 특권이 강력한 도전을 불러일으켰다.[218] 나단이 다윗에게 맞섰듯이, 엘리야가 아합과 이세벨을 꾸짖었듯이, 이제 아모스[219]가 이스라엘의 벧엘 신전[220]에까지 가서 서슴없이 할 말을 하였다.[221] 유다 드고아(Tekoa)의 한 목자인 아모스의 위치에서 볼 때에 그의 백성의 삶이 왕실의 부(富)라고 하는 도금된 틀 안에 표구된 한 폭의 음산한 그림으로 보였다.[222] 상류층이 부를 획득해 가는 것만큼 빨리 빈곤한 집단들은 비참한 경제적 쇠퇴에 빠져들고 있었다. 이러한 사회적 수렁 속에서는 이스라엘이 존속할 수 없음을 그는 깨달았다.[223]

그 장엄한 힘이나 혹독한 아름다움에 있어서 결코 필적할 만한 것이 있은 적이 없는 격렬한 열변으로 아모스는 여로보암 2세를 비난하였다.[224] 자기보다 먼저 엘리야와 엘리

---

218) Once again, however, royal arrogance and privilege provoked a *ringing* challenge. p. 84.

219) 아모스(Amos): 베들레헴 남쪽의 드고아에서 양을 치던 중 하나님의 부르심을 받고(암 1:1) 북왕국 이스라엘의 벧엘에 가서 예언 활동을 하였다. 정치적 안정과 경제적 번영에 비례하여 *종교가 타락하고 가진 자의 횡포가 극심하였던* 여로보암 2세 치하의 이스라엘에 하나님의 심판이 있을 것을 전하였다. 신앙인의 윤리적(倫理的) 삶을 강조한 최초의 예언자였다.

220) 벧엘(Bethel) 신전: 왕국분열 후 여로보암 1세는 백성이 예루살렘 성전에 가서 예배하는 것을 차단하기 위하여 금송아지를 벧엘에 두어 그곳을 우상숭배의 중심지로 삼았다(왕상 12:26-30).

221) As Nathan had confronted David, as Elijah had rebuked Ahab and Jezebel, now Amos spoke out, even at the temple of Bethel in Israel. p. 84.

222) From his position as a herdsman of Tekoa in Judah, Amos saw in the life of his people a gloomy picture *within the gilded frame* of royal riches. p. 84.

223) As fast as the upper classes were acquiring wealth, the poorer groups were sinking into a disastrous economic decline. He realized that in such *social quicksand* Israel could not endure. pp. 84~85. quicksand 유사(流砂: 올라서면 빠져버리는 젖은 모래 층).

사가, 그리고 그들보다 먼저 드보라와 사무엘과 나단이 그랬던 바와 같이 아모스는 자기가 믿는 하나님이 그분께서 선택하신 땅과 백성만이 아니라 *이스라엘을 둘러싸고 있는 민족들과 나라들의* 완전하신 주권자이심을 깨달았다.[225] 아모스는, 그들이 "은을 받고 의인을 팔고, 신 한 켤레를 받고 궁핍한 자를 팔았다"라고 말하여 왕과 그의 지지자들이 하나님과의 언약을 위반하였음을 경고하였다. 하나님의 이름으로 아모스는 강자가 "가난한 사람들의 머리를 땅의 먼지처럼 짓밟고, 억압받는 사람들의 길에서 돌아서서 … 나의 거룩한 이름을 더럽히는"(암 2:6,7) 사회의 치명적 위험을 우레와 같은 말씨로 묘사하였다.

동일하게 무시무시한 경고가 아모스와 동시대에 활약한 이스라엘인 예언자 호세아(Hosea)에 의하여 이스라엘에 퍼부어졌다.[226] 그는 이스라엘 생활의 모든 국면을 상세하게 알고 있었기 때문에 이스라엘이 페니키아인의 신들과 이방인의 우상들을 섬기기 위하여 여호와를 부정(不貞)하게 저버린 일을 자세히 설명하였다. 이스라엘의 지도자들과 사제들, 그리고 예언자들마저도 죄와 신성모독이라는 사회 일반의 행위들에 참여하였다고 그는 비난하였다.[227] 그러므로 요새화된 도시들, 무능한 우상들, 그리고 앗시리아의 힘에 의지하는 것은 재난과 유배(流配)를 자초하는 것이라고 그는 경고하였다. 이스라엘이 하나님께 돌아올 경우에만 큰 재앙을 피할 수 있을 것이었다:

---

224) In *tirades* which have never been equaled in their *majestic force* or *terrible beauty*, Amos denounced King Jeroboam Ⅱ. p. 85. tirade [táireid] 장황한 연설, (비난·공격 등의) 장광설.

225) Amos saw in his God *the complete sovereign* not only of His own chosen land and people but of the peoples and lands which surrounded Israel as well. p. 85.

226) The same *dire* warning was hurled at Israel by the prophet Hosea, an Israelite contemporary of Amos. p. 85. dire 무서운, 무시무시한(terrible).

227) Her leaders and priests, even her prophets, he charged, shared in the *common* acts of sin and sacrilege. p. 85.

사마리아가 자기의 하나님을 배반하였기 때문에
죄 값을 치르게 될 것이다.
그들은 칼에 쓰러지고,
갓난아이들은 땅에 내던짐을 당하며,
임신부들은 배 가름을 당할 것이다.
이스라엘아, 여호와 너의 하나님께로 돌아오라.
네가 네 죄악에 걸려 넘어졌구나(호 13:16~14:1).

아모스와 호세아의 경고는 실현되어 예후의 왕조도 오므리의 왕조와 같이 750년경에 비극적으로 끝났다.

이스라엘의 멸망

이 무렵에는 실상 누가 이스라엘을 다스리는가 하는 것이 별로 중요치 않았으니, 그 이유는 앗시리아가 그 나라의 제국주의적 팽창의 가장 위대한 시기를 맞이하여 다시금 서쪽으로의 거대한 전진을 시작하였었기 때문이다. 티글랏필레셀 3세[228]는 서아시아 전체를 정복하고 피정복 인구의 많은 부분들을 먼 나라로 끌어갔다.

당시 이스라엘의 왕위에 있던 므나헴[229]은 과중한 공물을 바

228) 티글랏필레셀(Tiglath-pileser) 3세(B.C. 745-727): 앗시리아를 강대국으로 만든 왕으로 '풀'(Pul)이라고도 불린다(왕하 15:19; 대상 5:26). B.C. 743년에 시리아, 팔레스타인 지역을 장악하기 시작하여 유다와 이스라엘에까지 그 세력이 미쳤다. 이때에 이스라엘 왕 므나헴이 조공을 바쳤다(왕하 15:19). B.C. 735년에 이스라엘 왕 베가는 아람 왕 르신과 함께 반앗시리아 정책을 펴고 유다를 침공하였다. 이에 유다 왕 아하스가 티글랏필레셀에게 원조를 요청하자, 그는 이스라엘을 침공하여 북부 영토를 점령하고 주민을 사로잡아 갔다(왕하 15:29; 16:7,10). 그가 B.C. 727년에 사망하니, 그의 아들 살만에셀 5세가 뒤를 이었다.

229) 므나헴(Menahem, B.C. 745-737): 이스라엘 16대 왕. 살룸이 여로보암 2세의 아들 스가랴를 즉위 6개월만에 살해하고 그의 왕위를 찬탈하였을 때에 므나헴은 이전 수도 티르자의 군 지휘관이었다. 그는 이 반

앗시리아를 강대국으로 만든
티글랏필레셀 3세의 부조

치는 것에 의해서만 나라가 완전히 유린되는 것을 겨우 막을 수 있었는데, 그 공물을 그는 백성에게 무거운 세금을 부과함으로써 조달하였다(왕하 15:19).

그러나 새 이스라엘 정부는 앗시리아의 단순한 속국으로 있는 것에 만족하지 않고 여러 차례 조공을 보류하고 이집트와 제휴하기 위하여 협상을 시작하였다. 이렇게 경멸을 당하고 나서 앗시리아인들은 이스라엘에서 아직도 연기를 피우고 있는 저항 정신과 음모를 단번에 끝장내기로 결심하였다. 살만에셀 5세[230]는 이스라엘에 진군하여 3년 동안 수도 사마리아를 포위하였다. 그러나 살만에셀이 그의 군사령관 사르곤(Sargon) 2세에 의하여 계승된 다음에야 비로소 앗시리아인들은 무너지는 방어물들을 뚫고 맹렬한 기세로 돌진하여 방화와 학살을 자행하였다. 이리하여 북왕국 이스라엘의 주권(主權)에 최종적인 종지부가 찍혔다(722년경).

역에 항거하여 사마리아로 진군하여 그 찬탈자를 즉위 한 달 만에 살해하고 자신이 왕이 되었다. 그는 텝사(Tiphsah)에서 자신의 반대자들을 진압하는 과정에서 "아이 벤 부녀를 가르기"까지 하였다(왕하 15:10-16). 그는 자기의 지위를 강화하기 위하여 앗시리아 왕 풀(Pull)의 신복이 되어 그 나라에 막대한 조공을 바쳤다. 그의 친앗시리아 정책은 친이집트파의 심한 저항을 불러일으켰다.

230) 살만에셀(Shalmaneser) 5세 (B.C. 727-722): 티글랏필레셀 3세의 아들로 북왕국 이스라엘을 멸망시킨 앗시리아 왕. 해마다 앗시리아에 조공을 바쳐오던 이스라엘이 티글랏필레셀의 사후에 이집트와 동맹을 맺고 조공을 바치지 않았다. 이에 살만에셀 5세가 이끄는 앗시리아 군대가 이스라엘의 수도 사마리아를 포위하였다(B.C. 724년, 왕하 17:3-6; 18:9-11). 3년 후 살만에셀이 죽고 그의 후계자 사르곤 2세에 의하여 사마리아가 함락되었다.

사르곤은 자기가 사마리아를 함락시킨 일에 항상 큰 자부심을 느꼈다. 그는 자기가 사마리아 주민 가운데 27,290명을 전리품으로 끌고 갔다고 그의 연대기에 기록하고 있다. 강제 이거로 발생한 이스라엘 인구의 감소는 바빌로니아인들, 엘람인들, 아람인들, 그리고 그 밖의 피정복 지역들에서 끌려온 다른 사람들을 가나안 땅 도처에 재식민(再植民, resettlement)한 일로 보충되었다. 이 국외추방은 이중의 오해를 발생시켰는데, 그것은 첫째로 이스라엘의 멸망시에 북 이스라엘에 10부족이 있었다는 것이고, 둘째로 이 10부족이 "잃어졌다"가 세계의 타처에서 다시 나타났다는 것이다. 거듭거듭 세계 도처에 있는 민족들이 이들 "*잃어버린 10부족*"(Ten Lost Tribes)의 후손임을 주장해 왔다.

사마리아를 함락시킨 사르곤 2세의 흉상. 여기에서 그는 앗시리아 왕의 머리장식, 긴 머리털, 꼰 턱수염, 십자형 귀걸이를 하고 있는 것으로 보여진다. 니느웨 근처의 코르사바드에 있는 사르곤의 궁전에서 발견되었음.

그런데 실상 앗시리아인 사르곤의 시대에 이스라엘에는 개별적인 열 부족들이 있지 않았고, 추방인들은 그들이 어디로 이주시켜졌든지 간에 그곳에 흡수되었다는 의미에서만 잃어졌다. 아마도 이스라엘인 추방인들의 후손들 가운데 소수만이 하나님과 이스라엘 땅에 여전히 충실하다가 거의 150년 후에 유다의 추방인들과 가까스로 합류하였을 것이다.

이와 같이 이스라엘에 도입된 외국인들도 역시 일종의 전반적 융합(general amalgamation) 속에서 그들의 문화적 정체성을 상실하는 경향이 있었다.231) 나중에 페르시아인들

231) The foreigners who were thus introduced into Israel also tended to lose their *cultural identity* in a general amalgamation. p. 87.

이 세력을 얻었을 때에 사마리아인들 가운데 예루살렘과 성전의 재건에 저항한 반유대인 집단이 발생하도록 사전 준비를 한 것은 바로 종교적 사회적 풍습에 불가피하게 영향을 끼친 이 재식민이었다.

남왕국 유다

이스라엘이 강할 때에는 유다가 약한 경향이 있었다고 하는 한 가지 점만 제외하면 유다의 역사는 이스라엘의 역사와 대체로 유사하였다.232) 단에서 브엘세바에 이르기까지의 지역은 천연자원과 경제적 이점이 한정되어 있어서 번영하는 두 왕국들을 동시에 부양할 수 있는 것으로는 보이지 않았다. 농업, 상업, 수공예, 그리고 더 약한 민족들이 가져오는 조공이 두 나라의 주요 수입원을 이루었다. 더 나아가, 앗시리아든 아람의 나라들이든 페니키아든 이집트든 트란스요르단 나라들이든 간에 이웃 나라들의 개입이 두 나라를 계속해서 분열되고 불균등하게 해 두는 경향이 있었다. 단지 이따금씩만 상황이 어우러져서 이스라엘과 유다 사이의 효과적이고 대등한 동맹(同盟)을 허용하였다.233)

그러나 유다는 그 나라가 지닌 고유한 취약성에도 불구하고 더 오래 지속하였다.234) 다 같이 다윗의 계통과 전통에 변함없이 충실하였던 유다와 베냐민이라는 두 지파로만 이루어져 있었기 때문에 그 나라는 더 옹골졌고 더 큰 결속력과 민첩성을 발휘할 수 있었다.235) 또한 그 나라는 정복자

---

232) The history of Judah generally paralleled that of Israel, with *the one qualification* that Judah tended to be weak when Israel was strong. p. 87.

233) Only occasionally did *circumstances combine* to allow an effective and equal alliance between Israel and Judah. p. 88.

234) *In spite of its inherent weakness,* however, Judah lasted longer. *p. 88.*

235) … it was more *compact* and capable of greater coherence and

들의 통로에서 다소간 비껴 있었다.

아사(Asa)와 여호사밧(Jehoshaphat)의 긴 통치 기간(B.C. 912-850년경)의 대부분 동안에 유다와 다윗 왕조는 계속하여 번영하였다. 아사의 정부는 그 나라의 상황을 안정시켰다.[236] 아사는 에티오피아 사람 세라[237]가 지휘한 이집트 군대를 마레사(Mareshah)에서 저지하였고(대하 14: 8-14), 아람의 벤하닷 1세를 매수하여 이스라엘 왕 바아사(Baasha)를 공격하게 하였는데, 이것은 그 왕으로 하여금 북부 유다에 대한 포위 공격을 중지하도록 강요하기 위한 것이었다.

아사는 또한 *종교개혁* 프로그램도 실시하였다.[238] 그는 즉위 초에 여호와 숭배와 병존할 명분이 없는 외래 요소인 남성매춘(男性賣春)과 여러 가지 형태의 우상숭배를 폐지하였다. 이 모든 일을 할 때에 그는 예언자 아사랴[239]의 정력적인 격려를 받았다.

다음 왕 여호사밧은 아람인들과 앗시리아인들의 점증하는 위협에 직면하여 *이스라엘과 협약(協約)*을 맺었고, 그의 아들 요람(Joram) (또는 여호람, Jehoram)을 아합의 딸 아달랴(Athaliah)에게 장가들게 하였다. 그러나 그가 아합의 정부

---

agility. p. 88. cohérence 결합력(union). agílity 민첩.

236) Asa's administration stabilized the *position* of the land. p. 88.

237) 세라(Zerah): 구스(Cush) 사람으로 아사 왕의 치세에 "백만 명의 군사와 삼백 대의 병거로" 유다에 침입하였지만, 아사 왕은 "하나님 여호와께 부르짖어"(대하 14:9, 11) 마레사에서 그를 패퇴시켰다. 많은 사람들이 그를 이집트 제22왕조의 2대 파라오 오소르콘(Osorkon) 1세라고 생각한다. 그러나 그가 "왕"이나 "파라오"라 불리지 않고 "구스 사람"(Cushite), 즉 "에티오피아인"이나 "누비아인"으로 알려져 있는 만큼, 어떤 사람들은 그를 파라오를 섬긴, 그러나 달리는 알려져 있지 않은 한 장군(將軍)으로 생각하기도 한다. 그가 침입한 것은 30년 전에 있었던 부왕 시삭(Shishak)의 공격(왕하 12:1-12)을 재현하려는 시도였던 것으로 보이나, 아사와 싸운 결과는 판이하였다.

238) Asa also carried out a program of *religious reform*. p. 88.

239) 아사랴(Azariah): 오뎃(Oded)의 아들 예언자. 아사의 종교개혁을 격려하였음(대하 15:1-8).

와 맺은 동맹에 유다인들 모두가 호의를 보이지는 않았다. 실로 당시 아람인의 수중에 있었던 트란스요르단의 길르앗 라못을 탈환하기 위한 이스라엘과의 불운한 합동 군사작전[240]으로부터 여호사밧이 돌아왔을 때에 하나니(Hanani)의 아들 선견자 예후[241]가 그를 비난하여, "당신이 악한 자를 돕고 여호와를 미워하는 자들을 사랑하는 것이 옳습니까?"[242]라고 말하였다(왕상 22; 대하 18; 19:2).

유다 정부는 블레셋인들과 아랍인들한테서 공물(供物)을 징수하였고, 나라의 요새화된 도시들에 수비대를 두었으며, 암몬인과 모압인과 에돔인의 연합군을 패배시켰다. 한 동안 유다는 줄곧 에시온게벨에 이르기까지 트란스요르단의 남부를 지배하였다. 여호사밧은 그곳의 *항구를 재건*하고 아합의 큰아들 아하시야(Ahaziah)와 공동 사업으로 새로운 상선단을 진수(進水)시켰다. 예언자 엘리에셀[243]은 이스라엘과의 이 협력 행위에 격렬하게 이의를 제기하였다(왕상 22:48-49; 대하 20:35-37). 아무튼 배들이 파선하였고, 그 프로젝트는 되풀이되지 않았다. 그러나 모압인들로부터 공물을 징수하는 이스라엘과의 또 하나의 공동 사업에서는 여호사밧은 얼마쯤 더 성공하였다.

---

240) 이 원정에서 아합은 전사하였고, 여호사밧은 생명의 위험을 겪었다. (왕상 22:2-40; 대하 18:3-34)

241) 선견자 예후(Jehu): 그는 바아사 왕조의 종말을 예고하였고(왕상 16:1-7), 여호와께서 여호사밧에게 진노하실 것을 예언하였으며(대하 19:2), 그의 통치 행적을 기록하여 남겼다(대하 20:34).

242) "Should you help the wicked, and love those who hate the Lord?" (대하 19:2).

243) 예언자 엘리에셀(Eliezer): 여호사밧 왕에게 그가 이스라엘의 악한 왕 아하시야와 동맹한 것에 대한 벌로 하나님께서 그의 배들을 파괴하실 것을 예언하였다. "*Because you have made an alliance with Ahaziah, the Lord will destroy what you have made.*"(대하 20:37)

사법개혁(司法改革)

이 시기에 유다에서 이루어진 한 가지 중요한 진전은 *사법제도의 개편*이었다. “장로들”과 “지파들의 수령(首領)들”의 권한은 통일왕국시대이래 쇠퇴하고 있었다. 성서는 다윗과 솔로몬이 몸소 재판관의 역할을 하였고(삼하 15:2-6; 왕상 3:9-12), 지역 장관들처럼 왕에게 직접적으로 책임을 지는 재판관들을 임명하였다고 전한다. 종교적 법을 시행하고 일종의 공무원(civil service)을 형성하고 있던 제사장들과 레위인들조차도 국왕에게 직접 책임을 지고 있었다.

그러나 아마도 공무원에 의한 사법 시행이 부패하였었기 때문에(대하 19:6-7) 여호사밧은 낡은 제도를 일소하고 레위인들과 제사장들과 특출한 속인들(laymen)을 임명하여 종교적 및 세속적 법을 시행하게 하였다. 이 개혁에 관하여 여호사밧이 새로 임명된 유다 지도층 인사들에게 다음과 같이 말한 것으로 성서는 전한다:

> “ … 여호와께 관한 [즉 종교적인] 모든 일에는 제사장(chief priest) 아마랴(Amariah)가 너희를 관할하고, 왕에 관한 [즉 세속적인] 모든 일에는 유다 지파의 지도자 이스마엘의 아들 스바댜(Zebadiah)가 너희를 관할하고, 레위 사람들은 너희 앞에서 관리로 섬길 것이다. 용기 있게 행하라. 여호와께서 선한 자들과 함께 하시길 빈다.” (대하 19:11)

아마도 법률의 종교적 영역과 세속적 영역이 서로 너무 밀접하게 얽혀 있어서 종교적 관리들과 속인 관리들에 의하여 따로따로 집행될 수 없는 경우가 빈번하였을 것이다. 아무튼 여호사밧의 사법 개혁은 바빌론 유수 생활로부터의 복귀 후에 왕을 대신하여 대제사장이 나라의 최고 재판관이 되는 것을 더 쉽게 만든 것으로 보인다.[244]

---

244) 여호사밧의 사법개혁: 이 주제에 관한 이곳의 서술은 종전의 제도와

투쟁과 휴식

여호사밧의 아들 여호람[245]의 치세와 그의 계승자들의 짧은 치세 중에 유다의 상황은 꾸준히 악화한 결과 에돔인들이 반역하여 어느 정도의 독립을 달성할 여지를 주었다. 이 기간 중에 블레셋과 아라비아의 비적(匪賊)들이 여호람의 궁궐에까지 침입하여 그곳의 보물을 탈취하고, 막내 왕자를 제외한 모든 왕자들과 왕비들을 납치해 갔다(대하 21:16-17).

외돌토리 생존자 아하시야[246]는 한 해 동안 통치하였는데, 그가 사망하자 그의 모친 아달랴가 자기 손자들을 하나 외에

새로운 제도의 차이를 명확하게 하지 않아서 개혁의 내용을 잘 전달하지 못하고 있다. 이 주제에 관하여 존 브라이트는 다음과 같이 말하고 있다. "여호사밧은 공정하고 유능한 왕이었던 것으로 보인다. 대하 19:4-11에 의하면 그는 사법제도의 개혁에 착수하여 촌락의 장로들이 관습법을 집행해 오던 유서깊은 관례에 왕이 임명한 재판관들을 *주요 도시들에* 배치하는 제도를 겹쳐 놓았다. 아마 처음에는 이 재판관들을 그 지방의 장로들 가운데서 선발하였던 것 같다. 이와 아울러 *예루살렘에는* 일종의 항소법원이라고 부를 수 있는 기구를 설치해서 종교문제는 대제사장이 관장하고 민사문제는 유다의 '지도자'(*nagid*)가 관장토록 하였다. … 지방 장로들(local elders)에 의한 법의 집행으로부터 처음에는 그 장로들 가운데서 선발된 치안판사(magistrates) 제도로 바뀌고, 그 다음에는 왕이 임명한 재판관(judges) 제도로 바뀐 이러한 변천 과정은 바빌론 유수 훨씬 이전에 완료되었던 것이 확실하기 때문에, 이 조치의 사실성(史實性)을 의심할 이유는 전혀 없다. 이 개혁의 목적은 소송 절차를 정상화하고, 부정을 뿌리뽑고, 또한 이의가 제기되는 사건들의 상소를 위한 적절한 기구 - 전에는 없었던 - 를 마련하는 것이었음이 분명하다." John Bright, 전게서, pp. 251-2.

245) 여호람(Jchoram), 또는 요람(Joram): 유다왕 여호사밧의 아들로 *아합의 사위가 되어* 그 집안의 바알 숭배를 받아들이고(왕하 8:16-18) 이스라엘과 긴밀한 관계를 유지하였다. 그의 통치기간 중 유다의 속국이었던 에돔과 립나(Libnah)가 반란을 일으켜 독립하였다(왕하 8:22). 창자의 괴질로 사망한 그는 왕들의 묘실에 들어가지 못하였다(대하 21:20).

246) 아하시야(Ahaziah): 여호아하스라고도 불림. 유다의 제6대 왕. 여호람과 아달랴의 말자(末子)(왕하 8:25). 어머니 아달랴의 영향으로 바알을 숭배하였는데, 이스라엘 왕 요람과 함께 길르앗 라못 정벌에 참가하였다가 예후에게 살해되었다(왕하 9:14-28).

는 모두 살해하고 왕권을 탈취하였다. 이리하여 순수한 페니키아 여인 이세벨(Jezebel)이 이스라엘에서 아합의 왕좌 뒤에 있는 실세(實勢)였고, 페니키아인의 피가 섞인 그녀의 딸이 유다에서 왕좌에 있었다. 6년 후에 아달랴는 살해되고, 그녀의 살인 그물을 벗어났던 단 하나의 손자 요아스[247]가 837년경에 왕위에 올랐다. 요아스와 그의 아들 아마샤[248]의 치하에서 유다의 곤경은 계속되었다.

드디어 요아스의 손자 웃시야[249]와 그의 아들이며 섭정이

247) 요아스(Joash) 또는 여호아스(Jehoash)(B.C. 837-800): 아하시야의 아들로 유다의 제8대 왕. 아달랴가 그녀의 아들 아하시야의 사망 후 왕자들을 멸절하였을 때에, 그의 고모 여호세바(Jehosheba)가 그를 침실에 숨겨서 구하고 남편인 대제사장 여호야다(Jehoiada)의 보호 아래 성전에서 6년 동안 몰래 길렀다(왕하 11:1-6; 대하 22:10-12). 7세 되었을 때에 그는 여호야다에 의하여 왕으로 선포되고 아달랴는 처형되었다(왕하 11:7-20; 대하 23:1-15). 그는 여호야다의 세심한 돌봄이 있는 동안 야훼와의 언약을 갱신하고(왕하 11:17), 바알 숭배를 근절하고, 성전을 수리하는 등 선정을 베풀었으나, 여호야다의 사후에는 우상을 숭배하고 이를 꾸짖는 여호야다의 아들 스가랴를 살해하는 등 실정을 하였다. 아람 왕 하사엘이 침입하여 그에게 성전 기물을 조공으로 바치게 되는 등 국가적 위기가 닥치자 신복들이 반역하여 그를 살해하였다(왕하 12:21).

248) 아마샤(Amaziah, B.C. 800-783): 요아스의 아들. 유다의 제9대 왕. 그는 에돔인 만명을 살육하고 교만해져서 이스라엘에 도전하였다가 실패하여 큰 굴욕을 당하였다. 후에 예루살렘에서 반역이 일어나자 그는 라기스로 도망하여 그곳에서 살해되었다(왕하 14:1-20).

249) 웃시야(Uzziah, B.C. 783-742경): 부왕 아마샤를 배척하여 살해한 사람들에 의하여 16세에 왕위에 추대되었다. 그는 유다의 제10대 왕으로서 41년 간 통치하면서 유다를 잘 다스린 결과 솔로몬 이후 가장 번영한 시기를 이룩하였다. 통치 초기에는 하나님만 의지하고 부국강병책을 써서 영토를 확장하고, 피정복국의 조공을 받았다. 아라비아 상인들과의 무역로를 트고 광업과 농업을 부흥시켰으며, 군비 정비와 요새 건설에 힘썼다. 그러나 나라가 부강해지자 통치 후기에는 교만해져서 성소에서 분향함으로써 제사장 직분을 침해하였을 때에 그의 몸에 문둥병이 발생하였다. 그 후 그는 죽을 때까지 별궁에 홀로 거하였다. 웃시야는 북왕국의 여로보암 2세와 거의 비슷한 시기에 재위하였다(왕하 14; 대하 25, 26).

었던 요담[250]의 장기간의 치세 중에 유다는 세력과 번영의 절정에 이르렀다. 이스라엘로부터 간섭의 위협을 전혀 받지 않는 가운데 웃시야는 국내외적으로 자기 백성의 삶을 크게 향상시킬 수 있었다.[251] 군대가 증강되고, 개편되고, 최신 무기와 공성 기구(siege engines)를 공급받았다. 주요 기지들이 요새화되었고, 완강한 블레셋 도시들이 제압되었다. 트란스요르단의 민족들이 정복되어 조공을 바치게 되었다. 네게브에서는 줄곧 에시온게벨에 이르기까지, 그리고 더 멀리 아라비아에 이르기까지 농업과 상업과 건축이 전에 없이 번창하였다(대하 26).

티글랏필레셀 3세가 앗시리아에서 즉위하자 유다는 이스라엘, 아람, 그리고 그 밖의 민족들과 더불어 되살아난 메소포타미아의 위협에 맞서는 방어 연합을 맺을 필요를 느꼈다. 그러나 이제 요담의 아들 아하스[252]에 의하여 통치되는 그 작은 왕국이 이전 독립의 외형이라도 다소간 유지하는 것은 대단히 어려운 일이었다. 한 번은 아하스가 아람과 이스라

250) 요담(Jotham, 742-735경): 웃시야의 아들. 웃시야가 병중에 있는 동안 섭정을 하고(왕하 15:5), 웃시아의 사후에 왕위에 올랐다. 그는 성전 윗문(upper gate)을 재건하였고, 국방을 강화하였으며, 암몬인과 싸워 이겨 그들한테서 조공을 받았다(대하 27:1-5). "요담이 그의 하나님 여호와 앞에서 바른 길을 걸었기 때문에 점점 강해졌다"(대하 27:6). 예언자 이사야, 아모스, 호세아와 동시대인.

251) Free of any threat of interference by Israel, Uzziah was able to *effect* impressive improvements in his people's position both at home and abroad. p. 91.

252) 아하스(Ahaz, B.C. 735-715): 요담의 아들. 앗시리아 왕 티글랏필레셀 3세의 남하정책으로 주변 국가들이 크게 위협을 받던 시기에 유다의 제12대 왕으로 통치하였다. 그는 반앗시리아 동맹에 가담하지 않아서 이스라엘과 아람의 동맹군이 침공해 오자 앗시리아 왕에게 "성전과 왕궁 곳간에 있는 은금을 예물로" 보냄으로써 원조를 받아 위기를 모면하였다(왕하 16:7). 그는 모압 종교의 영향을 받아 아들을 불태워 우상의 제물로 바치는 등 *철저하게* 우상숭배를 하였다. 말년에 앗시리아의 허수아비로 무기력하게 지낸 것으로 추정된다. "아하스가 … 그의 하나님 여호와께서 보시기에 정직히 행하지 아니하고 … "(왕하16:2,3).

엘의 동맹군을 몰아내기 위하여 돈을 주고 티글랏필레셀의 원조를 매수(買收)하였는데(735년경), 겨우 10년 남짓 후에 앗시리아에 대하여 이스라엘이 숙명적인 반란을 일으켰을 때에 아하스는 이 굴종 행위를 되풀이하지 않으면 안 되었다.

유다가 앗시리아에 바친 공물은 그 양이 상당하였음에 틀림없지만, 외관상으로는 그 나라의 번영이 계속되는 것으로 보였다. 이러한 인상은 주변 경쟁국들도 역시 앗시리아로 인하여 국력이 약해졌다는 사실에 어느 정도 기인한 것일는지도 모른다.

히스기야와 므낫세의 통치: 미가

이스라엘이 멸망한 후에 바빌론 왕 므로닥 발라단[253)]이 앗시리아에 도전하기 위하여 유다와 제휴하고 서아시아를 조직화하려고 시도하였다. 그러나 이사야[254)]가 나타나서 아

253) 므로닥 발라단(Merodach-baladan): 발라단의 아들, 바빌론 왕. 그는 앗시리아를 견제하기 위하여 유다의 히스기아 왕에게 친선사절(親善使節)을 보냈다(왕하 20:12; 사 39:1).

254) 이사야(Isaiah): 아모즈(Amoz)의 아들. 그의 이름의 뜻은 '야훼는 구원이시다'(Yahweh is salvation). 이사야는 그의 책의 내용으로 미루어 귀족 출신이었다고 흔히 추측한다. 그는 예루살렘에서 살면서 웃시아, 요담, 아하스, 히스기야 등 네 왕의 치하에서 예언하였다. 그는 "웃시야 왕이 죽던 해"(6:1), 즉 B.C. 742년경에 예언자가 되도록 소명을 받았고, 연대를 추정할 수 있는 그의 마지막 출현은 B.C. 701년에 산헤립이 침입한 때에 있었다. 이사야가 므낫세의 치세에도 생존하였을 가능성은 있지만, 이사야 1:1에 이 왕의 이름이 없는 것은 므낫세가 왕이 된 다음에는 그가 공적인 활동을 하지 않았기 때문일 것이다./ 이사야의 두 아들들은 그의 예언과 관련된 상징적인 이름을 갖고 있었다(8:18). 즉 스알야숩은 '남은 자가 돌아오리라'라는 뜻(7:3)이었고, 마헬살랄하스바스는 '노략이 속히 있으리라'라는 뜻이었다(8:1-4). 이사야에 앞서서 아모스와 호세아가 활동하였고, 이사야와 미가는 동시대인들이었다. 아모스와 호세아는 주로 북왕국에 대해서 예언하였고, 이사야와 미가는 유다와 예루살렘에 그들의 예언을 집중하였다(1:1)./ B.C. 8세기 전반 여로보암 2세 치하의 이스라엘과 웃시아 치하의 유다는 큰 번영을 누렸다. 이것은 대체로 아람의 약세와 상당 기간 동안

하스의 아들 히스기야[255]에게 유다가 격렬한 투쟁의 와중에

지속된 서방에 대한 앗시리아의 불개입으로 인한 것이었다. 웃시야와 요담의 통치기간에 유다 백성이 누린 번영과 사치가 이사야 2, 3장에 반영되어 있다. 그러나 티글랏필레셀 3세(B.C. 745-727)의 즉위와 더불어 앗시리아는 서방국가들에 멍에를 강요하는 일을 다시금 시작하였다. 이스라엘의 베가(Pekah)와 다메섹의 르신(Rezin)이 반앗시리아 동맹을 맺고 유다의 아하스로 하여금 자기들에 합세할 것을 강요하려 하였다. 아하스가 거부하자 그들은 그를 폐위하고 그 대신 자기들의 꼭두각시를 세우겠다고 협박하였다(B.C. 735). 이때에 이사야는 아하스에게 삼가고 두려워하지 말 것을 권하며 '임마누엘의 징조'를 예언하였다(7장). 그 후 아하스는 앗시리아 왕에게 원조를 요청하는 우를 범했는데, 그 결과 유다는 오히려 그 나라의 속국이 되고 말았다./ B.C. 732년에 앗시리아인들은 다메섹을 점령하고 이스르엘 평원 북쪽의 이스라엘 영토를 합병하고 호세아로 하여금 자기네의 봉신(封臣)으로서 북왕국의 나머지 영토를 다스리게 놓아두었다. 그러다가 그가 배반하였을 때에 살만에셀 5세(B.C. 727-722)가 사마리아를 포위하였고, 그의 계승자 사르곤 2세(B.C. 722-705)가 그의 즉위년에 그곳을 함락하였다./ 그 일 후에도 앗시리아인의 지배에 반대하는 여러 가지 독립운동들이 있었다. 아하스의 대외정책에 항의하여 효과를 보지 못하고 작은 집단 속으로 한 동안 물러났던(B.C. 734년, 8:16이하) 이사야는 유다가 이러한 운동들에 참가하지 않도록, 그리고 특히 이집트인의 원조에 의지하지 않도록 경고하기 위하여 그의 목소리를 다시 높였다. 14:28-32에 의하면 아하스가 죽은 해에 블레셋 사람들이 반앗시리아 동맹을 맺기 위하여 예루살렘에 사절단을 보내었는데, 이 경우에도 이사야는 경고의 뜻을 표명하였다./ 사르곤의 사망 후에 그의 계승자 산헤립(B.C. 705-681)에 대항하여 광범위한 반란이 있었다. 유다가 반란을 일으킨 나라들 중의 하나였는데, 이 일로 인하여 B.C. 701년에 산헤립이 원정해 와서 유다를 유린하고 예루살렘을 포위하였다. 28-31장에 있는 여러 가지 신탁들은 B.C. 705-701에 있었던 것으로 보이는데, 그 안에는 이집트에 의존하는 것에 대한 경고들이 포함되어 있다(30:1-7과 31:1-3)./ 36, 37장에는 예루살렘에 대한 산헤립의 위협, 예루살렘의 해방, 그리고 이 위험한 시기의 이사야의 활동이 기록되어 있다. 38, 39장은 히스기야의 발병과 회복, 그리고 바빌론 왕 므로닥 발라단의 축하사절에 관하여 말해준다./ 유다 왕들에 대한 이사야의 메시지는 시종 앗시리아를 통한 야훼의 심판을 받아들이고 그분께서 궁극적으로 시온과 그 왕들을 보호하실 것을 기대하라는 것이었다.

255) 히스기야(Hezekiah, B.C. 715-687): 유다의 제13대 왕. 나라가 대내적으로는 우상숭배와 부정부패로 병들고, 대외적으로는 세계 제국으로 발흥한 앗시리아의 끊임없는 위협을 받던 때에 25세에 즉위하여 29년간 통치하였다(왕하 18:2; 대하 29:1). 그는 신앙심이 뛰어났고(왕하 18:5) 이전의 전승과 가르침에도 관심을 가졌다(잠 25:1). 그의 중요성

빠져들 것을 경고하였다. 그 예언자는 강경한 어조로 말하였다:

> 여호와의 말씀을 들으십시오. 여호와께서 말씀하시기를, "때가 되면 왕궁의 모든 것과 왕의 조상들이 오늘날까지 소중히 간직해 둔 모든 것이 바빌론으로 옮겨지고, … 또 왕의 자손들 가운데 몇이 사로잡혀 가서 바빌론 왕궁의 환관(宦官)이 될 것이다"라고 하셨습니다(왕하 20:16-18; 사 39:5-7).

또 한 사람의 예언자, 즉 셰펠라의 블레셋 도시 갓(Gath) 근처에 있는 모레셋(Moresheth) 사람 미가(Micah)가 이사야에게 가세하였다. 그보다 앞선 호세아가 "민족들 가운데 … 어리석은 비둘기처럼 지각없이 어울린다"(호 7:8-11)라고 이스라엘을 묘사한 바 있었는데, 바로 그의 정신으로 미가는 여호와의 힘이 아니라 동맹국들의 힘에 의존하는 데 대하여 이미 이스라엘을 통렬히 비난하였었다. 이제 그분의 이름으로 그는 백성들에게 다시금 경고하였다.

> 내가 사마리아로 들에 있는 돌 더미가 되게 하고,
> 　포도원을 가꿀 터와 같게 하며,
> 또 그 돌들을 골짜기에 쏟아 내리고,
> 　그 도성(都城)의 토대를 드러내며 … (미가 1:6)

은 그의 통치에 관한 세 기사에 반영되어 있다(왕하 17-20; 사 36-39; 대하 29-32). 히스기야의 통치연대를 둘러싸고 논란이 있지만, 그가 B.C. 729년경에 아하스와 공동통치(co-regency)를 시작하고 B.C. 715년경에 왕이 된 것으로 보인다. 그리하여 사마리아의 함락(B.C. 722)은 그의 섭정 제6년에 있었고(왕하 18:10), 반면에 산헤립은 그의 (단일 국왕으로서의) 통치 제14년에 유다에 침입하였다(왕하 18:13). 히스기야의 병과 회복은 산헤립의 침입 직전에 있었던 것으로 보이며, 그때에 그에게 15년의 추가적인 통치가 약속되었다(왕하 20).

더 나아가 그는 이스라엘의 운명이 유다에도 미치리라고 말하였는데, 그것은 유다도 같은 죄를 지었기 때문이었다.

경건한 자가 땅에서 소멸하였고,
　사람들 가운데서 정직한 자를 더 이상 찾아 볼 수 없구나.
그들은 피를 흘리려고 잠복하여 기다리고,
　저마다 그물을 가지고 자기 형제에게 살그머니 다가가는구나.
(미가 7:2)

유다의 지도자들, 예언자들, 재판관들, 제사장들, 그리고 부자들은 모두다 그 나라를 오도(誤導)하고 있었다. 번제와 헛된 제물만을 믿고 그들은 미가의 -

공의를 행하고,
자비를 좋아하며,
　겸손히 너의 하나님과 동행하라(미가 6:8).

라는 고전적(古典的) 권고를 무시하였다.

이사야와 미가의 불길한 경고들을 사람들은 거들떠보지도 않았다.[256] 715년 직후에 앗시리아는 반항하는 나라들에 침입해서 그 나라들을 분쇄하였다. 또 한 번의 큰 침입이 701년경에 있었다. 산헤립[257] 휘하의 앗시리아 군대가 서아시

256) The *ominous warnings* of Isaiah and Micah went unheeded. p. 93.

257) 산헤립(Sennacherib, 705-681 B.C.): 앗시리아 사르곤 2세의 아들로 바빌론과 엘람을 정복한 후 서쪽 여러 나라들을 정복하였다. 유다 왕 히스기야가 이집트와 협력하여 앗시리아에 대한 조공을 중단하니, B.C. 701년에 산헤립이 유다를 공격하여 46 성읍을 점령하고 많은 인구를 포로로 잡아갔다(왕하 18:13; 대하 32:1; 사 36:1). 그러나 역대기의 기자가 전하는 대로는 산헤립이 여호와를 비방한 것으로 인하여 여호와께서 사자를 보내어 그의 군대를 패하게 하셨다(대하 32:16-19, 20-21). 결국 그는 예루살렘의 포위를 풀고 니느웨로 돌아간 후(왕하 19:36), B.C. 681년에 두 아들에게 암살 당했다(왕하 19:37; 대하 32:21).

아의 대부분을 정복하였고, 적이 예루살렘 자체를 위협하였다. 재미있게도 이 사건에 관한 성서의 기사(왕하 18-19; 사 36-38)는 앗시리아 연대기에 의하여 보충된다. 이 두 기록은 서로 연합하여 그 전쟁을 생생하게 묘사해 준다. 산헤립은 자기의 연대기 속에서 다음과 같이 자랑한다.

> 유다인 히스기야에 관해서 말하자면, 그는 나의 멍에를 메지 않았다.[258] 나는 그의 강한 도시들, 곧 성벽으로 둘러싸인 요새(要塞)들 가운데 46개와 그것들 주위에 있는 수많은 작은 마을들을 포위공격 하여 정복하였다. … 나는 그것들로부터 200,150명의 사람들을 쫓아내었다 … [히스기야] 자신을 나는 그의 왕도(王都) 예루살렘 안에 마치 새장 속의 새처럼(like a bird in a cage) 포로로 잡아 놓았다.[259]

그러나 앗시리아 군대가 예루살렘을 함락하지는 않았다. 역병(疫病)이 유다인들이 할 수 없는 일을 해내어서 침입자들을 쓰러뜨리고 그 도성을 구해주었다. 성서의 연대기 편자가 그 이야기를 전하는 대로는 -

> 그 밤에 여호와의 사자(使者)가 나타나서 앗시리아 진에서 군사 185,000명을 죽였다. 아침에 일찍이 일어나 보니 그들이 다 송장이 되어 있었다. 앗시리아 왕 산헤립이 포위를 풀고 떠나갔다. 그는 니느웨로 돌아가 그곳에 거하더니 …
> (왕하 19:35-36).

히스기야의 치세에 여러 가지 종교개혁 조치들이 이루어졌다(대하 29-30). 성전과 그 안의 기물(器物, paraphernalia)이 정화되었고, 사제단(司祭團)과 레위인의 조직이 개편되었으며, 전

258) As for Hezekiah the Judean, he did not submit to my yoke. p. 93.
259) *ANET,* p. 288에 있는 A. Leo Oppenheim의 번역에 의함.

국에서 우상숭배에 쓰인 물건들과 장소들이 파괴되었고, 많은 사람들에 의하여 오랫동안 소홀히 되었던 유월절(逾越節) 의식이 다시금 널리 회복되었다. 그러나 히스기야의 아들 므낫세[260]의 55년에 걸친 것으로 전해 내려오고 유다와 이스라엘의 역사에서 가장 길었던 치세는 성서의 기자에 의하여 "여호와 보시기에 그가 행한 악(惡)"(왕하 21:2)으로 인하여 기억되었다. 그는 자기의 부친이 제거하였던 우상들과 사당들을 다시 도입하였고, "무죄한 자의 피를 심히 많이 흘려 예루살렘 이 끝에서 저 끝까지 가득하게 하였다." 그러나 우리는 이 기간 동안에 유다가 앗시리아인들의 속국이었음을 기억하지 않으면 안 된다.

요시야와 종교개혁: 예레미야

므낫세의 손자 요시야[261] 왕은 어쩌면 앗시리아가 완전

260) 므낫세(Manasseh, 687-642): 히스기야의 아들. 12세에 왕위에 올라 예루살렘에서 55년 간(아마도 B.C. 696-687년에는 공동통치자로 그의 부친과 함께, 그리고 단독 통치자로 687-642년까지) 다스렸다(왕하 21:1; 대하 33:1). 그의 치세는 앗시리아에 대한 공포와 그 나라 이교(異敎)들의 매력에 의하여 야기된 종교적 후퇴의 시기였고, 이 후퇴는 바알 숭배, 산당에서의 아세라 숭배, 천체숭배, 강신술(spiritism), 점술(divination)이 혼합되는 결과를 초래하였다. 그의 긴 치세는 유혈적이고 반동적이었으며, 성전 뜰에 불법 제단들을 도입한 것과 힌놈의 아들의 골짜기에서 '그의 아들들을 불 가운데 지나가게' 한 것으로 악명이 높았다. 역대기 기자는 므낫세가 앗시리아 군대에 의하여 바빌론에 끌려간 일과 그가 회개하고 석방되어 새로운 통치를 한 일을 말해준다(대하 33:10-13).

261) 요시야(Josiah, B.C. 640경-609): 므낫세의 손자. 유다의 제16대 왕. 부왕 아몬(B.C. 642-640)이 악정을 하다가 신복들에게 암살되자 "그 땅의 백성들"이 여덟 살의 요시야를 왕좌에 앉혔다. 그는 31년간 통치하면서 선정을 하였다(왕하 21:24-23:30; 대하 33:25-35:27). 이때에 유다의 종주국이었던 앗시리아는 속국이 자유를 향하여 조심스런 발걸음을 내딛어도 좋을 만큼 약하였다. 요시야는 백성들을 야훼께로 돌이키면서(대하 34:33) 앗시리아와 그 나라의 신들에 대한 강요된 의존으로부터 떠나고 있었다. 연로한 아슈르바니팔이 다스리던 B.C. 628년경까지에는 요시야는 "이스라엘 땅"에서도 토착 종교의 잔재뿐 아니

히 알고 있는 가운데 현저한 정도로 독립성을 과시하며 행동하기 시작하였다. 그는 이제 앗시리아의 식민지가 된 이스라엘 땅을 접수할 희망을 품기까지 하였던 것으로 보인다. 유다 정부는 다른 대담한 구상들을 키울 뿐 아니라 군대를 개편하고 확장할 수 있었는데, 그 이유는 앗시리아가 메소포타미아에 있는 주변의 강한 민족들로부터 도전을 받고 있었기 때문이었다.

큰 재앙[262)]이 앗시리아에, 그리고 아무도 모르는 사이에 유다에도 태동하고 있었을 때인 621년경에 요시야는 후일에 '요시야의 종교개혁'(Reformation of Josiah)이라고 일컬어질 광범한 종교적 개혁들을 이룩하였다.[263)] 요시야는 그의 전임자들 가운데 그처럼 많은 사람들과는 달리 단순히 우상숭배에 쓰이는 물건들과 의식들로부터 성전을 정화(淨化)하고

라 앗시리아의 이교적 의식들을 제거할 수 있었다(대하 34:3-5)./ 그의 즉위 18년인 B.C. 622년에 선대에 퇴락한 성전을 개수하던 중 '율법서'가 발견되었다. 이 옛 율법서의 발견이 이미 타오르던 민족주의 감정에 부채질하여 가일층의 정치적 종교적 개혁을 초래하였다. 이 책에 근거하여 요시야는 거짓 제사장들과 벧엘의 제단을 포함하여 이교적 예배를 일소하였다(왕하 23:4-15). 왕과 백성이 야훼와의 언약을 새롭게 하여 이 책을 나라의 율법으로 삼았다(왕하 23:1-3; 대하 34:29-34). 그들은 또한 사사시대 이후 가장 성대하게 유월절을 기념하였다(왕하 23:21-23; 대하 35:1-19)./ B.C. 609년에 바빌로니아와 메디아에 의하여 앗시리아의 왕이 그의 수도에서 쫓겨나자 이집트 느고(Necho) 2세가 그를 돕기 위하여 므깃도에 있던 이집트의 전초기지로부터 유프라테스강을 향하여 전진하였다. 요시야는 이집트를, 느고의 부인에도 불구하고, 유다에 대한 위협으로 보고 그의 전진을 차단하기 위하여 에스드라엘론에서 그와 회전하던 중에 심한 부상을 입어 사망하였다. 온 백성이 애도하고 예레미야는 그를 위하여 애가(哀歌)를 지었다(왕하 23:29-30; 대하35:20-25).

262) 머지않아 닥쳐올 '니느웨의 함락'(612 B.C.)과 '예루살렘의 함락'(586 B.C.)을 의미하는 것으로 보임.

263) About 621, while catastrophe was *brewing* for Assyria and, unbeknown to anyone, for Judah as well, Josiah effected the sweeping religious reforms subsequently known as the Reformation of Josiah. p. 94.

성전의 예배 의식과 성직자를 개편하는 데 만족하지 않았다. 그는 외래의 악습(惡習)을 부추겼던 성직자들을 검거하여 살해하게 하였고, 동시에 예루살렘 성전 외에는 모든 사당들을 철폐하였다. 그는 지방에서 자리를 잃은 제사장들을 예루살렘의 정화된 성직자단에 편입시켰다(왕하 23:8).[264]

이 개혁을 촉발한 종교적 계기는 성전 개축 중에 우연히 이루어진 '율법서'(또는 '언약서')의 발견이었다. 대제사장 힐기야(Hilkiah)에 의하여 발견된 이 문서는 그 전 어느 "악한" 왕이 다스릴 때에 치워졌다가 잊어졌었음이 분명하다. 힐기야가 발견한 두루마리는 신명기의 기본적인 부분을 포함하였던 것으로 지금 대체로 추측되고 있다.

신명기가 오늘날 우리가 알고 있는 바와 같은 형태를 취한 것은 사실상 이때쯤의 일이었던 것으로 보인다. 편찬자가 취한 방법은 그 이전의 전통들, 모세적 경험의 골자(骨子), 민족적 언약과 선민이라는 주제들을 취하여 그것들을 예언자적 전통의 표현으로 부연하는 것이었음이 분명하다. 그렇게 한 목적은 온 이스라엘이 당신께 순종하는 자들에게 상주시고 그렇게 하지 않는 자들을 벌하시는 하나님께 매어 있고 고정되어 있는 공동체라는 사상을 납득시키는 것이었다.[265](왕하 22-23).

예언자 예레미야[266]는 요시야의 개혁을 지지하고 격려하

---

264) He incorporated the dislodged priests in the purged guild at Jerusalem.

265) The purpose was to *drive home* the idea that *all Israel* was a community *bound and locked to a God* who would reward those who obeyed Him and punish those who did not. p. 95. drive home (못 따위를) 쳐서 박다; (생각·견해 등을) ~에 납득시키다.

266) 예레미야(Jeremiah): 아나돗의 제사장 힐기야의 아들. 20세쯤에 소명을 받고(요시야 13년, B.C. 626) 그때로부터 40년 동안 유다의 마지막 다섯 왕들인 요시야, 여호아하스, 여호야김, 여호야긴, 시드기야의 치하에서 예언하였다. 그의 사역 기간에 나라는 요시야 왕의 치세에

였었다. 그러나 그 개혁 조치들이 *유다 사람들에게 깊은 영향을 끼치거나 오래 지속된 것으로는 보이지 않는다.* 예레미야는 그 프로젝트와 관계를 끊고 그것의 퇴보를 애도하는

일시 번영을 누렸을 뿐 그의 사망(B.C. 609) 후에 멸망을 향하여 급속히 기울어 마침내 586년에 바빌론에 정복당하였다. 예레미야는 요시야 왕에게 쉽게 접근할 수 있었고, 국제정세에 관한 그의 지식을 활용하여 담대히 조언하였다. 초기에 그는 반앗시리아 동맹을 이집트와 맺으려는 공식 정책에 반대하였다. 요시야의 뒤를 이은 왕들의 치하에서는 예레미야에 대한 반대와 박해가 심하였다. 여호야김 왕은 예레미야의 예언이 기록된 두루마리를 불태우기도 하였다(36:22 이하). 605년에 바빌로니아 군이 갈그미스에서 이집트 군을 물리친 다음에는 유다가 바빌로니아의 세력권 안에 들게 되었고, 예레미야는 유다가 바빌로니아와 좋은 관계를 유지하는 것이 필수적임을 확신하였다. 그러나 여호야김은 이집트의 원조를 기대하고 바빌로니아에 반란을 일으켰고, 그의 원인 모를 사망 직후에 예루살렘은 바빌로니아 군에 포위되었다. 부왕을 이은 18세의 어린 왕 여호야긴은 즉위 3개월 만에 바빌론으로 끌려갔고(B.C. 597), 그의 삼촌 시드기야가 허수아비 왕으로 세워졌다. 시드기야의 통치기간(B.C. 597-587)에 예레미야는 성전의 존재가 안전보장이 아니라 야훼께 대한 순종이 가장 안전한 방책임을 빈번히 역설하였다. 이 '불경죄'(blasphemy)로 인해서 그는 체포되었다(26:8,9). 시드기야가 589년에 조공을 보류하자 바빌로니아인들은 다시금 침입하였다. 그들이 예루살렘 성문 밖에 이르렀을 때에 국수주의적 정치인들이 예레미야를 '반역자'로 고발하였고 그는 투옥되었다. 시드기야 왕은 예레미야를 덜 고통스러운 감옥으로 옮겨주었고, 그는 586년에 그 도시가 함락될 때까지 그곳에 머물렀다. 예루살렘을 점령한 바빌로니아인들은 예레미야를 석방하고 그에게 거주지 선택의 기회를 주었다(40:4,5). 바빌로니아인들은 현지인 그달리야(Gedaliah)를 유대 총독으로 임명하였고, 예레미야는 그를 지지하여 미스바로 이거하였다(40:6). 그러나 바빌로니아인들의 지배에 반대하는 일단의 음모자들이 그달리야를 살해하고 예레미야를 납치하여 이집트에 집단으로 도피하였다. 그는 이집트에서 얼마 동안 더 살며 예언하다가 그곳에서 사망한 것으로 보인다./ 예레미야는 천성이 민감하고 동정심이 많은 사람이었음에도 불구하고 심판의 엄중한 메시지를 전하는 사명을 받았다. 렘 23:9에 그의 예언적 영감(prophetic inspiration)에 관한 놀라운 설명이 있다. 그는 나라의 멸망을 예견하며 눈물로 회개를 촉구하였다. 그는 또한 당시의 신앙을 제의종교가 아닌 인격종교로 승화시키려고 노력하였다(31:33,34). 그가 당한 박해는 매우 잔인하고 참담한 것이었지만 그는 배교하는 유다에 임할 하나님의 심판을 충실하게 선포하였다. 그는 흔히 "우는 예언자"(weeping prophet, 9:1; 13:17)라고 불린다.

것이 필요함을 알게 되었다.267)

요시야의 치세 말기에 앗시리아 제국은 무너지기 시작하였다. 612년까지에는 바빌로니아인들과 메디아인들과 스키티아인들이 그 나라를 영구히 멸망시키고, 그 수도인 전설적 니느웨(the fabled Nineveh)를 자욱한 먼지 속에 파괴해버렸다. 예언자 나훔268)은 이 충격적인 사건을 주제로 택하여 이스라엘의 하나님께서 내리시는 응보적 정의(retributive justice)를 설명하였다.269) 그는 전통적 공언(公言)인 -

여호와는 질투하시고 보복하시는 하나님이시다.
　여호와는 보복하시고 진노하시되,
자기를 거스르는 자들에게 보복하시고,
　자기를 대적하는 자들에게 진노를 품으시며 … (나 1:2)

---

267) Jeremiah found it necessary to *dissociate himself* from the project and to *lament* its deterioration. p. 95.
　개혁의 진정성: 이 종교개혁 사업의 퇴보나 질적 저하에 관하여 존 브라이트는 다음과 같이 말한다. "그 개혁이 얼마나 철저히 이루어졌는가 하는 것은 하나의 의문이다. … 더욱 심각한 것은 개혁이 '*외적 조치들'로* 만족하는 경향을 띠었다는 사실이었다. 이 외적 조치들은 민족의 영적 생활에 깊은 영향을 끼치지도 못하면서 이제 그 무엇에 의해서도 침범될 수 없는 *평화가 실현되었다는 그릇된 의식이 생겨나게* 하였다. 예레미야는 그 개혁으로 인하여 사람들이 실제로 '옛날의 길'(ancient paths)로 돌아감이 없이 단지 '*제의활동'(祭儀活動, cultic activity)만 더 하게 되었고*(렘 6:16-21), 또 사회의 죄악이 성직자들로부터 아무런 항의도 받지 않은 채 계속되고 있는 것을 한탄하였다(5:20-31). 예레미야에게는 자기의 예언의 말을 더 이상 들을 수 없을 정도로 *여호와의 율법을 소유하고 있다는 것으로* 자만해진(8:8 이하) 그 민족이 '전쟁터로 돌진하는 말과 같이' 파멸의 구렁텅이에 뛰어들고 있는 것으로 보였다(8:4-7)." John Bright, 전게서, pp. 322-3./ 마음의 개혁 없는 예배의 개혁은 무용지물이었다(Reformation in worship without reformation of heart was useless).

268) 나훔(Nahum, B.C. 612 경): B.C. 7세기 후반에 활동한 예언자. 그는 니느웨 성이 황폐해질 것을 예언하였다(나 3:7).

269) This shattering event was taken by the prophet Nahum as his theme to demonstrate the *retributive justice* of the God of Israel. p. 95.

라는 말로 시작하여, 우울하고 거의 애가적(哀歌的)인 환희로 니느웨에 관한 자기의 신탁을 끝맺는다. -

> 앗시리아 왕이여, 당신의 목자들은 잠들었고,
> 　당신의 귀족들은 깜박 졸며,
> 당신의 백성이 산들 위에 흩어지지만,
> 　그들을 모을 사람이 아무도 없군요 … (나 3:18)

근동의 소요와 유다의 멸망

앗시리아의 멸망은 단지 새로운 더 큰 재난들의 길을 열은 것에 불과하였다. 이집트인들은 느고[270]의 치하에서 소생하여 앗시리아인들이 남긴 공백 속으로 돌진하여 서아시아에 대한 지배권을 얻으려고 노력하였다. 이 위협을 두려워한 나머지 이집트인의 전진을 차단하기 위하여 요시야는 북쪽 이스르엘 계곡으로 이동해 갔다. 그는 전략상 중요한 므깃도(Megiddo)에 자리를 잡았지만 그의 유다 군대는 압도되었고, 요시아 자신이 전사하였다(왕하 23:29).

그의 아들 여호아하스 2세[271]가 왕위를 이었지만 3개월

---

270) 느고(Necho, 또는 Neco, B.C. 610-595경): 이집트 제26왕조의 2대 왕. 그는 앗시리아의 재건을 시도하던 앗수르-우발리트 2세를 돕기 위하여 동쪽으로 진출하다가 므깃도에서 유다 왕 요시야의 군대와 접전하였다. 이때에 요시야 왕은 전사하였고, 이 전투로 인하여 이집트의 지원이 지연되어 앗시리아 군은 패망하였다. 그럼에도 불구하고 느고는 시리아·팔레스타인을 지배하고, 요시야의 후계자인 반이집트파 여호아하스를 폐위하고 다루기 쉬운 그의 형 여호야김을 유다 왕위에 올려놓고 공물을 바치게 하였다. 그러나 바빌론의 느부갓네살이 즉위 직전인 B.C. 605년에 반격하자 느고는 갈그미스에서 이를 맞아 싸워 대패하였다. 그 결과 이집트는 유프라테스 강까지의 아시아 영토를 모두 잃었고, 유다의 종주국은 이집트에서 바빌로니아로 바뀌었다(렘 46:2).

후에 느고가 그를 사슬로 묶어 나일강으로 끌고 가고, 그의 자리에 요시야의 또 한 아들인 여호야김[272]을 앉혔다. 그러나 한편 메소포타미아에서 가장 빠르게 성장하는 세력이었던 바빌로니아가 갈그미스[273]에서 느고의 군대를 대파(605

271) 여호아하스 2세: 유다왕 요시야의 넷째 아들. 부왕이 전사하자 능력을 인정받지 못한 형들을 제치고 23세에 즉위하였지만(B.C. 609년) 약 3개월간 통치한 후 이집트 왕 느고의 침공으로 이집트에 끌려가 그곳에서 사망하였다(왕하 23:30-34). 살룸(Shallum)이라고도 불린다(렘 22:11).

272) 여호야김(Jehoiakim, B.C. 609-598): 요시야의 둘째 아들. 그의 본명은 엘리아김(Eliakim)이었는데, 이집트 왕 느고가 여호아하스를 포로로 잡아가고 그를 유다 왕으로 세우면서 그의 이름을 여호야김으로 바꾸었다. 그러나 그의 재위 4년에 이집트인들이 갈그미스에서 바빌로니아인들에게 패하자(렘 46:2) 그의 종주국은 바빌로니아로 바뀌었다. 여호야김은 25세에 즉위하여 11년간 포악하고 탐욕스런 압제자로 다스렸다. 그는 이집트에 공물을 바치기 위하여 백성이 싫어하는 인두세까지 부과하는 상황에서 강제노역으로 호화로운 궁궐을 새로 지었다. 그의 통치기간에 종교가 부패하여 요시야의 개혁들은 우상숭배로의 복귀와 이집트 의식의 도입 속에서 망각되었다(겔 8:5-17). 여호야김은 자기에게 반대한다는 이유로 예언자 우리아(Uriah)를 죽이게 하는 등 무죄한 자의 피를 많이 흘렸다(왕하 24:4, 렘 26:20-23). 그는 예레미야를 싫어하여 그에게 읽혀진 그 예언자의 두루마리를 몸소 칼로 베어 불태웠다(렘 36:9-26). 그는 천성이 "불의하고 사악하였고, 하나님께 경건하지도 사람에게 친절하지도 않았다"(요세푸스, *Ant.* 10. 83). 그는 므낫세의 전통을 따랐다./ B.C. 601년에 이집트가 바빌로니아인들을 일시 패배시킨 일에 고무되어 여호야김은 예레미야의 조언을 거부하고 바빌로니아를 배반하였다. 느부갓네살은 처음에는 직접 개입하지 않고, 바빌로니아의 지방 수비대를 아람인들, 모압인들, 암몬인들과 함께 보내어 유다를 급습하였다. 마침내 예루살렘이 바빌로니아 포위군에 함락되기 3개월 10일 전에 여호야김이 36세의 나이로 죽었다(B.C. 598년 12월 6일). 그는 나라를 궁지에 빠뜨린 지었고 바빌로니아인들에게도 '달갑지 않은 인물'(*persona non gratia*)이었다. 따라서 그가 느부갓네살의 노염을 가라앉히기 원한 자기 백성들에 의하여 암살되었거나 적병에게 사로잡혀 가다가(대하 36:6) 살해되었고, 그래서 그의 시신이 품위있게 매장되지 못하였을 가능성이 있다. 요세푸스(*Ant.* 10. 97)에 의하면 그의 시신은 예레미야의 예언에 부합되게(렘 22:19) 성벽 밖으로 던져졌다. 왕하 24:6은 그의 매장에 관하여 침묵한다. 여호야김은 그의 아들 여호야긴에 의하여 계승되었다. (왕하 23:34-24:6; 대하 36:4-8; 렘 22:13-19).

273) 갈그미스(Carchemish): 북 시리아 헷족의 도시. 유프라테스강 서안

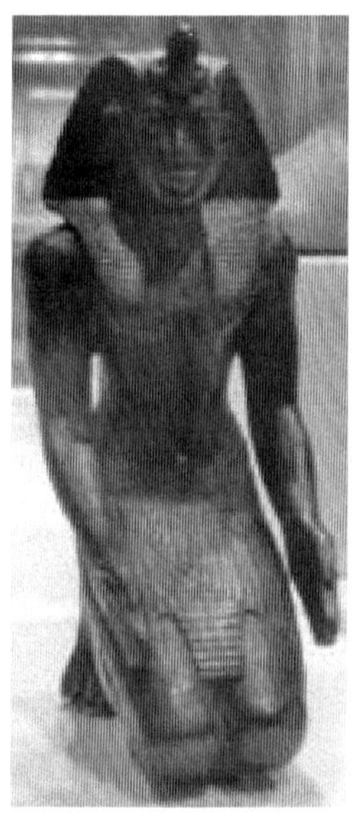

파라오 느고 2세의 상: 그는 므깃도 싸움에서 유다 왕 요시야를 살해하였고, 후에 갈그미스 전투에서 바빌로니아 군에 참패하였다.

년)하여 앗시리아인들에 이어 서아시아의 패자(覇者)가 되었다.

여호야김은 바빌로니아를 희망을 가지고 바라보기도 하고, 자기의 이집트인 후원자들을 바라보기도 하면서 한동안 망설였다.[274] 이집트가 갈그미스에서 당한 대참사(大慘事)로부터 결코 회복할 수 없을 것과 그 나라 자체가 다른 나라들의 속국 밖에 되지 못할 것을 유다는 아직 깨닫지 못하였다. 잊어진 것은 다음과 같은 오래 된 경고였다: "보라, 네가 저 상한 갈대 지팡이 애굽을 의지하는구나. 사람이 그것에 기대면 그것이 손을 꿰뚫어 다치게 할 것이다. 애굽 왕 파라오는 자기를 의지하는 자들에게 바로 이와 같다"(왕하 18:21; 사 36:6).

이 우유부단은 바빌로니아가 느부갓

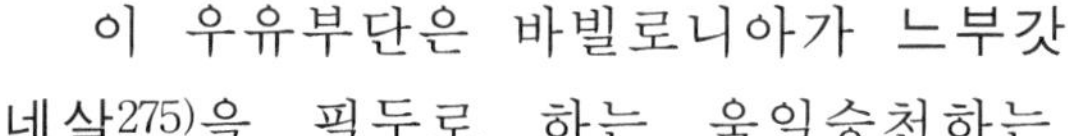

네살[275]을 필두로 하는 욱일승천하는 칼데아[276] 소수파

에 있으며, 무역의 통로로 번영하였다. 유명한 '갈그미스 전투'(B.C. 605년)에서 바빌론 왕 느부갓네살은 재기를 꾀하는 앗시라아군과 바로 느고의 연합군을 완파(대하 35:20; 렘 46:2)함으로써 역사의 전면에 부상하였다. 한편 이 전투에서 패한 후 앗시리아는 쇠퇴하고, 아시아에 대한 이집트의 영향력도 현저히 감소하였다.

274) For a time, Jehoiakim vacillated, *now* looking hopefully to Babylonia, *now* to his Egyptian sponsors. p. 96.

275) 느부갓네살(Nebuchadnezzar, B.C. 605-562): 신바빌로니아의 창시자인 나보폴라살의 아들 및 후계자. 유다 왕 여호야김은 이집트가 갈그미스에서 바빌로니아와 전쟁할 무렵(605 B.C.)에 바빌로니아를 배반하였다. 그러나 이 싸움은 이집트의 대패와 바빌로니아의 승리로 끝났고(렘 46:2), 유다는 느부갓네살의 분노를 사서 왕족과 귀족의 일부가 포로로 끌려갔다. 그 후에도 유다인들이 바빌론에 끌려갔고, 마침내 B.C. 586년에 20명의 왕이 336년간 통치하였던 남왕국 유다는 느부갓네살의 말발굽 아래 종말을 고하였다.

276) 칼데아(Chaldea): 티그리스강과 유프라테스강 하류 지역의 고대 명

(Chaldean minority)의 정력적인 지휘 하에 군대를 급파하여 전 유다를 신속히 진압하였을 때에 거칠게 결말이 나버렸다. 그러나 바로 그때에도 느부갓네살이 등을 돌리자마자 여호야김은 이집트의 원조를 기대하는 필사적 도박을 하여 반역하였다. 그러나 바로 예레미야가 경고했던 대로 이 원조는 결코 오지 않았다. 칼데아의 정복자는 유다에 징벌군(punitive force)을 다시 보냄으로써 응수하였고, 적군은 비록 격렬한 저항이 있긴 하였지만 예루살렘을 함락하였다.

이 바빌로니아 원정대가 실제로 그 도성을 돌파하기 약 3개월 전에 여호야김은 분명히 궁정 음모의 희생자로 살해되었다. 바빌로니아인의 보복을 완전히 당하게 된 사람은 어린 나이에 왕위를 계승한 그의 아들 **여호야긴**[277]이었다. 그와 모든 왕족이 상

칭. 이곳에서 신바빌로니아가 일어났기 때문에 이 나라를 '칼데아(또는 갈데아) 제국'이라고도 부른다.

277) 여호야긴(Jehoiachin, B.C. 598-597): 여고냐(Jeconiah)라고도 함. 그는 부친 여호야김의 반역과 죽음에 뒤이어 바빌로니아인들에 의하여 유다 왕으로 임명되었다(B.C. 598년 12월 6일). 3개월 10일에 걸친 그의 짧은 통치는 왕하 24:8,9과 대하 36:9,10에 짤막하게 묘사되어 있는데, 그곳에, "여호야긴이 그의 아버지의 모든 행위를 따라서 여호와께서 보시기에 악을 행하였다"라고 기록되어 있다. 예언자 예레미야는 그의 통치와 왕조의 종말을 예고하였다(렘 22:24-30). 요세푸스(*Ant.* 10. 99)에 의하면, 느부갓네살이 그 임명에 관하여 마음을 바꾸어 돌아와서 예루살렘을 포위하고 18세 된 그 왕을 그의 모친 느후스타(Nehushta), 그의 아내들, 고관들, 군인, 장인, 대장장이 등 수천 명의 유대인들과 함께 바빌론으로 포로로 끌고 갔다(왕하 24:14-16). 이 유명한 역사적 사건은 구약에만 아니라 '바빌로니아 연대기'에도 묘사되어 있다. 예루살렘은 597년 3월 16일에 함락되었고 여호야긴의 젊은 숙부 맛다니야가 그를 계승하도록 임명되었다(왕하 24:17; 렘 37:1)./ 바빌론에서 여호야긴은 한 사람의 왕족 볼모(royal hostage)의 대접을 받았다. B.C. 595년과 570년 사이에 작성된 바빌로니아 서판들에 그는 '야우킨'(*Ya'u-kin*)이라는 이름으로 그의 다섯 아들과 함께 궁정에서 식량 배급을 받는 것으로 적혀 있다. 만약 "야우킨의 하인 엘리야김(Eliakim)"이라고 새겨진 인장(印章)이 정확하게 이해되었다면 여호야긴의 유배 중에 엘리아김이라는 청지기가 유다에 있는 그의 토지를 계속하여 관리하였을 가능성이 있다. 바빌로니아에서 살게 된 유대인

류층의 일부와 징집된 다수의 장인들과 함께 포로로 바빌론에 끌려갔다. 정복자는 꼭두각시 통치자(puppet ruler)로 요시야의 한 아들 맛다니야(Mattaniah)를 왕위에 남겨놓고 그의 이름을 시드기야[278]로 바꾸었다(왕하 24:17; 대상 3:15).

들은 여호야긴이 사로잡힌 해를 기준으로 하여 연대를 세었다(겔 1:2). 느부갓네살의 사망 후에는 그의 아들이며 계승자인 에윌므로닥(Evil-Merodach)이 B.C. 561년에 여호야긴에게 특별한 호의를 베풀어서 그를 감옥에서 궁전으로 옮겼다(왕하 25:27-30; 렘 52:31-34). 여호야긴의 큰 아들 스알디엘(Shealtiel)이 B.C. 598년에 바빌로니아에서 태어났는데, 그에게서 스룹바벨이 태어났다.

278) 시드기야(Zedekiah, B.C. 597-586): 본명은 맛다니야(Mattaniah). 요시야의 셋째 아들. 여호야긴의 젊은 숙부. 그는 바빌로니아에 포로로 끌려간 여호야긴 대신에 느부갓네살에 의하여 왕위에 앉혀졌고, 그의 이름도 시드기야로 바뀌었다. 21세에 즉위하여 11년간 통치하였다./ 유능한 시민들이 여호야긴과 함께 바빌론으로 잡혀갔던 만큼 시드기야의 주변에는 '탐탁지 않은 사람들'(undesirables)이 남아 있었을 뿐이었는데, 그들의 경솔한 애국주의적 조언을 그가 거스르지 못하여 따랐고, 그 결과 나라가 파국으로 치닫게 되었다. 그는 느부갓네살에게 충성을 서약하였으나 B.C. 594년경에 바빌로니아에서 일어난 반란(겔 11:21-24)에 고무된 주변 군소국가들(에돔, 모압, 암몬, 시돈, 두로)의 권유로 그들과 함께 바빌로니아에의 종속을 떨쳐버릴 것을 공모한 적이 있었다(렘 52:3). 이때에 예레미야는 낙관론을 말하던 거짓 예언자들과는 달리 바빌로니아의 종주권을 하나님께서 정하신 것으로 보고 느부갓네살의 '멍에'를 메고 그를 섬길 것을 권하였다(렘 27-28). 시드기야는 어쩌면 그 음모에 대한 자신의 연루 혐의를 완화시키기 위하여 B.C. 593년에 바빌론에 사신을 파견하였거나(렘 29:3) 혹은 직접 다녀온 것으로 보인다(렘 51:59)./ B.C. 588년에 시드기야는 마침내 바빌론과의 '언약'(겔 17:12-21)을 어기고 배반하였다. 이 일은 아마도 이집트의 야심찬 파라오 호프라(Hophra)(렘 44:30, B.C. 589-570)의 즉위와 관련되었을 것이다. '라기스 편지 3'이 암시하는 바에 의하면, 그의 즉위 후 곧 시드기야는 느부갓네살에 대항할 이집트의 원조를 요청하였다. 이러한 움직임에 대한 바빌로니아의 반응은 신속하였다. 성난 느부갓네살과 그의 군대가 유다에 침입하여 예루살렘을 포위하고 지방의 성읍들을 정복해 나갔다. 예루살렘의 포위는 접근하는 이집트 군에 대항하기 위하여 한 동안 풀렸지만 예레미야가 예고한 바와 같이 재개되었다(렘 34:21,22; 37:5-10). 성내의 식량이 떨어진 B.C. 586년 7월에 성벽은 뚫렸고 바빌로니아 군사들이 쏟아져 들어왔다(렘 39:1-3). 시드기야는 밤중에 요단강 쪽으로 도피하였는데, 그곳에서 붙잡혀 리블라(Riblah)에 있는 느부갓네살의 군사령부에 압송되었다. 그곳에서 그는 느부갓네살의 심문을 받았다. 그는 자기 아들들이 처형되는 것을 목도하고, 두 눈을 뽑히고, 사슬로 묶여 바빌론으로 끌려갔다. 그는 그곳에서 곧 옥사하였

약 10년 동안 바빌로니아의 통치를 받은 다음 유다는 여호와께 의지하고 무력을 의지하지 말라고 하는 예레미야의 침울한 경고를 다시금 무시하고 또 한 번 반역하였다. 이번에는 바빌로니아가 그 반역한 주(州)를 파괴할 뿐 아니라 이집트 측의 유사한 재기에 대한 어떠한 꿈도 없애버리기 위하여 한층 더 맹렬하게 반격하였다.

바빌로니아인들은 유다의 모든 요새화 된 도시들을 체계적으로 점령하여 무너뜨렸다. 고고학적 발굴이 이 파괴의 철저함을 확증해 왔다. 수도 예루살렘은 거의 2년 동안 저항을 계속하였지만, 심한 굶주림과 바빌로니아인의 공성(攻城) 무기가 마침내 방어시설들을 뚫고 항복을 강요하였다(586년). 정복자들은 성전을 파괴하였다. "갈대아 군대가 왕을 잡아 리블라(Kadesh 근처)에 있는 바빌론 왕에게 끌고 가니 그에게 선고가 내려졌다. 그들이 시드기야의 아들들을 그의 목전에서 죽이고, 시드기야의 두 눈을 빼고 그를 사슬로 결박하여 비빌론으로 데려갔다"(왕하 25:6-7). 뒤이어 백성들의 강제이송이 다시금 있었다. 주권국(主權國) 유다는 더 이상 존재하지 않게 되었다.

이제 바빌로니아인들은 앗시리아가 지배하게 된 후에 이스라엘이 겪은 바와 유사한 완전한 식민지(outright colony)의 지위로 유다를 전락시켰다. 그달리야(Gedaliah)라고 하는 토착 유다인 한 사람이 그 약탈당하고 인구가 줄어든 땅의 총독(總督)으로 임명되어 미스바(Mizpah)에 본부를 설치하였다. 그달리아의

다. 한 달 후에 예루살렘에 도착한 느부갓네살의 시위대장 느부사라단은 성전을 약탈하고 불태웠으며, 왕궁과 가옥들을 불사르고, 성벽을 헐고, 고관들을 사로잡아 가서 리블라에서 처형하였다./ 시드기야는 두 강대국 사이에서 갈팡질팡하다가 나라를 잃은 것으로 보아 우유부단하고 국제 정세에 어두웠던 것으로 보이며, 예레미야의 누차의 권고도 듣지 않은 것으로 보아 신앙심이 박약하였던 것으로 보인다. (왕하 24:17-25:21; 대하 36:11-21; 렘 52:1-27; 렘 24:8,9; 29:16-19).

통치는 온건하였던 것으로 보이는데, 그 이유는 산이나 이집트나 트란스요르단으로 도망하였던 많은 유다인들이 그들의 피난처에서 돌아왔기 때문이다. 그러나 유다 왕족의 한 사람이었던 어떤 이스마엘(Ishmael)이 왕국의 회복을 원해서 암몬인들의 교사(敎唆)를 받아 바빌론의 멍에를 벗어버릴 음모를 꾸몄다. 의도는 좋았지만 아주 무책임하였던 그의 공범자들이 그달리야와 그의 수행원이었던 유다인들과 바빌로니아인들을 살해하고 그 땅에서 공포정치(恐怖政治)를 시작하였다. 다시금 바빌론의 보복은 신속하고 호되었다. 582년에 바빌론 군대가 유다의 주민 강제이송(depopulation)과 파괴의 세 번째 그리고 마지막 단계를 밟기 시작하였다(왕하 25:22-26; 렘 41-42).

마침내 평화가 이룩되었다. 수세기에 걸친 모든 소용돌이와 분규가 명백히 실패로 끝난 채 유다는 고요하였다. **'대 바빌론 유수'**(the Great Babylonian Exile)의 시대가 하나님의 백성인 유다 민족에게 온 것이었다. 그러나 율법은 남아 있었다. 그리고 그것이 상징하고 의미한 모든 것도 … .

제6장 **바빌론 유수와 유다의 회복**

바빌론 유수는 이스라엘의 활력을 시험하는 최상의 시금석(試金石)이었다.[279] 유다인들(Judeans)은 대량으로 사로잡혀 갔음에도 불구하고 자기네의 종교적 사회적 정체성을 간직한 것으로 알려진 고대의 유일한 민족이었다. 포로생활은 영적 공동체로서의 이스라엘이 아무리 불리한 상황에도 적응하고 그 속에서 발달할 수 있음을 입증하였다.[280] 실상, 바로 그 역경이 예언자적 전통의 최고조에까지 이르는 종교적 체험을 한 지도자들을 길러낸 것으로 보인다. 많은 유다인들은 하나님께 대한 신앙을 상실하였다. 언약에 의하면 하나님께서는 그들의 어김없는 보호자이셨지만, 바빌로니아 신들과의 싸움에서 그분이 패배하신 것은 분명하였다. 그러나 역시 언약에 입각하여 죄악에 대한 벌로서 하나님께서 유다에 파멸을 내리신 것으로 믿은 다른 사람들도 있었는데, 예언운동의 지지를 받은 것은 바로 이 사상이었다.

포로생활은 또한 '제2 공화정'[281] 기간에 서서히 발전하고 '디아스포라,'[282] 즉 A.D. 70년에 로마인들이 예루살렘을 파괴한 후에 일어난 대 이산 중에 유대인의 삶의 패턴을 결정하게 될 형태로 유대교가 완만하게 전환하는 시발점이 되었다.

---

279) The Babylonian Exile was a supreme *test* of Israel's vitality. p. 99.

280) The Exile proved that Israel – the spiritual community – could adapt itself to, and develop under, *the most adverse conditions*. p. 99.

281) '제2 공화정'(the Second Commonwealth): 알렉산더 대왕이 페르시아를 멸망시킨 후에 도래한 헬레니즘 시대의 유대인이 영위한 정치생활의 형태를 이렇게 일컫고 있는 것으로 보임.

282) 디아스포라(Diaspora): ['이산'(離散)을 뜻하는 그리스어 단어] 바빌론 유수 후에 유대인이 팔레스타인 밖의 다른 곳으로 흩어진 일. 특히 A.D. 70년에 로마인들이 예루살렘을 파괴한 후에 발생한 유대인의 '대이산'(大離散)을 의미함. 이 낱말은 흩어져서 다른 나라에 사는 유대인들을 의미하기도 하고, 그들이 사는 곳 즉 이산지를 의미하기도 한다.

유다의 황폐화

유다 나라 자체는 국토가 축소되고 잔존 인구가 방향과 정신을 상실하여 한동안 무력한 채로 있었다.283) 라기스와 벧세메스와 텔 베이트 미르심과 같은 유적들에 대한 최근의 발굴 결과가 반항적인 유다 왕국에 칼데아 군대가 가한 파괴를 웅변적으로 증언해 준다. 1935년에 다수의 도편(陶片)들(*ostraca,* 필기 용구로 사용된 질그릇 조각들)이 라기스에서 발굴되었다. 이것들의 대부분은 B.C. 587년경에 쓰인 군사적 급송문서(military dispatches)였던 것으로 보이며, 더 강력한 바빌로니아인 적군에 대한 유다인 수비대들의 결연한 투쟁을 보여주는 기록이다. '도편 6'(Ostracon VI)의 필자는 " … (왕자들)의 말이 우리의 손을 약하게 할 뿐임은 어찌된 영문인가!"라고 말하여 예루살렘 지도층 가운데 퍼져 있던 패배주의의 소문에 대하여 깊은 우려를 표현하였다. 이 유물들이 재 가운데 깊이 묻힌 채로 발견된 것은 의미심장한 일이다.284)

유다의 많은 성읍들은 바빌로니아인들에 의하여 매우 철저히 파괴되어서 그것들이 복구된 적이 한 번도 없다. 성전, 그리고 중앙의 종교 조직도 역시 완전히 파괴되었다. 평상시의 사회 지도자들 - 부유한 사람들과 교육받은 사람들과 장인들 - 은 바빌론으로 끌려갔거나 트란스요르단이나 이집트로 피난하였다. 실로 그달리야가 살해되었을 때에 예레미야는 동료 유다인들에게 그 땅에 남아 있을 것을 강권하였지만, 일단의 사람들이 예레미야를 억지로 이집트에 데려갔다(렘 41-43).

유다의 사회 질서가 이렇게 붕괴함에 따라 모세의 가르침과 예언자들의 설교는 무시되고 점차로 잊혀졌다. 잔류자들 가운데 사회의 종교적 문화적 안정과 계속성의 핵심이 되었을 지도 모르

283) The land of Judah, itself, lay for a time inert, physically *reduced,* its remnants of population *bereft* of direction and spirit. p. 100.

284) Significantly, these relics were found buried deep in ashes. p. 100.

는 소수의 사람들은 지배적인 혼란 상태 속에서 거의 아무 것도 성취할 수 없었다. 이웃 지역의 에돔인들과 암몬인들과 모압인들, 그리고 일부는 북왕국의 영토에 앗시리아에 의하여 그전에 정착시켜졌던 사람들인 그 밖의 사람들은 유다 영토를 더욱 더 잠식하였다. 이 침투가 이들 외래 민족들과의 통혼으로 이어지고, 그 다음에는 간접적으로 이스라엘인들의 종교적 관행과 일상생활에 대한 그들의 점증하는 영향력으로 이어진 것은 불가피한 일이었다. 이리하여 사회적 및 지적 퇴보의 일반적인 경향과 더불어 동화(同化)와 혼합주의(混合主義) 현상이 신속히 진행되었다.[285] 마침내 영토가 많이 줄어든 유다는 사마리아에 주재하는 총독의 지배를 받게 되었다.

바빌로니아에서의 포로생활

추방된 유대인들(Jews)은 바빌로니아에 이르러 번영하고 인상적인 문명의 한복판에서 살게 되었다.[286] 당시에 서아시아에서 가장 큰 세력이었던 느부갓네살(605-562)의 칼데아인 정권은 국왕과 그의 수도와 그의 제국의 미화(美化)를 위하여 굉장한 건축 사업을 개시하였었다. 새로운 건조물들 가운데에는 그리스인들이 세계 7대 불가사의 중의 하나라고 해서 유명하게 만든 이른 바 '가공(架空)정원'(Hanging Gardens)[287]이라는 바빌론의 노대(露臺)들이 있었다. 그러

285) Thus with the general *tendency* toward social and intellectual deterioration, *assimilation* and *syncretism* went apace. p. 101. apace 빨리, 신속히(fast).

286) In Babylonia, the exiled Jews found themselves in the midst of a flourishing and impressive civilization. p. 101.

287) 가공정원: 고대 바빌론 궁전의 테라스들에 만들어져 공중에 걸려 있는 것처럼 보였다고 하는 정원. 느부갓네살 왕이 메디아에서 맞아들인 왕비를 위하여 만들었다고 함.

고대 바빌론의 복원도. 한 행렬이 아름다운 이슈타르 문으로 들어가고 있다. 그 문은 이중 방벽을 통하여 궁궐에 이르는 입구이다. 궁궐의 지붕은 느부갓네살 2세가 B.C. 600년경에 건설한 것으로 알려진 "가공 정원"을 받치고 있고, 그 너머에 그가 재건한 지구라트가 희미하게 보인다.

나 실제로는 이들 석조 테라스들은 '이슈타르 문'(Ishtar Gate)에 의하여, 그리고 현대 마천루의 타워들처럼 계단식 층으로 지어진 마르둑(Marduk)의 신전에 의하여 능가되었다. 이러한 프로젝트들을 실행하기 위하여 "느부갓네살은 모든 장인들과 대장장이들을 … 끌어갔다"(왕하 24:14)라고 하는 성서의 진술에 기록된 바와 같이 온갖 장인들이 포로로, 그리고 높은 보수를 받는 숙련공으로 데려와졌다.

유대인 유배자들은 붙잡혀 온 타민족들과 다름없는 대우를 받았다. 서민들은 아주 노예화되는 것이 보통이었고, 지위가 있는 사람들에게는 생계를 벌고 거처를 선택하는 제한된 자유가 주어졌다. 상당수의 유배중의 유대인들이 요행히 바빌론 도성의 특수 지구 안에 있는 그들 자신의 주택에서 살기도 하였다.

특별히 재미있는 것은 성서의 기록과 바빌로니아 문서들이 여호야긴 왕과 그의 가족에 대한 바빌로니아인의 대우에 관한 진술에서 서로를 확증하고 설명하는 방법이다. 성서의 역사가는 우리에게 말한다:

> 유다왕 여호야긴이 사로잡혀간 지 37년에 … , 바빌론 왕 에윌므로닥이 자기가 즉위한 해에 여호야긴을 옥에서 내어놓아 그 머리를 들게 하였다. 그리고 왕은 그에게 다정하게 말하고 바빌론에 자기와 함께 있는 다른 왕들보다 더 높은 자리를 그에게 주었다. 그리하여 여호야긴은 죄수의 옷을 벗고, 여생 동안 규칙적으로 왕의 식탁에서 식사하였다. 그리고 그의 용돈으로 매일 일정액의 수당이 그의 평생 동안 왕에 의하여 그에게 지급되었다(왕하 25:27-30).

20세기가 시작된 지 얼마 안 되어 베를린에 있는 '카이저 프리드리히 박물관'(Kaiser Friedrich Museum)은 바빌론의 이슈타르 문 근처에서 독일 탐사대에 의하여 발굴된 약 300점의 쐐기문자 서판들을 접수하였다. 이 서판들은 손질도 하지 않고 해독(解讀)도 하지 않은 채로 박물관 지하실에 30년 넘게 놓여 있었다. 매우 철저한 나치 정권 하에서 그 박물관의 관장은 그 서판 상자들을 우연히 발견하고 그것들을 연구하기 시작하였다. 그는 그 서판들 중의 여러 개가 정확하게 바빌론에 유배 중인 같은 유다 왕 여호야긴과 그의 가족을 다루고 있다는 것과 이 문서들이 성서의 이야기를 실증할 뿐 아니라 그 속의 갭들을 채우기까지 한다는 것을 발견하고 몹시 놀랐다. 고고학적 발견물들이 성서의 이야기를 그처럼 명확하게 확증하는 것은 흔하지 않은 일이다.

노예가 되거나 격심한 육체노동으로 짐승같이 된 사람들을 제외하고는 거의 모든 유대인 추방자들이 고국을 그리워하였다. 그러나 시간이 지남에 따라 그리고 곧 해방되리라는 전망이 전혀 나타나지 않자, 많은 사람들이 바빌로니아 수도의 다채로운 삶에 열중하였다.[288] 이들 실제적인 사람들은 인생은 어떻게든 지나간다는 것을 인정하고 "불편한 심경으로 나즉하게 노래하며"(sing low in a bad tune) 예레미야의 충고에 따라 바빌로니아의 풍습과 관례에 적응하기로 마음먹었다:

> 만군의 여호와 이스라엘의 하나님이 내가 예루살렘에서 바빌론으로 사로잡혀 가게 한 모든 포로들에게 이와 같이 말한다. "너희는 집을 지어 정착하고, 뜰에 나무를 심어 그 열매를 먹어라. 아내를 얻어 아들들과 딸들을 낳고, 너희 아들들에게 아내를 얻어주고 너희 딸들을 시집보내어 그들도 아들들과 딸들을 낳게 하여라. 그곳에서 수가 늘고 줄어들지 마라. 내가 너희로 사로잡혀 가게 한 그 성읍이 평안하고 번영하도록 힘쓰고 그 성읍을 위하여 여호와께 기도하라. 이는 그 성읍이 번영해야 너희도 번영할 것이기 때문이다 … "(렘 29:4 이하)[289]

덧붙여 말하거니와 예레미야는 바빌로니아인들이 유다를 이긴 것으로 생각하지는 않았다는 것을 유의하지 않으면 안된다. 여호와께서 유다를 정죄하신 다음에 유배의 형기(刑期)를 마치도록 당신의 백성을 바빌론에 넘기신 것이었다.[290] 따라서 예레미야에 의하면 해야할 유일한 일은 포로 생활을 견디고 선한 행동의 기록을 쌓아 올리는 것이었다.

30~40년이 지나서 대략 6세기 중엽이 되기까지에는 포

288) As time passed, however, and no immediate prospect of release developed, many were *caught up* in the colorful life of the Babylonian metropolis. p. 103.

289) 이 글은 예레미야가 바빌론에 사로잡혀간 동포들에게 보낸 편지(렘 29:4-23)의 일부임.

290) The Lord, having condemned Judah, delivered her people to Babylon to *serve out* their sentence of exile. p. 103.

로 생활 중에 두 세대의 유대인들이 자라났었다. 동화를 추구하였던 가족들에 태어난 사람들은 유다와의 연락이 완전히 끊겼다. 그들에게는 성전과 언약에 대한 기억이 희미해졌었고, 거대하고 국제적인 바빌론에 비하여 예루살렘은 외지고 시시한 곳으로 보였다.[291] 이 사람들은 편안히 생계를 꾸려 가는 데 만족한 나머지 자기들의 아버지와 할아버지의 땅으로 돌아갈 마음이 없었다.

그러나 포로들 가운데 소수는 정말로 변함없이 충실하였다. 주로 제사장들과 레위인들과 학자들과 지주들과 왕의 관리들과 같은 사람들로 구성된 이 집단은 동화에 저항할 의지를 잃지 않았다. 그들은 자기들의 주변 세계에서 일어나는 정치적 진전을 끊임없이 관찰하고 성전과 유다 나라를 재건(再建)할 꿈이 살아있게 하려고 애썼다. 그들에게는 포로생활은 쓰라린 좌절이었고, 구출과 귀국은 생의 일대 약속(the one great promise of life), 곧 그들이 자기들의 자녀들에게 종교적 열정으로 주입하고 길러준 희망을 뜻하는 것이었다. 예언자들의 목소리는 끊임없이 그리고 지칠 줄 모르고 그 국외추방자들에게 항상 그들의 근원(根源)과 그들의 신앙(信仰)과 그들의 사명(使命)을 기억할 것을 권고하였다. 신실한 소수는 통혼을 하지 않았거나 적어도 그들의 동족의식을 희박하게 할만큼 많은 수가 통혼하지는 않았다. 그들은 모세와 예언자들의 가르침을 연구하였고, 그 가르침 속에서 유다의 패배와 추방에 대한 해명 뿐 아니라 구원과 구속을 위한 프로그램도 발견하였다.

291) For them the memory of Temple and Covenant had faded, and Jerusalem seemed remote and unimportant compared with mighty and cosmopolitan Babylon. p. 104.

예언자 에스겔

이러한 확신을 표현한 성서의 책들 가운데 으뜸가는 것은 '에스겔서'와 이른 바 '제2 이사야서'였다. 성지(聖地) 밖에서 하나님의 부르심을 받은 최초의 예언자였던 에스겔[292]은 바빌

292) 에스겔(Ezekiel): 제사장 부지(Buzi)의 아들. 예레미야의 연하의 동시대인이었던 에스겔은 예루살렘이 파괴되기 11년 전 제2차 포로이송 때(B.C. 597)에 유다 왕 여호야긴과 함께 바빌로니아로 끌려간 것으로 흔히 여겨진다(왕하 24:14-17). 그는 그발(Kebar)강 가의 텔아빕(Tel-abib)이라는 유대인 거주 지역에 정착하였고, 5년쯤 후 30세에 소명을 받아(겔 1:1,2) 22년 간(B.C. 593-571) 예언자로 사역한 것으로 보인다(29:17). 그는 자기의 집에 거주하였고, 동포 장로들이 이따금 그를 방문하였다(8:1; 14:1). 그러나 그의 메시지는 잘 받아들여지지 않은 것으로 보인다(3:25; 33:30-32). 그가 예루살렘 성전과 그곳의 예배 형식에 관한 자세한 지식을 갖고 있었지만 그가 그 안에서 섬겼다는 증거는 없다. 아무튼 그의 사고는 어떤 다른 예언자의 경우보다 더 많이 사제적 상징물들의 영향을 받았다./ 에스겔은 벙어리 흉내를 내거나, 머리카락과 수염을 깎거나, 아내의 죽음에도 애도하는 모습을 보이지 않는 등 갖가지 상징적 행동으로 메시지를 전하였고, 더럽혀진 성전, 마른 뼈, 거룩한 새 예루살렘 등의 환상을 통하여 유다 왕국의 패망 원인과 유다 백성의 장래에 관하여 가르쳤다./ 에스겔은 출애굽 이래의 자기 민족의 역사를 불순종의 역사로 보고 가혹한 언어로 다가오는 파멸을 예고하였지만(20:1-18), 예루살렘이 파괴되고 그의 말이 입증된 다음에는 장래의 희망에 관하여 말하기 시작하였다. 하나님은 악인들의 죽음을 기뻐하지 않으시고 포로로 잡혀 간 사람들도 복귀시키기를 원하신다(33:11-20). 그래서 그는 자기 백성이 그들의 나라로 돌아갈 것을 예언할 수 있었다. 장차 평화와 안전이 있을 것이고, 야훼께서는 그분이 전에 떠나셨던(10:18; 11:23) 성전에 돌아오실 것이었다(43:4-7)./ 에스겔의 하나님은 초월적이셔서 변화된 백성(36:26-28)을 만들어내시기 위하여 그분께서 적절하다고 여기시는 대로 행동하신다(36:22). 그럼에도 불구하고 하나님의 은혜에 반응하는 것이 그들에게 요구된다. 개개인에게 자유와 책임이 있다. 구약에서 이 책임의 현실을 그보다 더 열렬히 주장한 사람은 없다(18:20)./ 에스겔서는 세 부분으로 구분 되는데, 1-24장은 유다에 임할 심판의 예언, 25-32장은 주변의 일곱 민족(암몬, 모압, 에돔, 블레셋, 두로, 시돈, 이집트)에 임할 심판의 예언, 33-48장은 백성들이 장차 약속의 땅으로 회복될 일에 관한 희망의 예언이다. 이 셋째 부분의 후반부(40-48장)는 새로운 성전과 그곳에서 섬길 사독 계열의 사제들에 관한 상세한 계획들을 포함하고 있어서 후일의 유대교를 위한 토대라고 할 수 있다./ 후대의 전승에 의하면 에스겔은 살해되어 유프라테스 강변에

로니아에서 환상 가운데 하나님 자신의 방문을 받고 유다와 성전이 바빌론의 힘에 의해서가 아니라 하나님의 진노를 야기한 유다의 악에 의하여 압도되었다고 전하라는 명령을 받았다.

예레미야의 위대한 전통을 이어받아서 에스겔은 이스라엘의 하나님은 여전히 전능하시고 바빌론은 그분의 도구에 불과하다고 주장하였다.[293] 그 나라의 으리으리함과 힘, 그 나라의 사자(獅子)가 지키는 길들, "비신(非神)들"(no-gods)인 그 나라의 많은 신들, 이 모든 권세의 장식과 부속물들은 하나님의 진노가 끝나기만 하면 안개처럼 사라질 것이었다. 에스겔은 자기가 믿는 하나님의 확고한 정의에 대한 순간적인 의심도 허용하려 하지 않았고, 유배당한 사람들 가운데 있는 무죄한 자들이 영구히, 그리고 악한 자들과 함께 동일한 감금 상태 속에서 희망 없이 괴로운 나날을 보내는 것을 하나님께서 묵인하실 가능성을 받아들이려고 하지 않았다.[294] 똑같이 불같은 신앙으로 에스겔은 나쁜 사람들을 좋게 만드는 이 징벌이 좋은 사람들을 더 좋게 만든다고 설파하고, 적어도 궁극적으로는 여호와께 순종하고 그분의 안식일을 지키고 이방 우상들과 이방 풍속으로부터 자신을 지키는 모든 사람들이 해방될 것이라고 확언하였다.

에스겔은 자기의 기본적인 확신을 성서 전체에서 가장 충격적인 구절들 가운데 하나인 '마른 뼈의 골짜기'(the

---

매장되었다고 한다. 그는 환상과 소밍의 예언자였다.

293) Carrying on the great tradition of Jeremiah, Ezekiel contended that the God of Israel was still omnipotent and that Babylon was His mere *instrument*. p. 105.

294) Ezekiel would tolerate no momentary doubt of the inflexible justice of his God, nor would he accept the possibility that God would allow the innocent among the exiled to languish forever and without hope in the same durance with the wicked. p. 105. languish (역경 등에서) 괴로워하다, 괴로운 생활을 하다. durance (특히 장기의) 감금.

Valley of Dry Bones, 겔 37장)라는 환상(幻想) 속에서 제시하였다. 이스라엘은 - 이 환상 속에서 - 살아있는 민족이기를 멈추었다. 그 나라의 백성은 하나님께 대하여 그리고 자신들에 대하여 믿음을 상실하였었다.[295] 그들의 곤경을 극적으로 표현하기 위하여 에스겔은 그들을 골짜기에 산재한 희어진 뼈의 더미들에 비유하였다. 그러나 이 무시무시한 재앙을 당신의 백성에게 내리신 여호와께서는 그 죽은 뼈들을 살리시고 다윗 왕의 자손 아래 통일된 이스라엘을 고토(故土)에 회복하실 것을 약속하셨다:

> 내가 그들과 평화의 언약(covenant of peace)을 맺어 영원한 언약이 되게 하고, 또 그들을 견고하고 번성케 하며, 내 성소(sanctuary)를 그 가운데 영원히 둘 것이다. … 나는 그들의 하나님이 되고 그들은 내 백성이 될 것이다. 내 성소가 영원토록 그들 가운데 있을 때에, 민족들이 나 여호와가 이스라엘을 거룩하게 한다는 것을 알게 될 것이다(겔 37:26-28).

예루살렘이 파괴된 뒤에 최초로 예언한 사람이었던 에스겔은 성전 재건의 필요성을 잠시도 잊을 수 없었다.[296] 신적 임재(Divine Presence)의 거처로서 성전은 이스라엘인들의 종교생활의 핵심, 곧 제사와 기도의 진정한 무대였으니, 그 이유는 오늘날과 마찬가지로 고대에도 조직된 종교에는 신을 예배하기 위한 특별한 장소가 필요하였기 때문이다. 그러므로 에스겔이 성전의식(聖殿儀式, Temple ritual)을 엄격히 준수하는 일을 이어갈 것을 또한 강조한 것은 당연한 일이었다. 그의 유수 이전 선배들은 말할 것도 없고 제2 이사

295) Israel - in this vision - had ceased to be a living nation. Her people had lost faith in God and in themselves. p. 105.

296) Ezekiel, the first to prophesy after the destruction of Jerusalem, was obsessed by the need to rebuild the Temple. p. 106.

야(Second Isaiah), 학개(Haggai), 스가랴(Zechariah) 및 말라기(Malachi)[297]와 같은 유수 시대 및 유수 이후 시대 예언자들과 전적으로 일치되게 에스겔은 *의식적 이완(儀式的 弛緩)이* 도덕적 이완을 초래하였다고[298] 경고하였다. 그와 이 나중 시대의 다른 예언자들이 열등한 성격을 가진(of coarser fiber) 사람들은 결코 아니었다. 그렇기는커녕 그들 모두가 그들의 선배들과 마찬가지로 기도와 제사의 효능이 예배자의 종교적 성실성(religious integrity)에 달려있다고 굳게 믿었다.[299] 신성한 형식들과 상징들에 대한 그들의 강조는 더 깊은 종교적 실재들을 이러한 외적 표시들로 대신하려는 의향에서 나온 것이 아니라 그와는 반대로 보통 사람들은 *신앙만으로는* 종교적 신념을 실효성 있게 유지하기가 몹시 어렵다고 하는 그들의 경험에서 나온 것이었다.[300]

제2 이사야: 바빌로니아의 쇠망

유수생활의 가장 어려운 시기 중에도 구출에 대한 에스겔의 확신에는 흔들림이 없었지만 그는 그의 신념의 진실성이 입증될

297) 유수 이후(postexilic)의 예언서들은 학개, 스가랴, 말라기임.

298) Ezekiel warned that *ritual laxity* led to *moral laxity.* p. 106. laxity 느슨함, 이완.

299) He and the other prophets of this later era were by no means men of coarser fiber; on the contrary, all of them believed – as firmly as their predecessors – that the éfficacy of prayer and sacrifice depended on the worshipper's religious intégrity. p. 106. éfficacy 효능, 효험. intégrity 정직, 성실, 고결.

300) Their insistence on sacred forms and symbols stemmed not from a willingness to substitute such *external tokens* for the deeper *religious truths* but – on the contrary – from their experience that it is infinitely difficult for ordinary men to maintain active religious belief by faith alone. p. 106.

때까지 살지는 못하였다. 그러나 에스겔의 생애가 끝나고 불과 몇 십 년이 지나지 않아서 바빌로니아인의 제국은 커다란 갈라진 금과 틈을 보이기 시작했고, 아무도 가능하리라고 믿지 못했을 짧은 세월에 해체의 벼랑에 서게 되었다. 페르시아인들과 메디아인들이 7세기말에 메소포타미아 지역에서 주요 세력들로서의 그들의 자리를 차지하기 시작하였었다. 첫째로 메디아인들은 바빌로니아인들이 앗시리아를 궤멸시키는 데 도와주고 전리품을 나누어 받았다. 그 후 545년경에 아케메네스 왕조[301]의 고레스 2세 (대왕)[302] 치하의 페르시아는 메디아와 리디아, 그리고 소아시아에 있던 이오니아 그리스를 흡수하였다. 그 새로운 강국은 마침내 인더스강으로부터 줄곧 지중해에 이르기까지, 그리고 코카서스 산맥으로부터 줄곧 인도양에 이르는 땅을 포함할 것이었는데, 그 땅은 그에 비하면 그 전 근동 제국들의 정복지들이 빛을 잃어 하찮게 보일만한 영토였다.

이 어지러운 시기에 한 위대한 예언자가 일어나서 바빌론에 있는 자기의 동료 유대인들에게 그들은 새로운 시대를 맞고 있다고 선포하였다. 그는 오늘날 "제2" 이사야[303]라고 불리는데,

---

301) 아케메네스 왕조(Achemenid dynasty): B.C. 550년경으로부터 B.C. 331년경까지 통치한 고대 페르시아 왕조.

302) 고레스 2세, 대왕(Cyrus II, the Great, 페르시아 왕 B.C 550-530 경; '페르시아 제국'의 초대 왕 B.C. 539-530): 고레스가 안샨(Anshan)이라는 페르시아 지구의 통치자가 되었을 때에 그 지구는 메디아에 속해 있었다. 5년 후에 그는 메디아인들에 대하여 반란을 일으켜서 메디아 제국을 타도하였다(550). 이후 그는 자신을 페르시아 왕이라 칭하고 리디아의 동쪽 경계선인 소아시아의 할리스(Halys)강에서 동남쪽으로 바빌로니아 제국에 이르는 영토를 다스렸다. 이어서 그는 리디아(546년)와 바빌로니아(539년)를 정복하여 방대한 제국을 건설하였고, 앗시리아인들과는 달리 피정복민에게 관대한 정책을 폈다. 그래서 그는 유대인 포로의 팔레스타인 귀환을 허락하였을 뿐 아니라(대하 36:22) 성전 건축 사업도 승인하였다. 이사야서에 의하면 하나님께서 고레스를 "나의 목자(牧者)"라고까지 평가하셨다(사 44:28; 45:1-5). 그는 카스피해 연안의 유목민을 토벌하던 중 전사한 것으로 전해진다.

303) 제2 이사야(Second Isaiah, B.C. 546-539 경): 포로기 말에 바빌론에서

이사야서의 후반부를 저술한 것으로 학자들에 의하여 추정되는 예언자. 그는 페르시아인 고레스를 통하여 유다인 포로를 해방하실 야훼의 뜻을 전하고 이스라엘의 영광스런 복귀를 마음속에 그렸다./ 현대의 비평적 학자들은 이사야서의 전반부(대략 1-39장)와 후반부(대략 40-66장)에서 발견되는 언어와 문체, 신학, 역사적 배경 등의 차이를 근거로 하여 이사야서의 저자는 한 사람이 아니라 둘 또는 그 이상이라고 주장한다. 그들은 대체로 다음과 같은 점에 주목한다: (1) 전반부에서는 언어가 함축적(suggestive)이고 예시적인데 비해서 후반부에서는 언어가 장황한(verbose) 편이다. (2) 하나님의 왕권의 우주론적인 면이 전반부에서보다 후반부에서 더 두드러진다. (3) 전반부는 '메시아・왕'(Messiah-King)에 대해서 말하는 반면, 후반부에서는 이 상징이 여호와의 '고난 받는 종'(Suffering Servant)으로 대체된다. (4) 전반부는 대부분 B.C. 8세기 후반의 역사적 상황을 배경으로 하고 있는 반면, 후반부에 있는 고레스와 바빌론 유수의 종말에 관한 언급들은 B.C. 6세기에서 유래한다. 그리하여 8세기에 예루살렘에서 활동한 이사야는 유다에 대한 앗시리아의 위협을 하나님의 섭리에 관한 자기의 신앙에 비추어 해석하는 반면, 그로부터 200년쯤 후 유수 시대 말엽에 바빌론에서 활동한 그 이름이 밝혀지지 않은 예언자 "제2 이사야"는 B.C. 539년에 있은 바빌론의 붕괴와 페르시아인 고레스의 승리(사 44:28; 45:1)를 목격하였고, 유수 이후의 시점에서 역사를 보았기 때문에 그의 두드러진 주제들 중의 하나가 성전의 복구였다는 것이다./ 그러나 보수적 학자들은 일반적으로 '두 이사야설'을 거부하고 이사야서 저자의 단일성을 고수하는데, 그들의 논거는 다음과 같다: (1) 전반부와 후반부에 공통적으로 나타나는 많은 문장들과 구절들이 있다(예: 1:20과 40:5, 58:14; 11:6-7과 65:25; 35:6과 41:18; "이스라엘의 거룩하신 분"이라는 신적 호칭은 전반부에 12번, 후반부에 13번 나오고 구약성서의 다른 곳에서는 5번밖에 나오지 않는다). (2) 후반부로부터의 인용문들이 신약에서 "이사야"의 글로 소개된 것을 볼 때 이사야서 저자의 단일성이 신약성서가 증거하는 바이다(예: 마 3:3의 사 40:3, 행 8:28-33의 사 53:7-8; 롬 10:20-21의 사 65:1-2). (3) 어떤 위대한 작가도 상이한 주제와 형식을 위하여 상이한 단어와 문체를 사용할 수 있는데, 다양한 화제에 관하여 다양한 형식(시와 산문과 설교)으로 40년의 세월에 걸쳐서 저술한 이사야가 왜 어휘와 문체에 다양성을 보여서는 안 되는가? (4) 하나님께서 어느 예언자를 통하여 그가 살지 않은 다른 시대에 관하여 말씀하실 지라도 그것은 이상한 일이 아니다. 즉, 이사야의 '예보적 예언'(predictive prophecy)의 기능을 제한해서는 안 된다. (5) 유대교와 기독교의 초기 문서들 가운데 이사야서의

그것은 그보다 약 200년 전에 예루살렘에서 예언한 그와 이름이 같은 사람과 그를 구별하기 위한 것이고, 이 유수 시대 예언자의 글은 이사야서 40-66장에서 찾아볼 수 있다. 그것은 문체와 역사적 배경과 신학적 강조로 보아 제1 이사야(First Isaiah)의 글과 쉽게 구별된다.

정치적 진전을 면밀하게 관찰해 왔던 제2 이사야는 한층 더 큰 사건들이 준비되고 있음을 깨달았고, 페르시아의 신속한 융성 속에서 그는 이스라엘의 임박한 구출 가망성을 감지하였다. 애수(哀愁)와 서정성(敍情性)으로 인하여 비견할 것을 찾아보기 어려운 시적(詩的) 설교로 그는 바빌론 유수를 이스라엘이 이집트에서 겪은 노예 생활과 비교하고, 그 출애굽조차도 새로운 해방과 복귀, 곧 하나님과 그분의 백성 이스

'복수 원저자'(multiple authorship)를 지지하는 전승은 존재하지 않는다. (6) "제2 이사야"는 가장 위대한 예언자들 가운데 한 사람으로 여겨지는데, 이처럼 위대한 예언자의 모든 흔적이 전승으로부터 철저히 지워져서 그의 이름조차도 우리에게 전해지지 않았다면 그것은 정말 이상한 일이다. 이와 같은 점들을 고려할 때에 이사야서 전부가 히스기야 시대에 살았고 그의 이름이 이 위대한 예언서의 전·후반부의 저자로 발견되는 사람에 의하여 쓰이지 않았다고 생각할 설득력 있는 이유가 없다고 보수적 학자들은 주장한다. 단, 그들 가운데에도 역사적 이사야가 후반부에 남긴 작품의 "핵심부"(core)에 후대의 제자들이 당대의 사건들에 대한 언급으로 다소의 추가와 편집을 하였을 가능성은 인정하는 경우가 있다./ 이사야서를 거론하는 사람은 누구나 그 책의 전·후반부 사이에 시간상의 차이가 존재한다는 것, 이 차이를 설명하는 방법에 관하여 학자들은 영원히 나누어질 것이라는 것, 그리고 문제는 하나님께서 무엇을 하실 수 있으셨거나 하실 수 없으셨거나 하는 것이 아님을 기억해야 한다. 그리하여 우리가 어느 설명을 받아들이는가 하는 것보다 더 중요한 것은 그 책의 두 부분들이 상충적(相衝的)이 아니라 상보적(相補的)이라는 깨달음이다. 그것들은 함께 그 영감된 책의 메시지 전체를 드러낸다./ 이사야서의 후반부는 고레스를 통한 유대인의 해방과 복귀를 예고하였을 뿐 아니라, '고난 받는 종'의 사역을 통한 이스라엘의 진정한 해방과 영적 회복을 예언한 것으로 여겨져서 흔히 "구약 속의 복음서"(gospel in the Old Testament)라고 불리기도 한다.

라엘 사이의 새로운 언약으로 성화(聖化)될 승리에 의하여 능가될 것이라는 자기의 확신을 역설하였다.[304] 단 하나의 필수 조건은 유대인 유배자들이 그 회복을 이루실 *여호와의 능력과 의지를* 완전히 믿는 것이라고 유수 기간에 활동한 그 미지의 예언자는 경고하였다.

제2 이사야는 엘리야 시대 이래의 다른 어느 예언자보다도 이스라엘 하나님의 독특하심과 전능하심을 더 강조하고 되풀이해서 말하였다.[305] 그는 바빌로니아인들과 그들의 신들이 유대인들과 그들의 하나님 여호와께 대한 승리자가 아니라는 것과, 그렇기는커녕 이방인들은 그분의 진노와 징계의 회초리에 불과하다는 것[306]을 자기의 동료 유대인들에게 납득시키는 임무를 짊어졌다. 하나님은 전 우주의 유일하신 통치자이셨고, 그분 밖에는 아무도 없었다.[307]

> 나는 여호와이니, 이것이 내 이름이다.
> 나는 내 영광을 다른 자에게,
> 내 찬송을 우상들에게 주지 않겠다. (사 42:8)

보편적이시고 전능하신 하나님(universal and omnipotent God)이시라는 이 개념이 단지 강조에 있어서만 새로운 것이었

---

304) In poetic sermons rarely equaled for *pathos* and *lyricism*, he compared the Babylonian Exile with Israel's bondage in Egypt and urged his conviction that even the Exodus would be surpassed by the new liberation and return, a triumph that would be consecrated in a new covenant between God and His people Israel. p. 107.

305) More than any other prophet since the days of Elijah, the Second Isaiah emphasized and reiterated the *uniqueness* and *omnipotence* of the God of Israel. p. 108.

306) the heathen were no more than *the rod* of His anger and chastisement. p. 108.

307) God was *the one ruler* in the entire universe, and there was no one else beside Him. p. 108.

음은 물론이다.308) 그것은 엘리야와 아모스의 가르침에서 직접 유래하였고, 이스라엘의 아합 왕(9세기)에게 다음과 같이 말한, 달리는 알려져 있지 않은 "하나님의 사람"에 의하여 잘 표현되었었다:

> 여호와께서 말씀하시기를, "아람 사람들이 여호와는 산의 신이고 골짜기의 신은 아니라고 생각하기 때문에 내가 이 큰 군대를 다 네 손에 붙일 것이니 내가 여호와인 줄을 네가 알게 될 것이다"라고 하셨습니다. (왕상 20:28)

그러나 에스겔이 여호와께 예배하는 데 있어서 *잃어진 성전이 수행한 역할*을 강조하고 그것의 재건을 신앙의 한 주요 목표로 삼은 것과 같이, 제2 이사야는 자기의 동료 유대인들에게 그들의 하나님의 성전을 파괴하고 그들을 그분의 땅에서 사로잡아온 한 큰 제국의 외국 땅에 그들이 추방된 일을 설명하려고 노력하는 가운데, *하나님의 보편적인 면*을 역설하였다.

제2 이사야는 바빌로니아가 이전 위대성의 빈 조개껍질에 불과하다는 것과 이제는 페르시아가 근동에서 지배 세력이라는 것을 깨닫고, 그의 청중들에게 하나님의 "목자"와 "기름부음 받은 자"인 페르시아의 고레스에 의한 바빌론의 멸망에, 그리고 그들의 해방과 유다에의 복귀에 대비할 시간이 그들에게 별로 없다는 것을 경고하였다.

페르시아의 고레스와 해방칙령

308) This concept of *a universal and omnipotent God* was new, of course, only in emphasis. p. 108.

포로귀환 여정

B.C. 540년경에 바빌로니아는 마치 잘 익은 과일처럼 페르시아 왕의 수중에 떨어졌다. 고레스는 그의 치세 원년(538년경)에 유명한 '**해방칙령**'(Edict of Liberation)을 발포하였다:

> 페르시아 왕 고레스가 말한다: 하늘의 하나님 여호와께서 세상 만국을 내게 주셨고, 나에게 명하여 그분을 위하여 유다 예루살렘에 성전을 건축하게 하셨으니, 너희 중에 그분의 백성 된 자는 다 그곳으로 올라가라. 너희 하나님 여호와께서 너희와 함께 하시기를 원한다. (에스라 1:2-3; 대하 36:22-23)

그리고 그는 부언하였다:

> 예루살렘에 있는 하나님의 성전에 관하여 말한다: 제사 드리는 저소로 그 전을 건축하되 토대를 견고히 쌓고, 그 성전의 높이를 60규빗, 폭도 60규빗으로 하고, 큰 돌 세 켜(rows)에 새 목재 한 켜를 놓아라. 그 경비는 왕실금고(王室金庫)에서 지불하라. 또한 느부갓네살이 예루살렘 성전에서 취하여 바빌론으로 옮긴 하나님의 성전의 금은(金銀) 기명(器皿)을 예루살렘 성전의 제자리에 돌려보내라. (에스라 6:3-5)

유다 여호야긴 왕가의 일원이었을 것으로 보이는 세스바살309)이 유다의 총독으로 임명되었다. 그는 성전의 거룩한

309) 세스바살(Sheshbazzar): 세스바살에 관한 에스라서의 언급에 의하여 그가 유다의 왕손이며, 고레스에 의하여 유다 총독으로 임명되어, 성전의 금은 기명들을 되돌려 받아 가지고 예루살렘으로 가서 성전 재건을 위하여 노력하였음을 알 수 있다(스 1:7-11; 5:13-16). 그러나 이 내용이 동 시대의 유대인 지도자 스룹바벨에 관한 기사와 거의 일치하기 때문에 '세스바살'의 신원과 역할에 관한 여러 가지 추론이 있어왔다. 그 중에서 가장 흔한 의견들은 세스바살은 제1차 포로귀환 때(B.C. 537) 귀환단을 책임진 한 정부 관리였다거나, 두 사람은 동일인으로서 '세스바살'은 스룹바벨의 바빌로니아 이름이었다고 하는 것이다. 세스바살과 스룹바벨을 동일인으로 보는 학자들은 (1) 두 사람 다 '총독'이라고 불렸고(스 5:14; 학 1:1; 2:2), (2) 두 사람 다 성전의 기초를 놓았다고 기록되어 있으며(스 3:8; 5:16; 학 1:14-15; 슥 4:6-10), (3) 바빌론에 있던 유대인들에게 "공식적인" 바빌로니아 이름이 주어지는 것은 흔한 일이었고(단 1:7 참조), (4) 요세푸스(*Ant.* 11.1.3)가 세스바살과 스룹바벨을 동일시하는 것으로 보인다는 점을 이유로 제시한다. 반면에 **존 브라이트**는 다음과 같은 추론으로 이 문제의 해결을 시도하였다: "우리는 이 최초의 귀환단이 어떻게 되었는지에 관하여 아는 바가 거의 없다. 자기 자신이 아는 바가 없음이 분명해 보이는 기록자는 세스바살의 행적과 그의 조카요 후임자인 스룹바벨의 행적을 겹쳐서 기록해 놓은 것으로 보인다. 그는 세스바살에 관하여 아무것도 더 말해주지 않는다. 그 새로운 사업의 정치적 위상도 마찬가지로 불명확하다. 아람어 자료(스 5:14)는 고레스가 세스바살을 "총독"으로 임명하였다고 말한다. 그러나 그 직함(*pehah*)은 다소 모호하여 세스바살의 공식적인 직책이 실제로 무엇이었는지, 즉 '유다'라고 하는 재편성된 별도의 주(州)의 총독이었는지, 사마리아 총독 관할 하의 유다 지역 대리총독(deputy governor)이었는지, 또는 단지 특별한 사업을 맡은 국왕의 판무관(royal commissioner)이었는지가 불분명하다. … 예상할 수 있는 바와 같이 세스바살은 성전에 관한 사업에 즉시 착수하여 그 기초를 놓는 일을 실제로 시작하였다. 기록자는 이 일의 공을 스룹바벨에게 돌리는 것이 사실이지만(스 3:6-11; cf. 슥 4:9) 아람어 자료(스 5:16)는 그 영예를 명확하게 세스바살에게 돌린다. … 우리는 스룹바벨이 정확하게 언제 도착하였는지를 모르기 때문에 그들의 노력이 부분적으로 겹쳐서 그 결과 성전의 기초를 놓은 공적을 어느 쪽에 돌려도 괜찮았는지도 모른다. 그러나 비록 세스바살이 그 일을 시작하였을지라도, 그가 이룬 바가 매우 적어서, 그 일이 후에 재개되었을 때에 전체의 업적이 그의 후임자의 영예로 돌아갔을 가능성도 똑 같이 있다." John Bright, 전게서, p. 363. 이렇게 세스바살이 별개의 인물이었다 할지라도 그는 제1차 귀환단을 인솔 한 후 머지않아 사망하였을 것으로 보이는데, 그 이유는 그가 본문 속에서 다시는 언급되

기명들을 가지고 예루살렘으로 가서 자기의 직위에 취임하고 새 성전의 토대를 쌓을 준비를 하였다

유다에서의 진전

그러나 바빌로니아에 의하여 황폐화 되고 가난하게 된 유대인의 고국은 현저한 복구를 뒷받침할 형편이 되지 못하였다.[310] 또한 바빌로니아의 많은 유대인들이 유다에 돌아갈 새로운 자유를 이용하지 못하였다. 다수의 사람들은 그들의 새 고향에 충분히 잘 적응하였었기 때문에 훨씬 더 가난한 땅에서 모든 것을 다시 시작하는 데 필요한 유인(誘因)이 없었다. 그리고 유배 생활을 하도록 강요당한 적이 없었던 많은 사람들 가운데에는 성전을 재건하고 오래 전에 그만둔 생활방식을 되찾을 열성을 보이는 사람이 별로 없었다. 고레스의 칙령이 내려진지 거의 20년이 지난 후에 예언자 학개[311]는 유대인들의 굼뜸을 비난하여, "이 전(殿)이 황폐해 있는 이때에 너희들이 판벽 두른 집에서 살고 있는 것이 옳으냐?"[312](1:4)라고 따끔하게 말하였다. 그 땅에 한발과 기근이 왔을 때 학개는 그 곤경이 그 백성이 그분의 전을 재

지 않기 때문이다.

310) But the Judean homeland, devastated and impoverished by Babylonia, was in no condition to support a significant restoration. p. 110.

311) 학개(Haggai): 열 두 소예언자들 중의 한 사람. 스룹바벨과 함께 포로생활에서 귀환하여 2차 성전이 건축되던 B.C. 520-515년경에 활동하였음. 사마리아 사람들의 방해공작과 귀환 유다인의 내분으로 성전재건의 가능성이 불투명해지자 성전건축을 독려하는 예언을 하였음.

312) "Is it a time for you yourselves to dwell in your *paneled houses*, while this House lies in ruins?" panel 판벽널을 끼워 장식하다. '판벽(板壁) 두른 집'은 일종의 '호화주택'을 뜻하는 말임.

건하지 않는 데 대한 하나님의 불만의 표명이라고 주장하였다. 예언자 스가랴[313]도 백성의 냉담함을 혹평하였다.[314]

유수 기간에 유다에 밀어닥쳤던 이방인들은 성전의 복구

페르시아 왕들	B.C.	에스라의 해당 장들	관련된 구약의 다른 책들
고레스(Cyrus)	538-530		학개(520)
캄비세스(Cambyses)	530-522	1-6장	스가랴(520-515)
바르디야(Bardiya)	522		
다리오(Darius) 1세	522-486		
아하수에로(Ahasuerus) [크세르크세스(Xerxes)1세]	486-465	4:6	에스더(474)
아닥사스다(Artaxerxes) 1세	465-424	4:7-23과 7-10장	말라기(450-400)
다리오(Darius) 2세	423-404		느헤미야(445-425)

유다의 회복기와 관련된 페르시아 왕들

를 자기네의 지위와 번영에 대한 위협으로 보았고, 따라서 그 일에 반대하였다.[315] 혼합 결혼으로 태어난 사람들 가운데에서는 완전히 무관심한 데로부터 그 사업을 지지할 의향을 보이는 데까지 다양하게 태도가 엇갈렸다. 그러나 주로 사마리아인들이었던 이 혼혈 인구의 일부가 도움을 자청하였을 때에 그들의 제의는 거절되고 그들은 우상숭배자들이라는 비난을 받았다(에스라 4:1-4, 24; 5-6).

이 시기 동안에 여호야긴 왕가와 다윗 가계(家系)에 속한

313) 스가랴(Zechariah): 12 소예언자들 중의 한 사람. 예언자 학개의 말기에 활동하며 성전재건을 독려하였음.

314) The prophet Zecharia, too, *castigated* the people for their apathy. p. 110. castigate 혹평하다.

315) The foreigners who had poured into Judah during the Exile saw the restoration of the Temple *as a threat* to their position and prosperity, and, accordingly, opposed it. p. 110.

스룹바벨[316]은 그 공동체의 행정수석(civil head)이었고, 대제사장 예수아[317]는 성직자들의 지도자로 인정되었다. 학개와 스가랴는 자유로운 제사장단이 성전과 종교적 업무를 완전히 관장하는 가운데 다윗 가계의 한 자손의 지도하에 유다가 회복될 것을 마음에 그렸었다.[318]

그러나 최종적으로 정권을 잡은 것은 행정 당국보다는 오히려 종교 당국의 대표자들이었다.[319] 고레스의 아들이요 후계자였던 캄비세스 2세[320]는 B.C. 522년에 자살하였고, 페

---

316) 스룹바벨(Zerubbabel): 바빌론에 포로로 끌려간 유다 왕 여호야긴의 손자, 스알디엘의 아들(스 3:2, 8). 제2 성전의 건축자. 그는 제1차 포로 귀환(B.C. 537) 때 유다 총독으로 임명받고 5만 명의 유다인을 인솔하고 귀환하여(스 1:1-2:6) 대제사장 예수아와 함께 신앙부흥을 일으키며 성전 건축을 시작하였다(스 3:1-9). 그러나 사마리아 주민의 방해로 성전 건축이 16년 동안 중단되었다(학 2:4-5; 슥 4:6-7). 그 후 예언자 학개와 스가랴의 독려와 스룹바벨의 열심으로 건축 공사가 재개되고, 다리우스 왕의 국고금 보조로 마침내 성전이 완공되었다. 성전 건축을 위한 그의 열심과 공헌은 이 성전이 **"스룹바벨 성전"**으로 불리는 것으로도 알 수 있다. 그의 통치가 어떻게 끝났는지는 알려져 있지 않다. 그가 '*싹*'(Branch, 슥 3:8; 6:12-13)으로, 여호와의 '*인장반지*'(signet ring, 학 2:21-23)로 비유된 것을 근거로 하여 학개와 스가랴가 그에게 메시아적 영광을 부여하였다고 하는 견해도 있다.

317) 예수아(Jeshua): 여호사닥의 아들. 스룹바벨 때(B.C. 537년경)의 대제사장. 여호수아(Joshua)라고도 불림(학 1:1,12; 슥 6:11).

318) Haggai and Zechariah had envisaged a restoration of Judah under a *scion* of the House of David, with a free priesthood in full charge of the Temple and religious matters. p. 111. envisage 마음에 그리다. scion (특히 명문귀족의) 자제, 자손.

319) It was, however, the representatives of *the religious* rather than the *civil* authority who finally came to power. p. 111.

320) 캄비세스(Cambyses) 2세 (B.C. 530-522): 고레스 대왕의 큰 아들. 페르시아 제국을 위하여 그가 이룩한 가장 큰 업적은 525년의 이집트 정복이었다. B.C. 5세기의 그리스 역사가 헤로도투스에 의하면 그는 간질로 보이는 병과 정신 질환이 있었던 것으로 보인다. 그가 이집트 원정을 떠나기 전에 자기의 동생 바르디야(Bardiya)를 비밀리에 살해했었는데, 사제(司祭) 가우마타(Gaumata)가 스스로 바르디야를 사칭(詐稱)하고 반란을 일으켜서 522년에 페르시아 왕좌를 차지하였다. 귀국길에 오른 캄비세스 2세는 시리아에서 자해하였거나 자기의 검으로 다

르시아 제국은 잠시 동안 비틀거렸다. 그 혼란기간에 속주(屬州)들 가운데 여럿이 이반(離叛)하여 당시 고국에 있던 유대인들의 일부 - 학개와 스가랴를 포함하여 - 는 제국의 종말이 임박했다는 인상을 받았다. 그들은 일격에 유다의 독립을 회복할 호기(好機)라고 그들이 생각한 바에 발바투 덤벼들어 스룹바벨을 '하나님께 선택된 자'(God's chosen one)로 지명함으로써 페르시아로부터 독립을 선언하였다(학 2:20-23). 제사장 집단은 오히려 신중하였던 것으로 보인다. 그리고 그들의 신중은 다리우스 1세(B.C. 522-486)[321]가 광범한 반란을 진압하고 제국의 통치권을 재확립하였을 때에 보답되었다.

이 뒤숭숭한 막간에 스룹바벨과 그의 지지자들이 어떻게 되었는지는 알려져 있지 않지만, 그 운동의 소식은 다시는 들리지 않는다. 그러나 학개와 예수아의 지휘하에 유대인들은 성전 재건을 위한 그들의 노력을 끈기 있게 계속하였다. 페르시아 정부는 지역 사제단들을 후원하는 일반적인 정책에 따라 그 자체의 총독 닷드내[322]와 반유대인 인구의 반대를 무시하고 그 사업을 계속할 것을 허가해 주었다. 제1 성전이 파괴된 지 70년 만인 B.C. 516년경에 제2 성전이 봉헌

치는 사고를 일으켜 곧 사망하였다.

321) 다리우스(Darius) 1세 (B.C. 522-486): 히스타스페스(Hystaspes)의 아들. (두 사람의 왕위 찬탈자들이 대체된 다음) 캄비세스를 계승하여 페르시아 제국의 왕이 되었음. 그는 고레스가 이룩한 페르시아 대제국을 *통합*하고 *조직화*하였다. 그는 즉위 2년에 성전 재건에 관한 고레스 왕의 칙령을 확인함으로써 귀환한 유대인들이 방해를 물리치고 예수아와 스룹바벨과 함께 예루살렘에 성전을 재건할 수 있게 해 주었다(스 4-5; 학 1:1; 슥 1:1). 그는 B.C. 490년에 마라톤 전투에서 그리스 군에 패배한 것으로 유명하다. 그의 왕궁은 수사(Susa)에 있었다.

322) 닷드내(Tattenai): 유프라테스강 서쪽의 페르시아 총독. 그가 이스라엘인들의 성전 재건을 방해하며 다리우스 왕에게 유대인에 관한 옛 기록을 조사해 달라고 요청하자 왕은 그에게 이 일을 방해하지 말라고 명하였다(에스라 5: 3-17; 6: 6, 13).

되었다. 유다는 이제 페르시아의 통치하에 대제사장 예수아를 수반으로 하는 신정국가(神政國家, theocracy)가 되었다.323)

5세기 전반(前半)에 유대에서 일어난 일들에 관해서는 알려진 바가 별로 없다. 페르시아 정부는 유대를 포함하는 식민지들에 대하여 군사적, 경제적, 정치적 문제에 관한 확고한 지배력을 유지하는 동시에 상당한 정도의 종교적 문화적 자치(自治)를 허용하는 정책을 계속하였다. 유대의 유대인 공동체는 인구수에 있어서 그리고 번영에 있어서 단지 점차적으로만 성장하였고, 성전은 잘 돌본 것으로 보이는 반면에 느부갓네살의 군대에 의하여 파괴된 예루살렘 성벽은 폐허로 남아 있게 방치하였다. 그와 동시에 유대인과 이방인 사이의 통혼은 계속되었고 그들의 동화도 진행되었다.

이집트와 페르시아의 유대인 사회들

페르시아 제국 내의 타처에서 유대인들은 두 번의 의미심장한 사건들에 말려들었다. 느부갓네살의 군대가 유다를 침략하고 있었을 때에, 그리고 다시 유다인들이 불운하게도 그달리야에 대하여 반란을 일으켰을 때에 주민의 일부가 이집트로 피난간 일이 생각날 것이다. 그로부터 약 60년 후(B.C. 525년경)에 페르시아인들은 이집트를 그들의 제국에 병합하였고, 그 후에 그곳에서 살던 유대인의 일부가 정복자에게 군복무를 지원하여 수비대의 임무를 부여받았다.

이집트 역사에 유대인들이 갑자기 재등장한 일이 나일강의 제1 폭포 바로 밑의 엘레판틴시(市)에 있던 한 유대인 군인 집

323) Judah now became *a theocracy,* under Persian rule, with Jeshua the high priest at its head. p. 112.

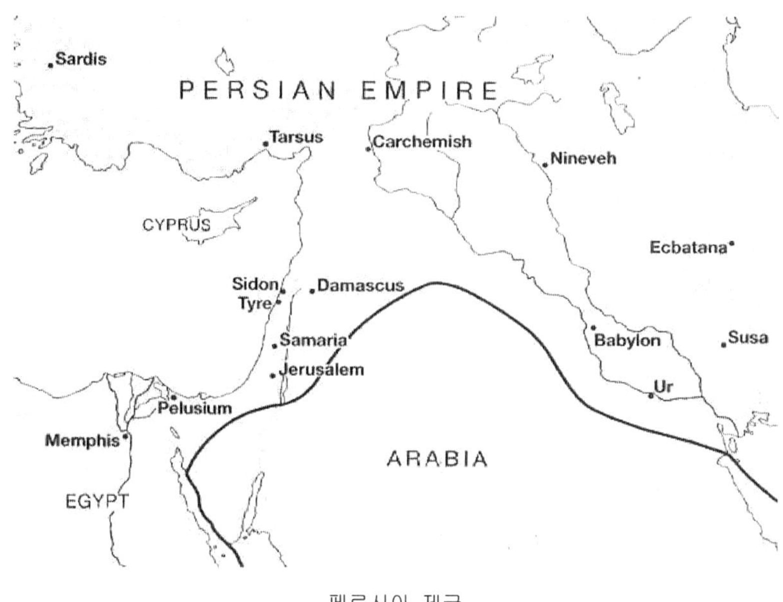

페르시아 제국

단 거주지의 고대 문서인 '엘레판틴 파피루스 문서'324)에 기록

---

324) 엘레판틴 파피루스 문서(Elephantine Papyri): 엘레판틴은 아스완(Aswan)의 맞은편 제1폭포 근처의 나일강에 있고 고대에는 '옙'(Yeb)라고 불린 작은 섬. 페르시아 제국 치하에서 아람어를 쓰고 누비아 변경을 지킨 유대인들을 포함하는 용병 수비대가 이곳에 배치되었다. 이들에게는 다른 신들의 이름들과 결부된 '야호(Yaho)의 신전'이 있었다. 그 공동체의 유적에서 일련의 아람어 파피루스 문서와 도편들이 나왔는데, 그것들은 B.C. 495-399에 엘레판틴에 주둔하고 있던 유대인 군인 공동체의 구성원들이 남긴 문서들이다. 이 문서들의 대부분은 히브리어와 매우 유사하고 페르시아 제국 내의 공통어(*lingua franca*)였던 아람어로 쓰여 있다. '엘레판틴 파피루스 문서'에는 편지, 계약서, 이혼문서, 노예해방증서, 기타 거래문서 등이 포함되어 있어서 법률, 사회, 종교, 언어, 고유명사 등에 관한 많은 지식을 제공하기 때문에 페르시아 시대 유대사의 배경을 연구하는 데 큰 가치가 있다. 법률문서들과 편지들이 19세기 말부터 지방의 고대유물 '회색시장'(gray market)을 통하여 서양의 여러 콜렉션들 속으로 흩어져 들어갔다. 유월절을 올바르게 지키기 위한 자세한 지시를 담고 있는 B.C. 419년의 '유월절 편지'(Passover

되어 있다. 페르시아 시대에 서아시아 전역의 외교와 통상의 언어였고, 외국에서만이 아니라 팔레스타인에 있는 고국에서도 유대인의 일상 언어로서 점차로 히브리어를 대체하고 있던 아람어로 쓰여있는 '엘레판틴 파피루스 문서'는 이집트사와 유대사의 복원을 위한 근본적인 사료이기도 하고, 페르시아의 식민사에도 중요한 간접 설명을 제공한다. 예를 들어 그 문서는 페르시아 정부의 제국 통치가 적어도 이집트, 바빌론, 그리고 앗시리아와 같은 선배 국가들의 적나라한 압제에 비하면 일반적으로 관대하였음을 보여준다.

그 유대인 식민지에는 그 자체의 성전이 허가되어 그곳에서 하나님께 제사가 규칙적으로 드려지고 그 주변에서 식민지의 활동들이 이루어졌다. 그 파피루스 문서 가운데 있는 사업상의 계약서들과 그 밖의 문서들은 유대인들이 토지와 집을 사고팔았고, 결혼과 이혼을 하였으며, 대체로 정상적인 삶을 살았음을 보여준다. 일부 유대인들은 이집트인들과 통혼하였고, 그 나라의 종교생활과 사회생활에 다소간 동화되었다는 증거가 있다. 그러나 그 공동체 전체는 별개의 특성을 간직하였던 것으로 보인다.325) 첫째로 그 공동체는 군사적 계통에 따라 조직되어 있어서 페르시아인들과 바빌로니아인들이 큰 부대들을 지휘하는 것이 보통이었다. 다음으로 유대인들은 토착 이집트인들과는 달리 아람어를 그들의 공용어로 사용하였다. 끝으로 *페르시아의 식민 정책*과 제국 조직 안에서 그들에게 주어진 *특권적 지위*를 신정으로 고맙게 여긴 유대인 이주민들은 페르시아의 가장 충성스런 백성들이었다.

---

letter, 1907년 발견)는 '베를린 이집트박물관'(the Egyptian Museum of Berlin)에 있고, 더 많은 엘레판틴 파피루스 문서들이 '브루클린 박물관'(Brooklyn Museum)에 소장되어 있다.

325) The community as a whole, however, appears to have retained a *distinct* character. p. 113.

유대인 신전의 개축을 요청하는 엘레판틴 파피루스 편지

몇 차례나 이집트인들은 그들의 페르시아인 정복자들에 대항하여 반란을 일으켰다. 다리우스 2세의 치세 동안(410년경)에 일어난 이러한 봉기(蜂起)들 가운데 하나에서 *지방 사제들과 상인들의 선동을 받아* 군중이 유대인의 성전을 공격하고 약탈하였는데, 이것은 기록에 남아 있는 최초의 유대인 대학살(anti-Jewish pogrom)이었다.[326] 이 유도된 폭력의 폭발 - 페르시아 당국이 신속하게 진압하고 처벌하기는 하였지만 - 의 뒤에 있던 동기는 두 가지 상관된 요인의 결합이었던 것으로 보인다. 첫째로, 이집트인 상류층이 *서민층의 사회적 불만을* 페르시아 제국주의와 동일시 될 수도 있었던 *한 외래 종교 집단에게로 돌리려고* 하였다. 둘째로, 이집트인 사제들과 상인들이 자기들의 경제적 경쟁자들이었던 유대인 공동체를 약화시키고 할 수 있으면 박멸하기 위하여 백성들의 사회적 불만을 이용하기를 원했다.

'에스더서'에는 이번에는 페르시아 제국 동쪽 끝의 수사(Susa)에서 일어난 유사한 사건이 묘사되어 있다. 아마도 크세르크세스(Xerxes) 왕들 가운데 한 사람인 아하수에로[327]왕의 정권에서 최고의 관리였던 하만(Haman)이라는 자가 수사와 제국의 유대인들을 죽이고 약탈하기 위하여 그들을 자기

326) In one of these uprisings, during the reign of Darius II (about 410), a mob incited by the local priests and merchants attacked and looted the Jewish temple in *the first anti-Jewish pogróm* on record. p. 113. pogróm [pəgrɑ́m] 조직적인 대학살, (특히) 유대인 학살.

327) 아하수에로(Ahasuerus): 흔히 크세르크세스 1세와 동일시된다.

손에 넘겨주도록 자기의 주인을 설득하였다. 하만은 유대인은 동화시킬 수 없다는 것과 "그들의 법은 모든 민족의 법과 다르다"는 것을 지적하였다(에스더 3:8). 실로 하만은 "그들을 관용하는 것은 국왕의 이익이 되지 못 한다"고 논하고, 그들을 약탈 - 공공 봉사가 될 - 하는 특전의 대가로 은 일만 달란트를 지불하겠다고 제의하기까지 하였다. 그러나 이러한 엄청난 제의를 했음에도 불구하고 하만은 아하수에로가 총애하던 유대 여인 **에스더**[328]에 의하여 의표가 찔렸다. 그녀의 현명한 사촌오빠 **모르드개**(Mordecai)의 지도하에 그녀는 하만으로 하여금 자기가 세운 교수대에 달리게 하고 그의 측근들이 처형되게 하였다. 그러나 유대인들은 페르시아인들의 "재산에는 손을 대지 않았다"(3:11, 13; 9:15-16).

에스더서는 많은 비평가들이 지적해 온 바와 같이 단순한 역사적 사실로 받아들이기에는 너무도 적절하고 소원에 들어맞게 고안되어 있다.[329] 그러나 그 이야기는 아무리 많이 이상화되어 있다 할지라도 본질에 있어서 '엘레판틴 파피루스 문서'의 객관적 기록에 면밀히 부합하고, 그렇기 때문에 사실의 한 반영으로 간주되어도 틀림없을 것이다.[330] **아케메네스 왕조**의 통치하에서 재외 유대인들(expátriate Jews)이 이집트에서만 아니라 페르시아 제국의 도처에서 부와 세력의 지위를 획득한 것과, 이 개인적 번영이 소수 민족이 성공할 때에 생기는 통례의 적대적 반향을 불러일으킨 것은 충분히 있음직한 일로 보이며, 이것이 에스더의

328) 에스더(Esther): 히브히어 본명은 하낫사(Hadassah, 에 2:7). 페르시아 아하수에로 왕의 비(妃)로서 유대인이 전멸할 위기로부터 민족을 구하였다.

329) The Book of Esther, as so many critics have pointed out, is much too *pat* and *wishfully contrived* to be accepted as simple historical fact. p. 114. pat 딱 들어맞는, 안성맞춤인.

330) Yet the account, however much idealized, *follows closely*, in essence, *the objective chronicle of the Elephantine Papyri*, and may therefore safely be considered as a reflection of fact. p. 114.

이야기, 즉 간신히 회피된 학살을 설명해 줄 것이다.

유대인들 가운데서는 에스더의 승리가 기쁜 '푸림절'331)로 지켜지게 되었고, 이 절기는 그들이 구출된 일을 상기시켜 준다 -

> … 유대인이 원수들로부터 구조되어 슬픔이 변하여 기쁨이 되고 애도(哀悼)의 날이 변하여 경축의 날이 되었으니, 이 두 날을 지켜 잔치를 베풀고 즐기며 서로 음식을 선물하고 가난한 자를 구제하라. (에스더 9:22)

유다와 성전의 파괴, 그리고 그에 뒤이은 추방을 경험한 후에 큰 재난으로부터 이처럼 가까스로 그리고 의기양양하게 벗어난 일을 한 민족이 기쁨으로 축하하는 것은 당연한 일이었다.

에스라와 느헤미야

유다(Judah) - 아니, 그 나라의 새로운 지위를 분명히 하자면 '유대'(Judea) - 에서는 종교적 부흥 뿐만 아니라 민족적 부흥을 이룩할 결정적 전기(轉機)가 에스라 서기관과 느헤

---

331) 푸림절(Feast of Purim): 페르시아 제국 내의 유대인들이 하만의 간계로 몰살당하기 직전에 구출된 일을 기념하는 절기. 하만이 유대인 학살의 날짜를 정할 때에 주사위를 사용하였는데(에 3:7), 주사위를 뜻하는 '푸르'(*pur*)의 복수형에서 그 이름이 유래하였다(에 9:24-28). 이 절기는 아달월(2월 중순에서 3월 중순경) 14일과 15일에 지켰는데(에 9:21), 13일에는 위기를 맞은 조상들의 통곡과 기도(에 4:3)를 기억하여 금식하고, 14일과 15일에는 회당에서 에스더서를 낭독하고, 잔치와 오락을 즐기며, 가난한 사람들에게 음식과 선물을 나누어 주어 기쁨을 함께 하였다.

미야의 시기에 당도하였다. 에스라가 정확하게 언제 살았는지는, 즉 그가 느헤미야보다 앞섰는지, 혹은 그와 동시대에 살았는지, 혹은 그의 뒤를 이었는지조차도 알려져 있지 않다.332) 그러나 5세기 후반과 4세기의 처음 수십 년 동안에

---

332) **에스라와 느헤미야의 선후관계**: 오늘날 이 두 인물의 선후관계를 설명하는 것은 결코 쉽지 않은 일이 되어 있는데, 그것은 에스라의 예루살렘 도착 연대를 확정하기가 어렵기 때문이다. 느헤미야의 활동 연대는 확실하고, 엘레판틴 문서의 증거에 의해서도 별도로 확증된 바 있다. 적어도 그의 1차 임기는 아닥사스다 1세의 "제20년"(느 2:1; B.C. 445)으로부터 그 왕의 "제32년"(느 13:6; B.C. 433)까지의 12년으로 밝혀져 있고, 그의 2차 임기는 그 다음 해인 B.C. 432년에 시작되어 그 후 어느 때인가에 이른다. 반면에 에스라의 활동기간에 관해서는 이러한 확실성이 없다. 그것에 관한 전통적 견해는 현재의 에스라서와 느헤미야서가 뒷받침 하는 것으로 보이는 바와 같이 에스라가 아닥사스다 왕 "제7년"(스 7:7; B.C. 458), 즉 느헤미야보다 13년 전에 예루살렘에 와서 느헤미야의 도착 후 얼마 안 되어 그의 사역(느 8-10)을 마쳤다고 하는 것이다. 그러나 존 브라이트는 이러한 전통적 설명이 지닌 것으로 보이는 적지 않은 문제점들을 거론한다. 그 중에 몇 가지만 여기에 옮겨보면, 만약 전통적 견해가 옳다면 아닥사스다 1세 초기의 어지러웠던 제국내 환경 속에서 에스라의 *호위되지* 않은 여행(스 8:22)이 있었을 법한 일인가? 또한 더 심각한 문제로, 율법을 가르치고 강제할 임무를 띠고 열성에 차서 돌아온 에스라가 귀국 후 13년이 지나도록 율법을 백성들에게 읽어 주지도 않았다는 것이 상상이나 할 수 있는 일인가(느 8:1-8)? 그리고 가장 심각한 것은 에스라의 도착을 느헤미야의 도착보다 앞에 두는 어떠한 이론도 에스라가 어떻게든 실패하였나고 하는 결론을 필연적으로 수반한다는 것이다. 즉 우리는 그의 개혁 조치들이 매우 비효과적이어서 느헤미야가 그것들을 반복해야만 했다거나(느 13), 에스라가 매우 강한 반발을 야기해서 느헤미야가 와서 구조해줄 때까지 단념하고 있을 수밖에 없었다거나, 그가 월권을 해서 면목을 잃었거나 페르시아인들의 징계를 받았다거나 하는 가정을 해야만 하는데, 그렇게 할 아무런 근거도 없다. 에스라가 실패자였다는 것은 믿기 어려운 일인데 성경은 그의 생애를 그렇게 서술하지 않을 뿐 아니라 유대교의 모든 진로가 그의 사역에 의하여 형

유대의 역사에 그들이 함께 끼친 영향은 성서의 본문에 넘치도록 분명하게 기록되어 있다.

바빌론의 유대인 사회에서 중요한 인물이었을 뿐 아니라 페르시아 정부로부터 높은 존중을 받는 인물이었던 에스라,[333] 곧 "하늘의 하나님의 제사장이며 율법을 가르치는 서

성되었다. 이것이 사실이라면, 그리고 전승이 그를 다름 아닌 '제2의 모세'로 만들었다면, 그래도 그가 실패자였을까? 그러나 만약 그의 개혁이 느헤미야의 개혁보다 먼저 있었다면 그는 실패자였을 가능성이 크다는 것이다./ 전통적 설명이 내포하는 위와 같은 문제점들을 해결하는 대안으로서 브라이트는 "제7년"을 아닥사스다 1세의 어느 다른 통치 년, 아마도 "제37년"에 대한 필사상의 착오(scribal error)로 여기고 그에 따라 에스라의 도착을 느헤미야의 2차 임기 초엽인 B.C. 428년경으로 추정하여 두 인물의 사역을 좀 더 납득하기 쉽게, 즉 느헤미야가 먼저 와서 달성한 정치적 안정 속에서 에스라가 율법을 토대로 한 영적 개혁을 이룩한 것으로 재구성한다. 물론 그의 대안도 가정에 입각한 것이고 관련된 모든 문제를 다 해결한다고 주장할 수 있는 것은 아니다. 특히 그것이 에스라를 앞에 두는 오늘날 텍스트의 명백한 의미에 어긋난 것으로 보인다. 그러나 이 점에 관해서는 에스라-느헤미야서를 『제1 에스드라서』에 있는 그리스어 역과 (그리고 그것을 따르는 요세푸스와) 비교해 보면 역대기 사가(Chronicler)의 작품이 심각한 전위(轉位, dislocation)를 겪은 것으로 보이며, 우리 성서의 사건 순서는 아마도 이 2차적 교란의 결과일 것이라고 브라이트는 말한다. 아무튼, '느헤미야-에스라'의 순서로 두 인물의 사역을 복원하는 것이 사건들을 더 잘 이해할 수 있게 해주는 동시에 성서적 증거에 충실하다고 그는 주장한다. 끝으로 "제7년"이라는 말을 아닥사스다 *2세*의 제7년(B.C. 398)으로 간주하여 에스라의 도착을 느헤미야가 무대에서 사라진지 오래 뒤로 잡는 학자들도 있다. John Bright, 전게서 379-393 참고. 본서는 두 인물의 선후 관계와 관련하여 논란이 있음을 인정하면서도 전통적 견해를 따르고 있다.

333) 에스라(Ezra): 바빌론에 포로로 끌려간 스라야(Seraiah)의 아들. 제사장 겸 서기관으로서 모세의 율법에 정통한 대학자(스 7:1-6). 스룹바벨 지도하의 제1차 포로귀환(B.C. 538) 후 80년 만에 있은 제2차 포로귀환(B.C. 458, 아닥사스다 7년, 스 7:7,8) 때의 지도자. 그의 활동은 에스라 7-10장과 느헤미야 8-10장에 기록되어 있다. 그는 페르시아

기관"이 예루살렘에 가서 그곳에서 왕의 관리들의 도움을 받아 모세의 율법에 따라 유대인의 전 공동체를 재조직할 허가를 아닥사스다(Artaxerxes) 왕으로부터 받았다(에스라 7:12-26).

에스라는 족장 시대와 모세 시대의 초기 전승들을 기록한 여러 가지 편찬물들, 특히 실질적으로 오늘날 보존된 것과 같은 모세 오경을 가지고 유대로 돌아왔다. 느헤미야 8장은 '토라,' 즉 모세 율법의 본문을 에스라가 읽고 그들에게 설명하는 것을 듣기 위하여 예루살렘 성인 인구 전체가 모였을 때의 극적인 장면을 묘사하고 있다. 팔레스타인의 랍비 요세(Jose, A.D. 2세기)가 "에스라는 모세가 그보다 먼저 있지 않았더라면 율법이 그를 통하여 이스라엘에 주어졌을 만큼 훌륭한 인물이었다"[334]라고 말하였을 때, 그는 토라를 유대교의 기초로 확립하는 데 있어서 에스라가 수행한, 모세와 비교해도 뒤지지 않을 중요한 역할을 잘 표현한 것이었다.

초막절(Feast of Tabernacles)과 유월절(Passover)과 같은 성일들을 다시금 지키게 된 것 말고도 토라의 공식적 채택이 가져온 중요한 결과들 중의 하나는 이방인 아내와 이혼하도록 모든 유대인에게 명하기로 에스라가 결정한 일이었다. 이것은 하나의 원대한 결정이었고, 실행하기 쉬운 것은 아니었다. 이 조치에 대한 반대가 모든 계층의 유대

궁정의 고위직에 있던 중에 귀환 유대인 사회의 영적 부흥의 필요성을 느껴 아닥사스다 왕(B.C. 465-423)에게 예루살렘 귀환을 요청하여 이를 허락하는 조서를 받았다. 그는 귀환에 앞서 아하와(Ahava) 강가에서 금식기도를 선포하였고, 약 2,000명의 유대인을 인솔하고 예루살렘으로 향하였다. 귀환 후에 그는 백성들에게 율법을 가르치고, 유대인과 결혼한 이방 여인들을 돌려보내게 하는 등 신앙에 입각한 민족정화 운동을 벌였다. 예루살렘 성벽의 재건이 끝난 후 얼마 안 된 B.C. 444년 가을에는 총독 느헤미야와 협력하여 백성들에게 율법의 낭독과 해석을 통한 영적 부흥 운동을 일으켰다(느 8:1-18).

334) "Ezra was worthy of having the Law given through him to Israel, had not Moses preceded him." p. 117.

인에게서 일어났고, 그것은 룻기에 표현되었다. 이 아름다운 작은 소설의 저자는 모압 여인 룻과 같이 유대교에 진심으로 개종(改宗)한 이방인은 버림받거나 거부되어서는 안 된다는 의견을 표현하였다.335)

이러한 태도는 보통 때 같으면 거절되지 않았겠지만, 이 시기에는 통혼이 매우 광범해졌었고, 그 결과가 하나님의 백성인 유대인들에게 매우 해로워서 에스라와 그의 수행원들은 그 폐단들을 말없이 받아들일 수가 없었다. 이와 관련해서 룻기의 저자가 이방인들 가운데서의 유대인의 선교활동에 찬성한 것은 아니었음도 우리는 주목해야 한다. 성서의 이스라엘은 전도에 힘쓰지 않았고, 유대교에의 진정한 자발적 개종이 기껏해야 묵과된 것에 불과하였다.336)

---

335) 룻기가 쓰인 것은 아마도 이 시기에 된 일이었던 것으로 보인다. 옛날 부족연맹체 시대의 농촌을 배경으로 한 이 아름다운 단편 소설(short story)은 모압 여인 룻이 어떻게 해서 운 좋게도 그녀의 고국으로부터 유다의 베들레헴으로 인도되어 그곳에서 보아스라고 하는 유력한 시민과 결혼하여 이스라엘의 가장 위대한 왕 다윗의 증조모가 되었는지를 말해준다. 저자는 그 매혹적인 이야기를 전하는 데에 열중한 나머지 그의 목적을 분명히 하지 않았다. 그러나 많은 학자들이 그 이야기는 이스라엘 안에서의 사람의 지위가 혈통의 순수성이나 족보의 정확성에 의존한다고 하는 견해에 반대하는 한 편의 교묘한 "선전문서"(a subtle piece of "propaganda")라고 믿는다. 왜냐하면 하나님의 가장 큰 은총이 느헤미야와 에스라가 난색을 표하였던 바로 그 혼합결혼(mixed marriage)을 통하여 이스라엘에 베풀어졌기 때문이다! 비록 저자가 느헤미야와 에스라의 정책에 대한 직접적인 공격을 의도하지는 않았을지라도, 인간적 흥미와 여호와의 주권에 대한 폭넓은 견해를 가진 그의 매우 유쾌한 이야기는 편협한 배타주의가 아닌 다른 경향들이 유수 이후 시대의 유대교 안에서 작용하고 있었음을 보여준다. Bernhard Anderson, *Understanding the Old Testament*, 3rd ed. (Prentice-Hall, Inc. 1975) p. 492.

336) It should be noted, in this connection, too, that the author of Ruth did

에스라는 페르시아에 충성하는 정책을 유지하면서 유대에서 사회적 종교적 부흥운동을 주도하였다. 이 무렵에 일부 유대인들이 예루살렘 성벽을 재건하기 시작하였다. 이 일에 자극을 받아 유대를 관할하고 있던 사마리아의 총독이 아닥사스다 왕에게 유대인들이 반란을 계획하고 있다고 통보하는 일이 발생하였고, 국왕은 그 사업이 중단되도록 즉시 명령을 내렸다. 왕의 궁정에서 충성스런 술 맡은 관원(cupbearer)이었고 예루살렘을 종교적 상징과 중심지로 복구하는 일을 열렬히 지지하는 사람이었던 느헤미야[337]가 그 명령을 듣고 자기는 제국의

---

not favor Judean missionary activity among the gentiles. Biblical Israel was not evangelical, and genuine voluntary conversion to Judaism was at most condoned. pp. 117-118. condóne 묵과하다, 용서하다.

337) 느헤미야(Nehemiah): 제2차 포로귀환 후에도 팔레스타인에 거주하던 유대인들은 무너진 예루살렘 성벽을 수리하지 못하여 무방비 상태로 있으면서 주변 이방인들에게 괴로움과 수모를 당하고 있었다. 이러한 때에 페르시아 왕 아닥사스다 1세의 궁중관료였던 느헤미야는 예루살렘의 피폐한 상황에 관한 소식을 접하고 크게 슬퍼하며 하나님께 기도하였다(느 1:1-4). 그는 국왕에게 청하여 고국에 돌아갈 허락을 받고 총독으로 임명되어 기병의 호위 하에 귀국하였다(아닥사스다 20년, 느 2:1-9; 5:14, B.C. 445). 에스라 일행의 제2차 포로귀환 후 13년 만의 일이었다. 그는 성곽 재건에 착수하여(느 2:11-18) 주변 민족들의 격심한 방해에도 불구하고 시민들의 조직적인 협동을 이끌어내어 놀라운 속도로 공사를 진행한 결과 52일 만에 이를 마쳤다(느 4:1-23; 6:15; B.C. 444). 그 해 가을 초막절에 느헤미야는 예루살렘 수문(水門) 앞 광장에 많은 백성들이 모이게 하고 제사장 에스라에게 모세의 율법책을 읽어줄 것을 요청하였다. 백성들은 날마다 율법의 낭독과 해석을 듣고 큰 감격으로 절기를 지켰고, 수일 후 그들은 다시 모여 자신들과 조상들의 죄를 통절히 회개하며 율법의 준수를 서약하였다(느 8-9). 총독의 임기가 끝나자 느헤미야는 바빌론에 돌아갔다가(아닥사스다 32년, B.C. 433) 다시 귀국하였는데(느 13:6,7, B.C. 432), 그가 없는 동안에 그가 금지하였던 폐습들의 일부가 되살아났다. 그는 돌아오자마자 다시금 개혁조치들을 취하지 않을 수 없었다. 그 가운데에는 종교적 및 사회정의적 조치들이 포함되어 있었다. 그는 다리오 2세의 통치 말기(B.C. 404)까지 예루살렘에서 살다가 고령으로 죽은 것으로 추정된다. 그의 개인적 회고록들(memoirs)이 느헤미야서의 큰 부분을 차지하고 있는데, 그것들은 그가 기도와 행동과 헌신의 지도자였음을 보여준다.

페르시아 왕들의 무덤: 페르세폴리스 근처의 이 절벽 면의 견고한 바위 속을 파 들어가서 만들어졌다. 우편에 있는 것은 성전 재건을 허가한(스 3:5,6) 다리오 1세의 무덤이고, 중앙의 것은 아마도 느헤미야를 술 맡은 관원으로 임명한 아닥사스다 1세의 무덤이며, 좌측의 것은 다리오 2세의 무덤이다.

이익이 위태롭게 되지 않을 방법으로 일을 진행할 것을 서약하면서 자신이 그 사업을 감독하도록 허락해 줄 것을 탄원하였다. 그는 간청하기를, "만약 폐하께서 기뻐하시고, 폐하의 하인이 폐하의 면전에서 총애를 입었으면, 저를 유다 땅 저의 조상들의 무덤이 있는 성읍으로 보내셔서 그 성을 재건하게 하소서"라고 말하였다(느 2:5).

아닥사스다는 납득하였고, 느헤미야는 완전한 신임장과 권한을 가지고 유대로 갔다. 아니나 다를까 느헤미야의 비상한 권한은 유대에서 격심한 저항을 불러일으켰다. 사마리아의 총독이자 느헤미야의 상관이었던 산발랏(Sanballat)과 암몬의 총독 도비야(Tobiah)가 느헤미야가 국왕에 대항하여 반란을 꾸미고 있다고 비난하였다. 아마도 아라비아에 있는 드단(Dedan)의 총독이었고 "이스라엘 자손의 복리를 증진하기 위하여 누군가가 온 것을 몹시 슬프게 생각한"(느 2:10), 아라비아 사람 게셈(Geshem)도 분개하였다(느 2:19). 게셈은 아라비아 스바의 여왕이 이스라엘 왕 솔로몬과의 관계에서 처하였던 바와 똑같은 불리한 입장에 자기를 되돌려 놓았을 북방의 상업상의 부흥에 대하여 두려움을 느낀 나머지 유대의 정세에 끌려들었다.

그러나 느헤미야는 단념하지 않았고, 페르시아의 중앙 정부도 지지를 철회하지 않았다. 예루살렘 성벽은 성서의 기록에 의하면 느헤미야가 그의 예언자다운 도전적 태도로 방해자들에게, “하늘의 하나님께서 우리로 형통케 하실 것이니, 그분의 종들인 우리가 일어나 건축하겠지만, 너희에게는 예루살렘에서 아무런 상속분도 청구권도 역사적 권리도 없다” (느 2:20)라고 호언하였던 바와 같이 52일간의 영웅적인 노력 끝에 복구되었다. 축성자들이 “한 손으로는 일을 하고 또 한 손으로는 무기를 들었다”라고 현대 이스라엘의 재건이 생각나게 하는 한 구절(느 4:17 이하)이 우리에게 말해 준다.

그 전에 유대에서 그렇게도 자주 그랬던 바와 같이 부가 늘어나자 그에 상응하여 사회적 불공정(不公正)도 늘어났다.[338] 다시금 상류층 유대인들이 가난한 사람들을 희생시켜 재산을 모았다.[339] 고리대금업자들은 그들의 주먹을 꼭 쥐었고, 서민들은 그들의 땅과 재산을 잃기 시작하였으며, 노예제도가 다시 출현하였다. “우리는 우리의 아들과 딸을 종으로 팔고 있습니다. 우리의 딸들 가운데 몇은 이미 종이 되었지만 우리의 밭과 포도원이 남의 것이 되었기 때문에 우리는 어떻게 할 도리가 없습니다”(5:1 이하)라고 백성이 느헤미야에게 불평하였다.

유대인들이 페르시아에 지불하던 과중한 공물(貢物)이 상

---

338) As had so often happened before in Judea, improving fortune brought a corresponding increase of *social inequity.* p. 119. inéquity 불공정, 불공평(unfairness).

339) Once again the upper-class Judeans enriched themselves at the expense of the poor. p. 119.

황을 한층 더 악화시켰는데, 그 이유는 부유층이 이 집단적 책무 가운데 할 수 있는 대로 많은 몫을 서민들에게 부지런히 떠넘겼기 때문이다. 이러한 심각한 혼란을 바로잡기 위하여 느헤미야는 부자들로 하여금 저당 잡혀 있던 토지와 재산을 그것들의 소유자들에게 반환하겠다는 선서를 하게 하려고 시도하였다. 어쩌면 신정파(神政派, theocratic party)를 위하여 대중적 지지를 얻고자 하는 정치적 움직임이었을 지도 모르는 이 사회정의의 조치에 자극되어 그의 페르시아인 감독관들은 느헤미야를 수산[340]으로 소환하였다.

그가 없는 동안에 예루살렘의 종교적 상황은 악화하였다. 암몬 사람 도비야는 성전 뜰 안에 자기의 숙소를 마련하였었다(느 13:4-8.). 레위인과 제사장 계통의 많은 직원들이 자기들이 성전의 수입으로 부양되고 있지 않았기 때문에 그곳을 떠났었다. 안식일(安息日)이 지방의 두로 사람 상인들에 의해서만 아니라 유대인들에 의해서도 범해지고 있었다. 유대인들과 아스돗[341], 암몬, 그리고 모압의 이방 인구 사이의 통혼이 다시금 증가하였고, 자녀들은 그들의 유대인 신앙과 히브리어를 모르는 채 길러지고 있었다.

열성가 느헤미야가 마침내 예루살렘으로 돌아왔을 때에 그는 지체없이 도비야를 내쫓았다. 그는 정직한 회계원들을 임명하고 성전 직원 수를 완전히 회복시켰다. 안식일법을 범하는 자들은 채포되어 처벌되었다. 그리고 통혼 금지령을 감히 업신여기는 자들은 벌금을 내고, 저주를 받고, 그들의 자녀가 이방인과 결혼하는 것을 결코 허락하지 않겠

340) 수산(Shushan) 또는 수사(Susa): 엘람의 고도(古都). 후일에 고레스 왕이 페르시아 제국의 세 수도 중 하나로 만들었다. 그는 이곳에 궁전을 짓고, 겨울을 지냈다. 느헤미야는 수산 궁에서 아닥사스다 왕의 '술 맡은 관원'이었다(느 1:1, 11).

341) 아스돗(Ashdod): 가자(Gaza)의 북동쪽, 지중해 연안에서 내륙으로 약 5km 지점에 있음. 블레셋 5대 성읍 중의 하나로 이 무렵에 영토가 크게 넓어졌음.

다는 서약을 하지 않으면 안 되게 되었다.[342] 느헤미야는

---

342) '느헤미야의 개혁'의 "배타성": 느헤미야는 두 번에 걸친 그의 총독 임기 동안에 유대인들을 밀접하게 결속된 공동체로 만들기 위하여 다양한 개혁을 실시하였다. 이스라엘의 정체성(identity)을 말살할 뻔한 강력한 압력들이 있었음을 생각하면, 이 정책은 비록 오늘날 우리가 그것을 곁눈질로 볼지 모르나, 필요하였음이 분명하다. 성벽 복구 기간에 사마리아의 총독 산발랏과 그의 동맹자들은 그 사업을 좌절시키기 위하여 그들이 할 수 있는 모든 것을 다 하였다. 산발랏은 유다 영토에 대한 자기의 관할권을 주장하였는데, 그 이유는 예루살렘 파괴 후에 바빌로니아인들에 의하여 그 땅이 사마리아 주(州)에 배속되었었기 때문이었다. 그뿐 아니라 암몬인들과 에돔인들은 유대인들의 활동을 질시하였다. 그리하여 첫째로 이 적대자들은 유대인들이 페르시아에 반역을 꾸미고 있다고 고발하였고, 다음으로 그들은 그 성벽의 연약함을 조롱하였으며, 마침내 그들은 공격하겠다고 협박하였다. 그들의 의도는 축성하는 시민들의 사기를 꺾는 것이었음이 분명하다. 그리고 유대인들 자신의 일부, 특히 부유층의 구성원들이 그들의 이웃 민족들에 대하여 안이한 태도를 취하여 그들과 어울리고 통혼까지 하였다. 이러한 상황에 대처하기 위하여 느헤미야는 배타주의(exclusivism)라고 하는 강경정책을 도입하고 시행하여 그것에 의하여 유대인과 이방인, 유대인과 사마리아인 사이의 분리를 강화하였다. 유대인 공동체의 구성원이 되는 자격은 두 가지 표준에 의하여 결정되었다. 첫째는 *출생*이었다. 성벽이 세워졌을 때에 느헤미야는 시민들로 하여금 그들의 계보(系譜)에 따라 등록하게 하였다(느 7:5 이하; 스 2). 느헤미야서의 문맥 속에서 이것은 단 한 가지를 의미할 수밖에 없는데, 그것은 올바른 가족 속에 태어나는 것과 자기의 가계를 유대인 아버지, 할아버지 등으로 거슬러 올라갈 수 있는 것이 중요하였다는 것이다. 그의 두 번째 임기 동안에 느헤미야는 신명기 법에 근거하여 통혼(intermarriage)을 엄격히 금하였고(느 13; 신 23:3 이하), 한 제사장을 그가 사마리아의 총독 산발랏의 딸과 결혼하였다는 것이 발견되었을 때에 그의 나라 밖으로 쫓아내기까지 하였다. 느헤미야는 혼합결혼으로 태어난 자녀들이 히브리어를 할 수 없다는 사실에 특히 화가 났다. 에스라는 이 개혁 조치들을 한 층 더 진전시켜서 혼합결혼을 비난하였을 뿐 아니라 이미 이루어진 어떠한 혼합결혼도 강제로 해체하였다(스 10:2-5). … 유대인이 되는 둘째 자격은, 느헤미야의 정책에 의하면, *'토라'에 대한 충성과 성전에 대한 충실한 후원*이었다.

백성들의 순수성은 안식일의 엄수를 요구하였다. 그 거룩한 날에 작업과 상업 활동이 행해지고 있는 것을 느헤미야가 발견하였을 때에, 그는 그 악습이 멈추어지지 않으면 하나님의 진노가 백성들 위에 내릴 것을 경고하였다. 그는 성전 안에서 드리는 정규 예배를 체계화하였고, 백성들이 그들의 십일조로 성전 직원들을 부양할 것을 요구하였다. 그리하여 유대인 공동체의 둘레에 하나의 강력한 벽이 세워졌는데, 그것은 예루살렘 성벽만이 아니라 출생(birth)과 종교적 충성(religious loyalty)에 입각한 '*배타성의 벽*'이었다./ 이러한 엄격한 조치들의 배후에 있었던 진정한 동기는 무엇이었을까? 정치적 요인들이 있었음이 틀림없다. 그러나 단지 유대인의 생존이나 예루살렘의 위신 회복보다 더 많은 것이 관련되어 있었다. 유대인의 순수성을 유지하려고 하는 것은 기본적으로 페르시아 시대의 엄청난 문화적 압력들에 맞서서 이스라엘 백성의 정체성과 이스라엘 신앙의 독특성을 보존하기 위한 하나의 투쟁이었다. 느헤미야가 백성들에게 솔로몬의 '세계시민주의'의 어리석음, 특히 그의 외국 아내들의 영향을 일깨워준 것은 어느 정도 타당한 일이었다. 동정적인 독자는 에스라와 느헤미야의 사업이 민족주의나 인종차별이 아니라 이스라엘의 종교적 유산에 대한 열렬한 충성(a passionate loyalty to Israel's religious heritage)에 입각하였음을 감지하였을 것인데, 그것은 "희미하게 타고 있던 유대교의 불꽃이 아주 꺼질까봐 그들이 염려하였기 때문이다."/ 혼합주의(syncretism) 문제가 가나안 점령시대 이래 이스라엘을 늘 괴롭혔었다. 백성들이 고국에서 쫓겨난 삶을 살았던 포로기 동안에는 그 문제가 더 심각해졌다. 그리고 포로기 이후 시대, 특히 모든 종교적 문화적 차이를 '헬레니즘'이라고 알려진 종합체 속으로 흡수하려고 하는 의식적 노력이 알렉산더 대왕의 정복에 뒤이어 있게 되자 문화적 동화(同化)의 우려는 존속하였다. 신비로운 것은 이스라엘이 동화에 저항하였고 타민족들로부터 차용한 것을 자기네 신앙을 표현하기 위한 전달수단으로 창조적으로 변형시켰다는 것이다. 이스라엘의 소명은 "열방과 같이"(like the nations) 되어 마침내 세상을 다스리는 어느 제국에든 흡수되어 버리는 것이 아니라, 열방으로부터 구별된 하나의 "독특한" 민족(a "peculiar" people)이 되는 것이었다. 느헤미야와 에스라 지도하의 유대교의 편협한 신학적 초점을 비판하기는 쉽다. 제2 이사야의 광활한 전망(spacious vista)에 어두운 그림자가 던져졌고, 거룩한 공동체의 구성원이 되는 자격에 극도의 제한이 가해졌다. 그러나 마침내 민족들과 문화들 위에 변화시키는 힘(transforming

그의 비범한 회고록을 “나의 하나님이시어, 나를 기억하사 은혜를 베푸소서”라는 기도로 끝맺었다(느 13:31).

유대인의 신정국가

에스라와 느헤미야가 남긴 역사적 유산은 유대의 신정국가(神政國家)였다. 페르시아 왕권 하의 행정부와 유대의 대제사장이 상류층을 대표하였고, 행정의 실무는 공무원과 성전 관료와 판사들에 의하여 수행되었다. 도시와 농촌의 인구, 특히 전 구조를 지탱한 농민층은 모세의 율법과 제사장들의 지배(the priestly control)를 자기들의 복리가 그렇게 함으로써 보장된다고 믿고 받아드렸다.

유대인의 신정국가는 그 나라를 괴롭히는 국내외의 다양한 저항 세력을 견디어 내기에 충분할 정도로 강하였다. 그래서 사마리아의 산발랏은 그리심산 위에 예루살렘의 대제사장 엘리아십(Eliashib)의 손자요 자기의 사위인 므낫세[343]를 위하여 성전을 세웠다. 이 사마리아 신전과 그것의 지지자들은 머지않아 유대의 유대인들에게 하나의 ‘아픈 상처’가 되었다.[344]

행정 관료와 종교 관료는 끊임없이 세력다툼을 하였다. 한 번(400년경)은 유대의 총독 바고아스(Bagoas)가 대제사장

---

power)으로 폭발하여 서양문명의 진로를 새로운 채널로 바꿀 영적 유산을 보존한 것은 주위에 선이 그어진 바로 이 공동체였다. Bernhard Anderson, 전게서, p. 491 3.

343) 산발랏의 사위 므낫세(Manasseh): 그는 느헤미야에 의하여 제사장직을 박탈당했다(느 13:28). 레위기 21:14에 의하면 대제사장은 외국인과 결혼해서는 안 되게 되어 있었다. 산발랏의 적의(敵意)에 비추어 볼 때 그의 결혼은 느헤미야의 마음을 특히 괴롭혔을 것이다.

344) 요 4:9,20 참조. 그리심산의 신전은 요세푸스에 의하면(*Ant.* xiii, 9, 1; *Jewish Wars,* I, 2, 6) B.C. 128년에 유대인 지도자 요한 히르카누스에 의하여 파괴되었다.

요나단(Jonathan)을 면직하고 후자의 동생 여호수아(Joshua)를 임명하겠다고 위협하였다. 요나단은 여호수아를 성전 안에서 살해하였고, 바고아스는 이 일을 구실 삼아 성전업무와 제사장의 특권에 간섭하였다.

페르시아 제국이 전반적으로 붕괴의 조짐들을 보이기 시작하고 있는 동안 유대교의 한 틀이 유대에서 짜여지고 있었다. 유대 민족의 역사는 페르시아 시대의 남은 기간 동안에 주로 제사장들에 의하여 형성되었지만, 이내 헬레니즘 시대를 맞이하여 새로운 단계에 진입할 것이었는데, 그 때에는 신정국가가 공화정(commonwealth)으로 바뀌고 '토라' 헌법이 새로운 상황에 맞게 진보적 바리새인들(liberal Pharisees)에 의하여 재해석되었다. 바리새인들이 발전시킨 유대교는 그 후 2000년 이상 동안 유대인의 삶의 모든 면에서 심대한 영향력을 유지하였고, 오늘날에도 유대교 안에서 그리고 이스라엘 안에서 하나의 강력한 요인이 되어 있다.

중요 연대

B.C. (이곳의 연대는 근사치임)

1250	출애굽
1020 -1000	사울의 치세
1000 - 961	다윗의 치하에서 통일왕국 건설
961 - 922	솔로몬의 치세; 성전 건축
750 - 430	'고전적 예언'의 시대
722/1	북왕국 이스라엘이 앗시리아에 망하다
605	'갈그미스(Carchemish) 전투'에서 바빌로니아가 대승.
587/6	남왕국 유다가 칼데아('신바빌로니아')에 망하다; 성전 파괴
586 - 539	**'바빌론 유수'**
538	페르시아 왕 고레스의 '해방칙령'
516/5	'제2 성전'의 봉헌

제7장 히브리 정신: 예언운동과 사회정의

예언운동은 성서 역사의 절정을 이룬다. 그것과 비교할 만한 것이 고대 근동의 문명들 중의 어느 다른 문명에 의해서도 산출되지 않았다.[345] 그것의 영향이 삼대 세계종교인 유대교, 기독교, 이슬람교의 전파에 뒤따르고, 그 종교들의 발달을 매우 크게 좌우해 와서 그 결과 2000년 동안 지구 육지 면적의 거의 절반 이상에서 문명인들의 양심이 그 예언자들의 어조로 말해 왔을 정도다. 19세기의 사회주의자들은 모든 계시종교를 경멸하면서도 예언자들을 최초의 사회개혁자들로, 그리고 자기네의 새로운 교의(敎義)의 근원으로 인정하였다.[346] 그 시기의 합리주의적이고 회의적인 학자들조차 성서의 거의 모든 부분을 비역사적이라고 거부하면서도 예언자들의 위대성과 그들의 가르침의 타당성과 그들의 웅변의 힘을 인정하였다.[347]

예언운동의 기원

'예언자'에 해당하는 히브리어 단어는 '나비'(*nabi*)이지만 그것의 원래의 뜻은 알려져 있지 않다. 성서 속의 '나비'는

---

345) The prophetic movement forms *the climax of Biblical history.* Nothing comparable was produced by any of the other Near Eastern civilizations of antiquity. p. 122.

346) The socialists of the nineteenth century, who scorned all revealed religion, acknowledged the prophets as *the first social reformers* and *the source of their own new doctrine.* p. 122.

347) Even rationalist and skeptical scholars of the period, who rejected nearly every part of the Bible as unhistorical, recognized the greatness of the prophets, the validity of their teaching, and the power of their eloquence. p. 122.

여호와께서 모세에게 "네 형 아론은 네 '나비'(*nabi*)가 되리니…"(출 7:1. 4:16에 있는 "네 '입'이 되리라"와 비교할 것)라고 말씀하셨을 때처럼 대략 '대변인'(spokesman)을 의미하는 것으로 보일 것이다. 유대인들 자신이 B.C. 200년경에 오경의 가장 오래된 그리스어 번역인 '70인역' 속에서 '나비'를 바로 그렇게 번역하였고, 그곳에서 사용된 그리스어 단어 *프로페테스*(*prophetes*, '선포자' 또는 '해석자')는 "prophet"라는 영어 단어의 근원이다. 그런데 영어의 "prophet"라는 단어가 엘리자벳 여왕 시대까지도 단지 '선포자' 또는 '설교자'를 의미한 것으로 보이기까지 하기 때문에 '예고하기', '예언하기'라는 뜻은 후대에 발전된 것이다. 예언자는 *하나님을 대신하여 말하고*, 그분의 말씀과 뜻을 자기의 동료 이스라엘인들에게 *해석해 주었다.*348)

이스라엘에서 일어난 예언운동은 두 개의 뚜렷한 단계를 거쳐서 발달하였다. 처음 단계에서 성서의 예언자들은 대체로 고대 근동에 흔히 있었던 점쟁이들(diviners)과 본질적으로 다를 바가 없었다. 실로 성서 자체가 사무엘상 9:9에 있는 한 편집자주(註)에서 명백하게 말한다: "옛날에는 이스라엘에서 사람이 하나님께 가서 물으려 하면, '선견자(先見者, seer)에게 가자'라고 말하였는데, 그것은 오늘날의 예언자(豫言者, prophet)를 옛날에는 선견자라 일컬었기 때문이다." 예언자 사무엘은 "선견자"와 "하나님의 사람"(a man of God)이라고 불렸다. 그리고 사무엘하 24:11에는 "여호와의 말씀이 다윗의 선견자인 예언자 갓(Gad)에게 이르렀다"라고 쓰여있다.

점쟁이들, 선견자들, 기적을 행하는 자들, 즉 주문(呪文)을

---

348) The prophet spoke for God, and interpreted His word and will to his fellow Israelites. p. 123.

외워 점치고, 신탁(神託)을 발표하고, 초자연적인 것들을 전달하는 데 능숙함을 공언한 사람들은 근동의 고대 문명권들에서 하나의 명확한 사회 집단이었다. 무아경(ecstasy), 열광(frenzy), 동물의 간과 창자의 검사, 새들의 비상(飛翔), 해몽, 점성술, 제비뽑기, 물로 점치는 것 - 이 모든 것들이 유프라테스강으로부터 나일강에 이르기까지 사제들의 조합이나 그와 관련된 조합들의 특성과 표지였다. 고대의 선견자들은 단체로 조직되어 있었는데, 그 단체들은 마치 그들이 석공들이기라도 한 듯이 장인과 도제에 적용되는 정해진 규칙들을 확실히 갖고 있었다.349) 초자연적인 것들에 관한 이들 명수(名手)들은 집단으로도 개인적으로도 일하였다.

마리(Mari)에서 최근에 발견된 B.C. 18세기의 쐐기문자 문서들은 성서에 기록된 예언의 이 초기 단계를 보여준다. 한 문서는 승려들의 한 사절단이 자기들이 대표하는 신들과 자기들이 돌보는 것을 업으로 삼고 있는 사원(寺院)에 국왕이 더 유의할 것을 조언한다. 또 하나의 문서는 B.C. 1100년경으로 거슬러 올라가는 이집트 문서인데, 그것은 성직자들이 "점치기" 위하여 어떻게 열광상태(states of frenzy)를 사용하였는가를 보여준다.

형성 단계의 성서적 예언에 관하여서도 이러한 발작과 열광의 경우들이 흔히 히스테리성 황홀경을 기원하는 일을 전문으로 하는 공인된 점쟁이나 선견자의 무리들의 존재를 암시하는 문맥 속에서 보고되어 있다. 예를 들어 사울이 사무엘에 의하여 왕으로 기름부음을 받은 후 그는 곧 "예언자들의 무리가 산당(山堂)에서부터 비파와 소고와 저와 수금을 앞세우고 예언하며 내려오는 것을" 우연히 만났다. "그리고

349) For the seers of antiquity were organized in guilds, which had set rules governing masters and apprentices, as surely as if they were stonemasons. p. 124.

하나님의 영(靈)이 사울에게 크게 임하시니 그가 그들 중에서 예언을" 하였다(삼상 10:5-12). 실상 초기의 예언자들은 모두 다 어느 정도로 전문적인 점쟁이들이었을 것으로 보인다. 예를 들어 나단(Nathan)과 갓(Gad)과 잇도(Iddo)와 같은 여러 예언자들이 사제들, 세금징수인들, 군사령관, 그리고 그 밖의 왕실 직원들과 똑같이 왕궁에 부속되어 있었다. 라마의 사무엘과 실로의 아히야와 같은 그 밖의 예언자들은 예루살렘 밖의 성소들에 부속되어 있었다. 그리고 이 초기 단계에서 그들은 자주 집단으로 일하였다. 사무엘 자신은 사울이 만났던 바와 같은 "예언자들의 무리"의 우두머리였다(삼상 19:20). 엘리야와 엘리사의 시대에는 여리고와 벧엘에 있는 무리들을 포함하여 여호와의 예언자들의 무리에 관한 빈번한 언급이 있다. 또 한 번의 경우에는 400명의 "여호와의 예언자들"이 길르앗 라못에 대한 공격과 관련하여 유다 왕 여호사밧과 이스라엘 왕 아합에 의하여 호출되었다(왕상 22:6). 이 일은 갈멜산 위에서 엘리야의 하나님과 겨룬 바알의 450 예언자들과 아세라의 400 예언자들을 생각나게 한다(왕상 18장).

초기의 예언자들 가운데에서는 그 직업을 대대로 물려주는 것도 특징이었다. 엘리야는 엘리사를 훈련시켜서 그를 자기의 계승자로 취임시켰다(왕하 2장, 하나의 극적인 장). 그리고 그들보다 앞서서 예언자 예후(Jehu)는 선견자 하나니(Hanani)의 아들이었다(왕상 16:1,7; 대하 16:7-10). 그와 마찬가지로 그들 거의 모두가, 히브리인들의 하나님께서 최고이시라는 것을 파라오에게 납득시키기 위하여 모세가 그의 앞에서 했던 것과 같이, 기적을 행하였다. 사무엘은 선견자였고, 예언자 엘리야와 엘리사는 다양한 종류의 기적을 자유롭게 행하였다.

기적에서 '랩소디'로

그러나 8세기에 이르러 점치는 것과 기적을 행하는 것은 이스라엘의 예언적 전통에서 사실상 제거되었다. 사무엘과 같은 선견자들과 엘리야나 엘리사처럼 기적을 행하는 사람들은 더 이상 표준이 아니게 되었다.350) 무아경적 요소(ecstatic element)는 잔존하였지만 예언자들은 자기들의 가르침의 진실성을 동료 이스라엘인들에게 납득시킬 또 하나의 방편을 이용하고 완성하기 시작하였다. 이 효과를 달성하기 위하여 그들은 자기들의 문학 작품(literary compositions)의 웅변(雄辯)과 논리(論理)에 더욱 더 의존하기 시작하였다.351)

예언이 기적을 행하는 단계로부터 랩소디352)의 단계로 발전한 것은 평화롭고 진화적인 과정을 통해서 된 것만은 아니었다. 문학적 예언자들(literary prophets)은 예언자 단체들에, 직업으로서 예언을 하는 것에, 그리고 누구든지 "예언하는" 방법을 스승한테서 배울 수 있다고 하는 생각에 반대하였다.353)

---

350) In the eighth century, however, *divination* and *miracle working* were virtually eliminated from the prophetic tradition in Israel. Seers such as Samuel and miracle workers like Elijah and Elisha *ceased to be the norm.* p. 125.

351) The ecstatic element continued, but the prophets began to utilize and perfect *another medium* by which to convince their fellow Israelites of the truth of their teachings. To achieve this effect they began to rely more and more on *the eloquence and logic* of *their literary compositions.* p. 125.

352) 랩소디(Rhapsody): 열광적 문장이나 시가(詩歌).

353) The development from the miracle-working to the rhapsodic stage of prophecy was not peaceful and evolutionary. The literary prophets were opposed *to* the prophetic guilds, *to* the practice of prophecy as a craft, and *to* the idea that any person could be taught by the masters how to "prophesy." p. 125.

후기의 문학적 예언자들 중에 아무도 집단으로 활동하였다거나, 조합의 장이나 구성원이었다거나, 제자들을 양성하였다고 하는 증거가 없다. 그들은 어떤 궁정이나 신전의 대표자들도 아니었고, 정규 직업으로나 생계를 버는 수단으로 예언을 하지도 않았다.[354] 오히려 그들은 *직접 하나님께로부터,* 그리고 *하나님과 때(occasion)가 요구할 경우에만,* 자신들이 *영감을 받은 것으로* 느꼈으니, 이는 8세기에 아모스가 "주 여호와께서는 자기의 계획을 그분의 종 예언자들에게 보이지 않으시고는 아무 일도 하지 않으신다. 사자가 으르렁거리면 누가 두려워하지 않겠는가? 주 여호와께서 말씀하시면 누가 예언을 하지 않겠는가?"(3:7,8)라고 역설한 바와 같다. 그러므로 벧엘의 제사장이 아모스를 경멸하여 내쫓으며 그에게 고향 유다로 돌아가서 그곳에서나 예언을 해서 밥벌이를 하라고 말하였을 때에 아모스는 기분이 상해서, "나는 예언자[355]도 예언자의 아들[356]도 아니었고, 목자였고 뽕나무를 기르는 자였소 … "(7:12 이하)라고 항변하였다. 조만간 문학적 예언자들은 왕궁의 직원들과 별로 다를 바 없게 된 사제들(priests)과 그들이 "거짓 예언자들"이라고 부른 예언자들의 다양한 집단들을 멸시하게 되었고, 그들은 자기들만을 하나님의 참된 대변인들로 보았다.

비록 전기의 예언자들 가운데 여러 사람이 중요한 문학적인 글들을 썼다는 것이 간과되어서는 안 되지만, 후기의 예언자들이야말로 "문학적"(literary) 또는 "랩소디적"(rhapsódic)이

---

354) There is no evidence *that* any of the later literary prophets functioned in groups or *that* they were heads or members of guilds or *that* they trained disciples. They were not representatives of any court or sanctuary, nor did they practice prophecy as a regular occupation or a way to earn a living. p. 126.

355) '예언자': 여기에서는 전문적인 예언자(professional prophet)를 의미함.

356) '예언자의 아들': 예언자 단체(prophetic guild)의 구성원이라는 뜻.

라는 묘사로써 그들의 선배들로부터 구별될 자격을 완전히 갖추었다고 말할 수 있다. 그러나 이 칭호가 이 양식(樣式)의 향상이 주술의 흔적이 조금도 없는 *승화된 도덕적 종교적 경험을 반영한다*고 하는 훨씬 더 중요한 사실을 흐리게 하도록 허용되어서는 안 된다.357) "문학적" 예언자들과 그들의 선구자들 사이의 근본적인 차이는 바로 이 향상된 성격이다.358)

사회정의에 관한 예언자적 개념: 언약과 율법

후기의 예언자들은 말할 것 없고 전기의 예언자들도 두 가지 기본적인 사상을 주장하였는데, 그것은 첫째로 하나님과 그분의 백성 이스라엘 사이에 '언약'(Covenant)이 있었다는 것과, 둘째로 이 언약이 이스라엘인들에게 서로 *의로운 관계*(just relationship) 속에서 살 의무를 지웠다는 것이었다.359) 족장들이 자기들은 하나님만을 예배하고 하나님께서는 그들을 보호하시기로 한 언약을 개인적으로 하나님과 맺었었다는 것을 독자는 기억할 것이다. 이 개인적인 언약이 출애굽의 결과로 모세 시대에 확대되어 이스라엘의 전 인구가 하나님의 선민(選民)이 되어 그분을 세상에서 유일하신

---

357) This title, however, must not be allowed to obscure the far more important fact that this elevation of style reflects *a sublimated moral and religious experience*, free from the least trace of magic. pp. 126-7. sublimate 고상하게 하다, 순화하다.

358) It is *this elevated character* which fundamentally distinguishes the "literary" prophets from their precursors. p. 127.

359) The prophets, the earlier as well as the later, took their stand on two fundamental ideas: first, that there was a Covenant between God and His people Israel and, second, that this Covenant bound the Israelites to a just relationship one to the other. p. 127. take one's stand on ~ …의 입장을 취하다, …을 주장하다.

하나님으로 인정하고 섬기게 되었다. 이 언약은 양측에서 다 같이 자발적인 것이었음을 유념해야 한다. 하나님께서는 이스라엘을 그분의 사랑과 은혜로 선택하셨고, 이스라엘은 하나님의 뜻을 행하겠다고 자유로이 약속하였다.360)

예언자들에 의하면, 하나님께서는 이스라엘 땅에서 경제적 번영과 건강과 모든 적으로부터의 평화로써 당신의 성실한 백성에게 보답해 주시기로 동의하셨다(신 7:12 이하 및 다른 곳). 그런고로 이스라엘이 번영할 때에는 그 나라의 백성이 하나님의 총애를 받고 있다고 생각될 수 있었고, 그 결과 예언 활동이 최소한에 그쳤다. 그러나 난국(難局)이 발생하였거나 발생할 우려가 있을 때에는 그것은 이스라엘이 언약을 위반하여 하나님께서 당신의 백성을 벌하고 계신다는 확실한 징후였다. 예언자들은 바로 이러한 위기와 재난의 시기에 하나님께서 진노하시는 이유와 언약이 회복될 수 있는 방법을 확인하고 설명하려고 나섰다.361)

하나님 자신이 언약을 위반하실 수는 없는 일이었기 때문에 예언자들은 필연적으로 충돌의 원인을 백성의 행동에서 찾았다. 지도자들이나 서민이 므낫세 왕의 경우(왕하 21장)처럼 다른 신들을 예배하였을 때에는 예언자들은 이 가증스러운 행위를 저질렀거나 묵인한 사람들을 비난하였다. 그러나 훨씬 더 빈번하게 이스라엘인들은 그들 상호간의 관계에서 그 언약을 범하였고, 예언자들의 분노를 가장 빈번하게 유발한 것은 바로 이러한 타락(lapses)이었다.

언약과 율법에 의하여 이스라엘인들에게 부과된 첫째 의

360) God elected Israel in His love and grace, and Israel freely undertook to *carry out* the will of God. p. 127. undertake to do ~ … 을 하겠다고 약속하다.

361) It was in such times of crisis and distress that the prophets undertook to determine and expound *the reasons for God's anger* and *the ways by which the Covenant could be restored*. pp. 127-8.

무는 기도(祈禱)와 제사(祭祀)로 여호와께 예배하는 것이었다. 그러나 예언자들은 예배의 이러한 형식적인 면들을 필요하고 좋은 것으로 생각하면서도, 그것들에 일상의 행실 속에서 나타나는 성실성이 수반되지 않으면 그것들을 무가치한 것으로 여겼다.362) 이사야는 말뿐인 신앙(lip service)을 *능동적인 신앙*과 *올바른 삶*의 대용품으로 인정하려 하지 않았다.363) 그는 그의 책의 장엄한 첫 장에서 하나님을 대신하여 경고한다:

> 무의미한 헌물(獻物)을 더 이상 가져오지 말라. 너희들의 분향(焚香)은 나에게 가증한 것이다. … 성회(聖會)로 모여 악을 행하는 것을 내가 견디지 못하겠다. … 너희들이 많이 기도해도 나는 듣지 않겠다. … 너희는 자기 몸을 씻어 스스로를 깨끗하게 하고, 내 목전에서 너희의 악한 행실을 버려라. 악행을 그치고 선행을 배워라. 공의를 구하고 억압받는 자를 구해주며, 고아를 위하여 신원(伸寃)하고 과부를 위하여 변호하라(사 1:13-17).

사람들이 그들의 행실을 그들의 신앙에 부합하게 할 것을 예언자들은 시종 완강하리만큼 집요하게 요구하였다.364) 모세의 율법인 '토라'에 요약된 여호와의 교훈들은 일상생활에 활용되지 않으면 사람들을 구원에 이르게 하지 않았다.

---

362) The first obligation laid on the Israelites by the Covenant and the Law was the worship of the Lord with *prayer and sacrifice*. The prophets deemed these formal aspects of worship both necessary and good, but they regarded them as valueless *unless fraught with sincerity* which found expression in daily conduct. p. 128. fraught with ~ …으로 가득찬, …을 수반한.

363) Isaiah would not accept *lip service* as a substitute for *active faith* and *an upright life*. p. 128.

364) The prophets, from first to last, demanded with stubborn insistence that the people bring their practices to conform with their beliefs. p. 128.

아말렉 사람들의 모든 가축을 멸하라고 하신 하나님의 명령을 어기고 그 대신 가장 좋은 동물들을 사울이 제물로 바쳤을 때에 사무엘이 그를 꾸짖었다고 기록되어 있다. 예레미야는 말뿐인 신앙과 공허한 의식을 거듭거듭 비난하였고, 한 번은 다음과 같이 선포하였다:

> 만군의 여호와 이스라엘의 하나님께서 이와 같이 말씀하신다: "너희의 희생제물에 번제물(燔祭物)을 더해서 그 고기를 너희들이 먹어라. 내가 너희 조상들을 애굽 땅에서 인도하여 낸 날에 내가 번제나 희생에 관하여 그들에게 말하거나 명하지 않고 그들에게 명하여 이르기를, '*내 말에 순종하여라.* 그리하면 나는 너희의 하나님이 되고, 너희는 내 백성이 될 것이다. *내가 명하는 모든 길로 걸어가라.* 그리하면 너희가 잘 될 것이다'라고 하였다. 그러나 … . (렘 7:21-23)

고대 이스라엘 말고는 다른 어느 곳에서도 신의 대변인들의 가르침을 단지 믿을 뿐 아니라 행하고 실천하는 일을 이렇게 끊임없이 그리고 끈덕지게 강조한 것이 발견된 적이 없다.365) 그것이 미가가 다음과 같이 말하였을 때 성서적 유대교의 정수(精髓)를 그처럼 적은 수의 단어로 표현할 수 있었던 이유이다:

> 사람아, 여호와께서 무엇이 선(善)한 것인지를 너에게 보여주셨다. 그분께서 너에게 요구하시는 것은 공의를 행하고, 자비를 좋아하며, 겸손히 너의 하나님과 동행(同行)하는 것 말고 무엇이냐? (미 6:8)

---

365) Nowhere else but in ancient Israel has there been found such persistent and insistent emphasis on *doing*, on *carrying out*, not merely on believing in, *the teachings of God's spokesmen*. p. 129.

율법은 문자와 더불어 정신에 있어서도 복종되어야 한다고 하는 이 기본 원칙이 신명기 16:20에 “**체데크 체데크 티르도프**”(*Tsédek tsédek tirdof*, 공의, 공의만을 추구하라)라는 세 히브리어 낱말로 더 간결하게 요약되어 있다. 믿음만으로 또는 행위만으로 구원을 얻는 것은 성서에는 없는 교리였다. 문자가 정신으로부터 분리될 수 없었던 것은 행위가 믿음으로부터 분리될 수 없었던 것과 꼭 같다.[366] 이 점이 강조되게 된 연유는 순전히 종교적인 헌신의 깊이와 성실성은 판단하기 어렵지만, 사람이 자기 동료에게 하는 행위의 공의는 이스라엘 백성이 살던 작은 부족 사회에서는 즉각적으로 그리고 불가피하게 드러났다는 사실에 있었다고 해도 좋을 것이다. 한 상인이 무게를 달거나 길이를 재는 데 있어서 고객을 속이고 있는 것이 발견되었을 때에, 그의 행위는 단순히 동료 이스라엘인에 대한 민사상(民事上)의 범죄로만이 아니라 훨씬 나쁘게 *언약의 위반*(a breach of the Covenant)과 *여호와께서 가증스럽게 여기시는 일*(an abomination of the Lord)로 생각되었다[367](신 25:13-16; 레 19:35-37). 그뿐 아니라 ‘법률 앞의 평등’에 대한 이 감각은 매우 강해서 법정에서 사람이 부유하다고 해서 그에게 호의를 베풀어서는 안 되는 것과 마찬가지로 단지 사람이 가난하다는 이유로 그에게 호의를 베풀지 않도록 조심하라는 특별한 경고가 발해지지 않으면 안 되었다: “재판할 때에 불의를 행하지 말라. 가난한 자라고 해서 그의 편을 들기나, 세력 있는 자라고 해서 그를 두둔하

366) Salvation *by faith* alone, or *by deeds* alone, was an unknown doctrine in the Bible; the letter was inseparable from the spirit, even as the act was inseparable from the faith. pp. 129-30.

367) When a merchant was discovered cheating a customer in weighing or measuring, his act was regarded not merely as *a civil offense* against a fellow Israelite, but much worse as *a breach of the Covenant* and *an abomination of the Lord*. p. 130.

지 말고, 공정하게 사람을 재판하라"(레 19:15).

모든 예언자들은 모든 이스라엘인들을, 왕이든 사제이든, 주인이든 종이든, 부자이든 빈자이든 간에, *언약 앞에서* 그리고 *하나님 보시기에* 평등하다고 간주하였다.[368] 이 타고난 평등성(inherent equality)은 하나님의 법을 듣고 이해하고 순종할 직접적이고 회피할 수 없는 의무를 모든 사람에게 부과하였다.[369] 그런고로 예언자들에게는 한 이스라엘인이 다른 이스라엘인에게, 또는 한 집단이 다른 집단에게 범하는 모든 불의한 행위가 언약에 대한 범죄였고, 필연적으로 처벌을 초래하였다. 예언자들의 기능은 모든 형태의 이러한 불법행위들(iniquities)을 식별하고 위반자들이 그들의 죄를 뉘우치고 하나님께 돌아오도록 설득하는 것이었다. 언약 앞에서의 이 평등이 모든 이스라엘 사람들을 하나님과의 언약에 참여하는 공통의 존엄성(common dignity)으로 들어올렸다.[370]

동료들을 의롭게 대우하라고 하는 이스라엘인 각자에 대한 명령은 차츰 재산이나 신체에 관한 권리를 방어하는 수단 이상의 것, 즉 인간의 존엄성(human dignity)을 방어하는 수단이 되었다. 그리하여 어느 사람이 범죄에 대한 처벌로 매를 맞아야 한다면 매질의 수는 40대로 한정되었으니, "만약 그가 이보다 더 많이 맞으면 너희 형제가 너희들이 보는데서 모욕을 당할 염려가 있기 때문이다"(신 25:1-3). 그리고 포도원에서 수확하고 남은 포도를 따는 것을 법으로 금하고

---

368) All the prophets considered *all the Israelites* to be *equal* before the Covenant and in the sight of God, be he king or priest, master or servant, rich or poor. p. 130.

369) This *inherent equality* imposed on everyone *the personal and inescapable obligation* to hear, understand, and obey the divine law. p. 130.

370) This equality before the Covenant raised all Israelites to *the common dignity* of participating in the Covenant with God. p. 130.

"그것은 거류외인과 고아와 과부를 위한 것이다"라고 하였을 때에, 하나님께서 그렇게 하신 것은 이스라엘인들이 자기들도 옛날 이집트에서 무력한 노예들이었음을 기억하기를 그분께서 원하셨기 때문이라는 것이 분명히 지적되었다(신 24:21-22).

율법이 이스라엘의 생활에서 극히 중요한 역할을 하였다는 것을 우리가 오랫동안 인정해 왔지만, 그럼에도 불구하고 이스라엘의 율법의 본질적 성격(essential nature)에 우리가 반드시 충분한 주의를 기울여 온 것은 아니다. 율법은 모든 이스라엘인들이 서로를 대함에 있어서 지켜야 할 *행위 규범*(code of conduct)을, 그리고 특히 지배층의 구성원들과 세력이 적은 사람들 사이의 관계를 확립하였을 뿐 아니라, 이 규범을 통하여 언약에 고유한 *공정하고 의로운 행동을 할 의무*를 표현하였다. 어느 다른 집단보다도 예언자들은 율법이 하나님의 뜻을 표현하였다는 사실을 강조하였는데, 이는 한 시편 기자가 하나님과 그분의 언약을 찬양하여 "의와 공의가 주의 보좌의 기초요, 인자와 진실이 주를 앞서 갑니다"(시 89:14)라고 말한 바와 같다.

오늘날 예언자들이 사회개혁 이론을 위한 영감의 가장 위대한 근원으로 인정되는 것이 보통이긴 하지만, 그럼에도 불구하고 그들은 사회제도의 개혁자들이라기보다는 사회제도 안에서의 개혁자들이었다.[371] 그들은 현존 질서를 지지하였고, 의식적 및 법률적 규정들의 준수에 *영적 고결(spiritual integrity)*과 *도덕적 공정(moral justice)에 대한 깊은 감각*을 고취할 필요에 그들의 모든 숭고한 의분(義憤)을 집중시켰다.[372] 율법의 정신에 대한 바로 이러한 강조를 하기 위하

371) Although the prophets are now usually recognized as the greatest source of inspiration for doctrines of social reform, they were nevertheless reformers *within*, rather than *of*, their social system. p. 131.

여 예언자들은 그들의 매우 위대한 비난과 권고의 글들을 쓰게 되었고, 동시에 사회 특권층의 구성원들과 충돌도 하게 되었다.373) 부유하고 세력있는 사람들이 일반적으로 해 온 바와 같이 특권층 이스라엘인들이 법을 자기들의 이익을 위하여 사용하고 싶은 유혹에 굴복하는 일이 빈번하였다. 그리고 그들이 의식(儀式)과 법의 엄밀한 준수를 매우 열렬히 주장하면서도 *언약에 함축된 최고의 수준에* 맞는 생활을 하지 못하는 일이 자주 있은 것은 의미심장한 일이었다. 예언자들에게 그들의 가장 웅변적인 설교들의 주제를 제공한 것은 바로 이런 종류의 허물들(failings)이었다.

그리하여 그들이 비난한 것은 사회적 불평등이 아니라 사회적 불공정(social injustice)이었고, 그들이 매도한 것은 같은 사회내의 빈부의 존재가 아니라 가난한 사람들에 대한 부유한 동포의 학대(abuse)였으며, 그들이 요구한 것은 새로운 사회의 창조가 아니라 그들이 알고 있던 이스라엘에 새로운 정신을 고취하는 것이었다. 그들의 기본적인 사회철학(社會哲學)은 사람들이 그들의 행동으로만 아니라 그들의 *마음으로도* 하나님의 계명을 지킴으로써 하나님께 대한 그들의 믿음을 표현한다면 이스라엘의 도덕적 풍토가 정화되고 그 사회의 생활이 건전해지리라는 확신에 입각해 있었다.374)

---

372) They supported the existing order and concentrated all their magnificent indignation on the need to infuse the observance of ritual and legal regulations with *spiritual integrity* and *a deep sense of moral justice*. pp. 131-2.

373) It was *this emphasis on the spirit of the law* which at once provoked the prophets to their greatest denunciations and exhortations and at the same time brought them into conflict with the privileged members of their society. p. 132.

374) Their basic social philosophy rested on *the conviction* that if the people expressed their faith in God by obeying His commandments in their hearts as well as in their acts, the moral climate of Israel would be purified and the life of her society would be sound. p. 132.

그와 다른 선택의 결과는 분명하였다. 공의를 위반하고 하나님의 뜻을 거역하면 바로 하나님께서 내리시는 신속하고 무서운 벌이 뒤따를 것이 확실하였다. 이 신적(神的) 징벌의 무수한 예가 성서에 기록되어 있다. 실로 파멸에 대한 예언자의 경고가 자주 실현되다 보니 하나님의 대변인들은 예고자(foretellers)라고 하든가 불운한 죄인에게 하늘의 저주를 불러내리게 하는 능력이 그들에게 있다고 하는 개념이 나중에 되살아났다. 그러나 예언자들 자신에게는 이 두 가지 권능 중 어느 하나도 정당화될 수 있는 것은 아니었다.[375] 처벌은 하나님께서 정하신 것이었고, 부정(不正)에 처벌이 뒤따를 것이라는 인식은 선견자가 점쳐서 알게 되는 비밀이 아니라 그보다는 언약의 피할 수 없는 결론이었다.[376]

예언자들의 운명과 그들의 교훈

그러나 이 제한된 맥락 속에서도 예언자들의 가르침이 실행되지 않은 것은 그들의 운명이었다. 히브리 신앙과 도덕률의 기본 요소들에 대한 그들의 확고한 집중과 더불어 그들이 사용한 언어의 장엄한 단순성과 활력은 그들의 권고가 무시되는 것이 거의 불가능하게 하였다. 그러나 비행에 대한 어느 예언자의 비난이 압제자들에게는 아닐지라도 압제받는 사람들에게 너무 강한 영향을 미칠 때에는 지배층은 백성에 대한 자기들의 지배력을 유지하거나 강화하기 위하여 예언자의

375) To the prophets themselves, however, neither attribution was justified. p. 133.

376) Punishment was ordained by God, and the recognition that it would follow injustice was not a secret to be divined by a seer but rather *the inescapable conclusion of the Covenant.* p. 133.

메시지에 '말뿐인 호의'(lip service)라도 베풀지 않을 수 없게 되는 경우가 빈번하였다. 그리하여 아모스의 저작이 받아들여져서 성서의 일부가 되어 세속적 및 사제적 지배자들에 의하여 율법과 공중 예배의 제도들을 강화하는 데 사용되었다.377) 이와 비슷하게 예레미야가 처음에 열성적으로 지지한 이른바 '요시야의 종교개혁'은 예루살렘의 왕정과 성직자의 특별한 이익을 위하여 예언자의 교훈이 사용된 또 하나의 경우가 되었다. 고아와 과부를 위하여, 그리고 약자와 억압받는 자를 위하여, 예언자들이 정의의 실질을 격렬하게 요구하였음에도 불구하고, 왕국의 법률은 도덕적 부정(moral injustice)보다 의식적 일탈(ritual transgression)을 더 격식대로 그리고 더 엄하게 처벌하기를 계속하였다.378)

예언자들의 두드러진 특징들 가운데 하나는 율법을 업신여기거나 악용한 이스라엘 사람들을 향하여 그들의 지위나 세력에 전혀 아랑곳없이 그들이 발언한 솔직함과 확신이었다.379) 이러한 단호한 열정으로 인하여 예언자들은 그들이 공격한 사람들의 손에서 학대와 죽임을 당하는 위험까지도 끊임없이 무릅썼고 때로는 그것들을 당하였다.380) 실로, 예

---

377) Thus the writings of Amos were accepted, to become a part of Holy Writ, and used by the secular and priestly rulers *to strengthen the institutions* of law and public worship. p. 133. Holy Writ 성서.

378) Vehemently as the prophets demanded *the substance of justice* for the orphan and the widow, for the weak and the oppressed, the laws of the kingdom continued to punish *ritual transgression* more regularly and more severely than *moral injustice*. p. 133. substance 실질, 실속, 알맹이. transgression 위반, 범죄.

379) One of the outstanding characteristics of the prophets was *the forthrightness and conviction* with which they addressed themselves to those Israelites, without the least regard for their rank or power, who flouted or perverted the law. p. 134. flout 모욕하다, 업신여기다. pervért 오용(악용)하다.

언자들은 모든 이스라엘 사람들이 언약 앞에서, 그리고 여호와께서 보시기에 평등하다는 것을 믿었던 만큼, 강자(强者)의 죄악을 약자(弱者)의 죄악과 똑같이 자유롭게 그리고 정력적으로 비난하는 수밖에 다른 방도가 거의 없었을 것이고, 그들이 고난을 당하였을 때에 그것은 그들이 믿는 하나님의 굽힐 수 없는 정의(inexorable justice)에 대한 그들의 열렬한 사랑 때문이었다.381)

나단은 헷 사람 우리아에 대한 살인적 행위로 인하여 강대한 왕 다윗을 탄핵하기를 주저하지 않았다(삼하 12장). 엘리야는 아합과 이세벨을 맹렬하게 비난한 일로 인해서 목숨을 건지기 위하여 도망치지 않으면 안 되었다. 미가야(Micaiah)는 뺨을 맞고 투옥되었다(왕상 22:24-27). 유다인 아모스는 그가 대담하게 벧엘에 있는 왕립 성소에 침입하여 왕가와 그 지지자들에게 그들이 여호와께 반역한 데 대한 징벌로 그들에게 무슨 일이 있을 지를 말하였을 때에 목숨을 걸지 않으면 안 되었다. 예레미야는 그의 정부의 국내외 정책을 통렬히 비난하였기 때문에 그의 목숨이 위협받고, 매맞고, 차꼬 차고, 지하 감옥에 던져져서 부득이, "나는 도살장에 끌려가는 순한 어린양과 같았다"(렘 11:19)라고 부르짖지 않을 수 없었다. 제2 이사야는 이러한 말을 되울려서 "도살장에 끌려가는 어린양과 같이, 그리고 털 깎는 자 앞에서 잠잠한 양과 같이"(사 53:7)라고 자기 자신을 묘사하였다.

---

380) Through this uncompromising vehemence, the prophets continually *risked* and sometimes *suffered* abuse and even death at the hands of those they attacked. p. 134.

381) Indeed, believing that all Israelites were equal before the Covenant and in the sight of the Lord, the prophets could hardly have done otherwise than *denounce* the iniquities of the strong *with the same freedom and vigor* as those of the weak, and when they suffered it was for their fierce love for the inexorable justice of their God. p. 134. inéxorable 냉혹한, 굽힐 수 없는.

에스겔은 "인자(人子)야, 비록 찔레와 가시가 너를 온통 둘러싸고 네가 전갈들 가운데 살고 있을지라도, 그들을 두려워하지 말고 그들의 말도 두려워하지 말아라"(겔 2:6)라는 말씀을 하나님께로부터 들었다. 예언자 우리아는 여호야김 왕이 칼로 죽이게 하였고(렘 26:20-23), 예언자 스가랴는 돌로 쳐죽임을 당하였다(대하 24:20,21).

후대에 그리고 전혀 달라진 상황 속에서 읽혀질 때에 이러한 수난들은 예언자들이 자기들의 백성의 죄를 속하기 위하여 온유하게 받아들인 속죄의 희생(expiatory sacrifices)으로 해석되었고, 언약 앞의 만인평등에 대한 예언자들의 주장은 이스라엘의 자녀들만이 아니라 모든 민족들의 모든 사람들을 포함하는 보편성에 대한 신념(belief in a universality)으로 해석되었다.[382)]

파멸에 관한 위대한 예언들 속에 있는 가장 흔하고 인상적인 주제들 가운데 하나는 이스라엘인들이 여호와의 말씀에 귀를 기울이지 않으면 그들은 적의 손에 패배와 정복까지도 당할 것이라고 하는 경고였다. 그 한 예로서 여호야김, 여호야긴, 그리고 시드기야[383)]의 치세(B.C. 609-587경)에 유다 지배층의 한 강력한 파벌이 바빌로니아에 대항하여 이집트 및 그 밖의 나라들과 협정을 맺기를 원하였다. 그러나 예레미야는 이 움직임은 하나님의 뜻을 거스르는 것이고 따라서 확실한 재난으로 가는 발걸음이라고 비난하였다. 그

---

382) Read in a later time and under wholly altered circumstances, these sufferings were interpreted as *éxpiatory sacrifices* meekly accepted by the prophets to atone for the iniquities of their people, and the prophetic insistence on the equality of all before the Covenant was interpreted as *belief in a universality* encompassing not merely the children of Israel but all men of all nations. p. 135. éxpiatory 속죄의, 보상의. atone 보상하다, 속죄하다.

383) 유다 왕국의 마지막 왕들.

대신 그는 바빌로니아와의 협력정책을 유지할 것을 강력히 권하였다.[384](예: 렘 25-29장)

똑같은 패턴이 유다로 하여금 팽창하는 앗시리아 제국에 대항하는 동맹에 가담하도록 강요하는 이스라엘 왕 베가와 아람 왕 르신의 노력을 이사야가 분석하였을 때인 한 세기 이상 전 B.C. 735년경에도 분명히 보인다(사 7-8장). 그 예언자는 이스라엘과 그 나라의 동맹국 아람은 반드시 패망할 것이라고 경고하면서 이러한 어떤 동맹도 회피하도록 유다 정부에 조언하였다. 그는 말하기를 -

> 보라, 젊은 여자[385]가 잉태하여 아들을 낳고, 그의 이름을 임마누엘이라 할 것이다. … 이 아이가 악을 버리고 선을 택할 줄 알기 전에 네가 두려워하는 두 왕의 땅이 황폐케 해질 것이다. (사 7:14-16)

역사적 전후관계를 살펴보면 예언자들이 실제로 비상한 통찰력을 가지고 동부지중해 연안 세계의 세력균형을 분석하고 그들이 얻은 결론을 동료 이스라엘인들에게 자기들의 관례적인 장엄한 웅변으로 역설하고 있었음이 분명하다.[386]

---

384) Instead, he urged a policy of continued co-operation with Babylonia. p. 135.

385) 여기에 쓰인 히브리어 단어 '알마'(*almah*)는 '결혼 적령기의 젊은 여자'나 '처녀'를 의미하였다. 이 단어를 구약성서의 헬라어 번역본인 '70인역'은 '처녀'(*parthenos*)로 번역하였고, 마태복음의 저자는 이 번역을 인용하였다(마 1:23). 반면에, 본서의 저자는 이 단어를 이곳에서 '젊은 여자'(a young woman)로 옮겼다. '알마'는 구약성서에서 기혼 여자에 관해서는 쓰인 적이 없는 단어이다.

386) The historical context makes it clear that the prophets were, in fact, analyzing with extraordinary acumen the balance of forces in the world of the Levant and urging their conclusions upon their fellow Israelites with the majestic eloquence of their tradition. pp. 135-6. acúmen 예리함, 통찰력. Levánt 레반트(동부 지중해 연안; 특히 시리아, 레바논, 이스라엘).

이러한 견지에서 읽을 때에 젊은 여인과 그녀의 아이에 관한 언급은 시간에 관한 하나의 극적인 척도(尺度) 이외에 아무 것도 아닌 것이 되며, 태내의 아이가 선과 악의 차이를 알 나이가 되기 전에 여호와께서 유다의 원수에게 참화를 내리시리라는 경고가 된다(8:1-4와 비교할 것).[387] 그럼에도

387) 이사야 7:14: 이 구절의 예언이 의미하는 바에 관하여 에스라성경대학원대학교의 양용의 교수가 명쾌한 설명을 하고 있다. 그는 본 구절이 예수의 처녀 잉태를 입증하는 근거로 사용 되는 데에는 크게 두 가지 문제가 있다고 말한 다음, 첫째로 칠십인역 번역자들이 히브리어 본문의 '*알마*'를 '*파르테노스*'(처녀)로 번역한 것의 적절성을 그 단어의 구약성서 내의 용례들을 고려하여 논증하였고, 둘째로 본 절에 있는 '징조'의 의미에 관하여 다음과 같이 말하였다. "이사야 7:14은 원래 주전 735년에 아람 왕과 이스라엘 왕이 유다 왕 아하스를 대적하여 연합공격을 펴던 상황에서 아하스에게 주어진 징조로서 그 징조는 한 '젊은 여자'가 아이를 낳을 것인데, 그 아이가 장성하기 전에 그 연합공격을 펴는 두 왕이 패망하게 되리라는 것이었다. 따라서 이사야 7:14은 표면적으로 예수의 처녀 잉태와는 무관한 예언처럼 보인다. 그러나 문제의 해결점은 '임마누엘'이라는 이름에서 발견된다. 이사야 7:14에서 언급된 '임마누엘'이라는 이름이 이사야 8:8,10에서 다시 언급되고 있을 뿐 아니라, 임마누엘이라 불리는 이 아이 구출자에 대한 기술이 이사야 9:6-7과 11:1-2에서 계속 진행되고 있기 때문이다. 이러한 사실들로 미루어 볼 때, 이사야 7:14은 역사적 한 사건에 대한 단편적인 예언으로 끝나지 않고, 한 사상의 전개의 시발점으로 드러난다. 또한 그 아이도 단순한 어린 아이 구출자 이상의 인물로서, 이사야 6-12장에 걸쳐 발전되어 나가는 구속사적 중대 임무를 띤 메시아적 인물로 드러난다. 이처럼 이사야 7:14은 주전 8세기경 역사적 상황 속에서 한 아이의 출생에 대한 현세적 예언인 동시에, 메시아의 탄생에 대한 종말론적 예언으로도 이해될 수 있다. … 한편, 이사야 7:14의 '그의 이름을 임마누엘이라 부를 것이다'라는 예언은 예수의 실제 이름에 의해서 성취되지는 않았다. 하지만 마태는 그 예언이 예수의 역할에 의해 성취된 것으로 보고 있다. …" 양용의, 『마태복음 어떻게 읽을 것인가』 (성서유니온선교회, 2005) pp. 51, 52.

또한 프린스턴 신학교의 구약학 교수 번하드 앤더슨은 이 예언과 관련하여 다음과 같이 말하였다. "비록 이사야가 먼 미래를 바라보고 있었던 것은 아니었지만, 그리고 이사야의 시대에 '메시아'(기름부음 받은

불구하고 이러한 종류의 구절들이 후일의 전혀 다른 상황 속에서 읽어졌을 때에, 그것들은 예언자들은 예고자들이고 그들의 재능은 당면한 상황을 분석하는 능력에 입각하였을 뿐 아니라 그보다는 오히려 신적 영감(靈感)에서 유래하고 멀고 신비로운 약속들을 내포한다고 하는 통상적 신념의 근거가 되었다.[388]

A.D. 70년에 유대인 국가가 파괴된 다음 '성서 이후 시대의'(post-Biblical) 유대인들은 예고(prediction)에 관한 이 개념을 예언 문학의 가장 중요한 면으로 받아들였다. 먼 과거의 정치적 군사적 상황에 대한 꼼꼼한 분석은 성서 시대 전통의 계승자들에게 더 이상 중요한 것이 되지 못하였다.[389] 예언자들의 문학적 힘이 매우 커서 그들의 작품들은 여전히 읽혀졌고 새로운 시대와 새로운 상황에 적절한 의미를 위하여 더욱 더 자세히 탐구되었다. 패배와 멸망의 경고들은 디아스포라 후에는 더 이상 의미가 없게 되었고, 회복과 최후 승리의 숨은 약속들을 찾고자 하는 유혹이 압도적으로 커졌다.[390]

자)라는 단어가 다스리는 왕과 관련되었음이 지적되지 않으면 안 되지만, 이사야가 말한 아이가 '메시아적' 인물이었다고 하는 결론에 반대하기는 어렵다. 만약 그렇다면, 9:1-7에 있는 메시아적 시는 그의 예언의 주제와 일치한다(11:1-9도 참조할 것)." Bernhard Anderson, 전게서 p 312.

388) Yet when passages of this sort were read in a later and wholly different set of conditions they laid the basis for *the common belief* that the prophets were *foretellers* and that their gift was based not merely on their power of analysis of an immediate situation, but was derived rather from *divine inspiration* and implied *distant and mystical promises*. p. 136.

389) The scrupulous analysis of long-past political and military situations no longer concerned the heirs of the Biblical tradition. p. 136. scrúpulous 꼼꼼한, 세심한.

390) The literary power of the prophets was such that their works were still

A.D. 1세기와 2세기의 유대인들이 예언서들 속에서 새로운 추방과 또 한 번의 회복에 대한 예고를 읽었을 뿐 아니라, 초기 기독교인들은 같은 자료 속에서 예수(Jesus)의 오심과 그분의 메시아적 역할에 관한 예언들을 발견하였다. 그러나 예고의 애매한 특성이 소급적으로(retroactively)만 예언서들과 결부된 것과 꼭 마찬가지로, 메시아 신앙(messianism)의 개념도 부적절하게 예언서들 속으로 소급하여 투영되었다.391)

하나님께서 당신의 백성 이스라엘을 다윗 가문의 한 후손이 다스리는 그들의 나라로 복귀시키실 것을 예언자들이 믿은 것은 사실이다. 여호와의 백성의 통치자가 되도록 그분의 예언자들을 통하여 그분의 선택을 받은 자는 누구나 "그분의 메시아"(His messiah), 직역하면, "그분의 기름부음을 받은 자"(His anointed)로 간주되었다. 그리하여 사울은 "여호와의 기름부음을 받은 자"(the Lord's anointed, 삼상 24:6)였고, 다윗과 시드기야(삼하 19:21; 애 4:20)도 그러하였다. 제2 이사야가 바빌로니아를 멸하고 이스라엘을 회복시킬 하나님의 대리자(agent)로 인정한 페르시아의 고레스(Cyrus) 왕조차도 "그분의 기름부음을 받은 자"(사 45:1)라고 묘사되어 있다. 성서 시대를 통틀어 모든 경우에 "기름부음을 받

---

read and increasingly searched for meanings relevant to a new age and a new situation. Warnings of defeat and destruction were no longer meaningful after the Dispersion, and *the temptation to find hidden promises* of restoration and final triumph was overpowering. p. 136.

391) Not only did the Jews of the first and second century A.D. read in the prophets a prediction of the new exile and a second restoration, but the early Christians found in the same source *predictions of the coming of Jesus and his messianic role.* But just as the dubious quality of prediction was only retroactively associated with the prophetic writings, so too was the concept of messianism improperly projected back into the prophetic writings. pp. 136-7.

은" 사람은 인간이었다.392) 그리고 이스라엘의 유형적 회복(physical restoration)이 예상될 때에 통치자, 즉 "여호와의 기름부음을 받은 자"가 될 사람은 다윗의 자손이었다.393) 그리하여 바빌론 유수 후에 유다의 회복을 이끈 것은 다윗 가문의 스룹바벨이었다.

이스라엘을 위하여 압제자들에 맞서서, 또는 의인들을 위하여 악한 자들에 맞서서 직접적으로 개입하도록 언젠가 먼 미래에 하나님께서 내려 보내실 초인적(超人的)인 기름부음 받은 지도자라는 사상, 실로 (대문자 "M"으로 시작되는) "메시아"(Messiah)라는 용어의 사용까지도 유대인 집단과 기독교인 집단에서 성서 이후 시대에 발달한 것이다.394) 자기들은 로마 제국주의의 세력에 대항할 수 없다는 것을 쓰라리게 인식한 나머지, 그리고 이 고뇌와 절망의 시기에 위로와 희망을 필사적으로 찾다가, 많은 유대인들이 하나님의 명령에 따라 유대인에게 해방을 가져다줄 초인적 메시아(a superhuman Messiah)의 사상과 예고를 성서의 책들 속으로 거꾸로 읽어 들어갔다.395) 기독교인들에게는 이 메시아가

---

392) In every case throughout the Biblical period, the "anointed" person was a human being. p. 137.

393) And when the physical restoration of Israel was contemplated, it was *a scion of David* who was to be the ruler, *the anointed of the Lord.* p. 137.

394) The idea of *a superhuman anointed leader*, indeed, the very use of the term "Messiah" (with capital "M"), who would be sent down by God at some distant time to intervene directly in behalf of Israel against her oppressors, or in behalf of the righteous against the wicked, is *a post-Biblical development* in Jewish and Christian circles. p. 137.

395) Painfully aware that they were unable to cope with the might of Roman imperialism and casting about desperately for comfort and hope in this period of distress and despair, many Jews *read back into the Biblical Books* the idea and prediction of a superhuman Messiah who would bring deliverance to the Jews at the behest of

그리스도(Christ: "기름부음 받은 자"라는 뜻의 그리스어)였고, 이사야서에 나오는 아들을 낳을 임신한 젊은 여자는 동정녀 마리아(the Virgin Mary)였다.

위대한 예언들 속에서 메시아의 약속을 발견한 사람들은 빈번하게 고난을 겪은 예언자들의 생애 속에서 후대의, 주로 기독교적인, 속죄의 교리(doctrine of atonement)에 대한 예견도 발견하는 경향이 있었다.[396] 예를 들어 제2 이사야는 그의 부당한 고난을 온순하게 받아들였고, 그리함으로써 자기의 동료 유대인들이 율법과 하나님의 말씀을 위반하였기 때문에 당연히 받아야 할 형벌과 파멸을 그들이 면하도록 하는 성과를 거두었다고 추측하는 사람들이 많았다. 이 교리에 의하면 무죄한 예언자들이 백성 전체가 저지른 죄과로 인하여 고난을 당하고 그들의 대역(substitute)으로서의 역할을 하였다. 그러나 성서에는 이러한 원리를 뒷받침할 근거가 없다.[397] 백성의 부정(不正)에는 예언자들의 출현이 뒤따랐고, 그 결과 그들이 때때로 학대를 받았다는 것은 사실이지만, 히브리 성서 전체에 예언자의 고난이 어느 집단의 죄를 속한 단 한 번의 사례도 찾아볼 수 없다. 예언적 교훈의 정신에서 이보다 더 먼 것은 없었을 것이고, 의롭고 신실한 자가 대리로(vicariously), 즉 불의하고 불경스러운 자들을 위하여 대역으로 고난을 당한다고 하는 것은 모든 것 중에서 가장 부당한 일(injustice)이었

God. p. 137. cast about for 찾아 다니다, 궁리[연구]하다. behést [文] 명령, 요망.

396) Those who found in the great prophecies *the promise of a Messiah* tended also to find in the lives of the prophets, with their frequent sufferings, *an anticipation of a later, primarily Christian, doctrine of atonement*. p. 138. atónement 속죄.

397) According to this doctrine *the innocent prophets suffered* for the iniquities committed by the people as a whole and *served* as a substitute for them. There is, however, no basis in the Bible for this principle. p. 138.

을 것이다. 예언자들은 율법에 인간적 온기와 이해를 불어넣기를 주장하였지만, 그들은 언약을 대신하는, 그리고 죄인 대신에 무죄한 자가 어떠한 형태로든 희생되는 것을 허용하는, 교리를 결코 설교하지 않았다.[398]

동일한 정의의 기준에 의하여 예언자들은 이스라엘이 스스로의 죄에 대하여 충분한 벌을 받았음을 빈번히 발견하였다.[399] 이러한 취지의 진술들이 성서 속에서 되풀이하여 발견되는데, 예를 들어 제2 이사야 자신은 대속(代贖, vicarious atonement)에 관한 어떠한 생각도 품기는커녕 그의 동료 유배자들에게 보내는 그의 일련의 비길 데 없는 글들을 다음과 같은 다정한 위로의 말로 시작하였다:

> 너희의 하나님께서 말씀하신다:
>   "위로하라. 내 백성을 위로하라.
> 예루살렘에 정답게 말하고,
>   그 도성에 선포하라.
> '그 복역(服役)이 끝났고,
>   그 죄악의 대가가 치러졌으며,
> 그 모든 죄로 인하여
>   여호와의 손에서 배나 받았다'라고."
>
> (사 40:1-2)

---

398) 본서의 저자는 이곳에서 구약성서의 그 많은 희생제례(犧牲祭禮)에 함축되어 있는 '대속'의 상징과 원리를 간과하고 있다. 인간의 의로써 살고자 하는 유대교인들에게는 '대속'의 은혜가 이해되지 않고 '구속자'(the Redeemer)가 필요하지도 않은 것이다. 그들은 오늘에 이르도록 "하나님의 의"를 외면하고 "자기의 의"를 세우기 위하여 노력한다(롬 10:2,3 참조). 그들은 '복음'(福音)의 빛으로, 즉 구속사(救贖史, redemptive history)의 관점에서 성경을 해석하려 하지 않는다.

399) *By the same canon of justice* the prophets frequently found that Israel had suffered *sufficient punishment* for its sins. p. 138. canon 규범, 기준(criterion).

그러므로 대리적 수난과 속죄(vicarious suffering and atonement)의 개념은 유대인 국가가 파괴되고 많은 유대인들이 로마인 정복자에 의하여 그 땅에서 추방된 성서 이후 시대에서 유래하고, 그 시대에 의미를 지닌다. 랍비적 해석에 따르면 바로 그때에 이사야 52:13-53:12에 나오는, 그리고 바로 그 예언자 자신이었던, "여호와의 종"이 이스라엘 백성과 동일시되게 되었고, 이스라엘이 이방(異邦) 세계의 죄를 대신하여 고난 받고 있는 하나님의 종으로 여겨지게 되었다. 이와 대조적으로 기독교는 "여호와의 종"을 예수와 동일시하였는데, 그 결과 제2 이사야는 여호와의 "고난 받는" 종으로 여겨지게 되었다. 그러나 실제로 그가 "고난 받는" 종이 아니었던 것은 엘리야나 예레미야나 우리아나 에스겔이 "고난 받는" 종이 아니었던 것과 마찬가지였다. "고난 받는 종"이라고 하는 흔히 쓰이는 용어는 이 문맥 속에서는 전혀 부당하고 오도하는 용어이다.[400]

---

400) 여호와의 종: 이사야서에 나타난 '대리적 희생'(vicarious sacrifice)과 '여호와의 종'(the Servant of the Lord)의 개념을 이해하는 데 있어서 유대교의 견해와 기독교의 견해가 이곳에서 극명하게 엇갈리는 것을 보면서 역자는 이 주제에 관한 기독교의 견해를 아래에 간단히 소개한다. -

▪ "이사야서의 후반부에서 다른 사람들이 구속(救贖)을 받게 하기 위하여 하나님께 도구로 쓰임 받을 인물은 하나님의 '종'이라고만 알려져 있다. 이 종을 이미 되어져 온 바와 같이 선교적 임무를 띠고 유배지에서 나오는 하나님의 백성과 동일시하는 것이 합리적이었던 반면에, 그 개념을 더 높은 차원에서 적용 해 보면 그 종은 매우 특별한 방식으로 하나님의 종이 될 분을 암시하였다. 그는 지상에서 정의를 확립할 것이었다(42:1-4). 이것은 그 종이 자신이 섬기고자 하는 사람들의 손에 고난당할 것을 의미할 것이었다(53:3). 마침내 그는 죽임을 당할 것이었다(53:8). 그는 선한 일만 하였지만(53:9), 기꺼이 죽을 것이었다(53:7). 그러나 죽음은 끝이 아니었다. 하나님의 종은 고난과 죽음을 넘어서 승리, 즉 자기의 고난이 다른 사람들에게 하나님의 구속을 가져다주었음을 아는 승리를 경험할 것이었다(53:10-13). 누가 이 '종'인가?(Who is this Servant?) 복음서들을 주의깊게 읽어보면 예수께서 세상에서의 당신의

사명을 이사야서의 두 위대한 인물상, 즉 '*메시야 왕*'(the Messiah King)과 '*고난 받는 종*'(the Suffering Servant)이라는 관점에서 이해하셨음을 우리는 깨닫게 된다. 이 두 가지 역할을 아울러 수행하심으로써 예수께서 하나님의 구속 계획을 성취하셨다(막 8:31; 10:45)." *NIV Disciple's Study Bible* (Nashville, Holman Bible Publishers, 1988) p. 813.

▪ 이사야서에 설명되어 있는 '종'의 희생이라는 구상(構想)은 기독교 신학에 심대한 영향을 끼쳐왔다. 기독교인들은 이사야 53장을 읽을 때마다 그리스도가 자기의 생명을 많은 사람의 '대속물'로 주기 위하여 오셨다고 하는 마가복음 10:45을 생각한다. 번하드 앤더슨은 다음과 같이 말한다: "타인들을 위한 희생을 뜻하는 이 '대리적 희생'의 구상은 고대 세계에 널리 퍼져 있었고, 그 믿음은 이스라엘의 제의적(祭儀的) 전통 안에서 특별한 발달을 이루었다. 예를 들어, 우리는 공동체의 죄가 그것에게 지워진 다음 광야로 쫓겨난 속죄염소(scapegoat)라고 하는 이스라엘의 유명한 의식(레 16:8-22)을 생각한다. 더 나아가 동물희생이 생명을 유지하고 신과의 깨어진 관계를 회복하는 수단이라고 하는 믿음이 널리 퍼져있었다. … 제2 이사야가 그린 '고난 받는 종'의 초상화 속에서 희생의 신학(the theology of sacrifice)이 구약성서 안에서 최고의 표현을 달성하였다. 그것은 다른 사람들을 위하여 자진해서 행해지는 자기희생이다. … 유대인들은 메시야를 '고난 받는 종'과 동일시하지 않는 것이 보통이었다. 이 혁명적 동일시는, 비록 그 길이 서력기원 초에 사해의 서북 해안 쿰란의 유적을 차지하고 있던 에세네 공동체와 같은 어떤 유대인 집단들에서 준비되긴 하였었지만, 주로 기독교 안에서 이루어졌다. … 신약성서 안에서, 그리고 교회사를 통하여 내내 기독교인들은 예수의 사명을 제2 이사야의 '종의 시'(the Servant poems, 42:1-4; 49:1-7; 50:4-9; 52:13-53:12)의 관점에서 이해해 왔다. 기독교인들은 그 '종'의 사명이 예수 안에서 실현되었다고 확신한다. 예수는 참 이스라엘 사람, 즉 '한 사람으로 축소된 이스라엘'(Israel reduced to one)이다. 예수의 '대리적 희생'을 통하여 새로운 이스라엘이 그의 주변에 모여지고 왕국의 문들이 모든 민족들에게 활짝 열린다. 예수 안에서 이스라엘의 전 역사가 명확히 보이고 성취된다." Bernhard Anderson, 전게서, pp. 466-470.

▪ 예수께서는 이사야 61:1 이하를 낭독하시고 "이 글이 오늘 너희가 듣는 데서 성취되었다"라고 선포하심으로써 나사렛에서의 그분의 사역을 시작하셨다(눅 4:16이하). 또한 이사야 53장의 '고난 받는 종'과 예수님과의 관계에 대한 초대교회의 믿음은 빌립의 선교 내용을 전하는 행 8:26-39에 명확히 나타나 있다.

예언자들의 가르침 속에 있는 특정주의와 보편성

예언자들의 전통 속으로 시대착오적으로 소급하여 읽혀 들어간 개념들 중에 아마도 가장 중요한 또 하나의 개념은 그들의 가르침들이 공통적 형제관계(brotherhood) 속에서 모든 인류를 포함하기까지 넓어졌다는 생각이다.401) 매우 자주 인용되면서도 잘못 해석된 성서 본문들 가운데 하나는 말라기서의 잘 알려진 "우리 모두가 *한 아버지를* 가지지 아니하였느냐? *한 하나님의* 지으신 바가 아니냐?"402)(말 2:10)라는 구절이다. 그러나 이 절은 그것이 모든 인류에 관한 언급으로 해석될 때에는 그것의 원래의 문맥에서 난폭하게 잡아떼어져서 그리 된 것이다. 실지로 그 문맥은 유다에 있는 하나님의 제사장들이 여호와의 언약을 변질시켰다고(1-9절), 모든 이스라엘이 "여호와의 이름을 더럽혔다"(12절)고, 그리고 여호와께서 죄인들을 벌하실 것이라고 비난하고 있는 것이다. 말라기가 의미하는 바는 이 시점에서도 만약 에돔 사람들이 자기네 땅을 재건하려고 노력하면 여호와께서 에돔을 멸하실 것이라고 그가 말하고 있는 그의 책 제1장에서와 똑같다.

예언적 전통은 여호와와 그분의 백성 이스라엘 사이의 언약이라는 사상 위에 똑바로 세워져 있다.403) 예언자들은 직접적으로 그리고 배타적으로 이 "선민"(選民)에 관심을 갖고 있었고, 그들은 다른 민족들과 국가들을 그들이 유다나 이스라엘과 - 좋은 일보다는 오히려 항상 나쁜 일로 - 접촉

---

401) Another, perhaps the most important, of the concepts anachronistically read back into the tradition of the prophets was the idea that their teachings *broadened out* until they encompassed *all humanity* in a common brotherhood. p. 140.

402) Have we not all *one father*? Did not *one God* create us?

403) The prophetic tradition *rests* squarely *on* the idea of the Covenant between the Lord and His people Israel. p. 140.

할 때에만 주목하였다. "이스라엘 자손들아, 여호와께서 너희에 관하여 하신 이 말씀을 들어라. … '내가 땅의 모든 족속 중에서 너희만을 알았으니 … '"(암 3:1-2)라고 아모스는 말하였다. 민족들간의 평등이라는 개념은 예언자들과 그들의 백성에게는 이해될 수 없는 것이었을 것이다. 그것은 후대에 그리고 전적으로 다른 상황에서만 발달할 수 있었고, 예상할 수 있는 바와 같이 A.D. 70년 이후에 로마가 유대인들을 추방하고 유대인이 제국의 광대한 영토 안에서 방황하고 있었을 때에 유대인들과 기독교인들에 의하여 예언서들의 본문에 거꾸로 읽혀 들어간 사상이었다.404)

예언자들이 알고 있었던 이스라엘 땅은 지리적으로 고대 근동의 군사적 교차로에 위치하였다. 그곳의 인구는 적고 방어 가능성은 희박하여 그 결과 그 땅은 평화롭거나 앗시리아, 아람, 이집트, 바빌로니아에 대한 두려움이 없던 긴 시기가 별로 없었다. 이스라엘인들이 가장 필요를 느끼고 갈망한 바는 이웃 나라들로부터의 평화(peace from her neighbors)였다. 그 나라의 백성은 국제정치나 이집트, 모압, 두로, 시돈의 번영에 관심이 없었다. 그들의 관심사는 내버려두어지는 것(to be left alone)이었고, 이사야(2:4)와 미가(4:3)가 다음 유명한 절들에서 표현한 바는 바로 이 압도적인 소원이었다:

그분께서 나라들 사이에서 심판하시며,
　많은 민족들의 분쟁을 해결하실 것이니,

404) The concept of equality between nations would have been incomprehensible to the prophets or their people. It was an idea which could develop only later and under wholly different circumstances and which, not surprisingly, was read back into the prophetic texts by both Jews and Christians when Rome forced the Jews into exile after A.D. 70 and they found themselves adrift in the vast reaches of the Empire. p. 140. adrift (배가) 표류하여; (사람이 정처없이) 떠돌아, 방황하여. reach 범위, 구역.

그들이 칼을 쳐서 보습을 만들고,
　창을 쳐서 전지용(剪枝用) 낫[405]을 만들 것이다.
나라가 나라를 칼을 들어 치지 않으며,
　더 이상 전쟁을 연습하지도 않을 것이다.[406]

동경하는 마음으로 읽을 때 이 웅대한 구절은 자주 그래온 바와 같이 인간의 우애와 지상의 보편적 평화에 대한 소원을 암시한다고 해석될 수도 있을 것이다. 그런데 엄연한 사실을 말하거니와 문맥이 이 감상적인 해석을 배제한다. 이사야(2:3)와 미가(4:2)는 어떠한 이러한 평화의 바탕도 엄격하게 이스라엘의 승리에 둔다. 그들은 "율법이 시온에서 나오고, 여호와의 말씀이 예루살렘에서 나올 것이다"라고 말한다.[407]

일반적으로 배타주의적 성향이 가장 적은 도덕적 견해의 소유자로 여겨지는 제2 이사야조차도 민족적 색채가 강한 견해를 시종일관 선포하였다.[408] 그는 자기의 동료 추방인들에게 확언한다:

---

405) pruning-hook.

406) 예언자 요엘(Joel, 3:9 이하)은 예언적 전통과 일치되게 이 구절을 똑같이 민족주의적인 용도에 썼다. (The prophet Joel, in keeping with the prophetic tradition, put this passage to equally nationalistic use.) [저자의 주].

407) Read wishfully, this majestic passage might be construed, as it so often has been, to imply a desire for the brotherhood of men and the universal peace on earth. In hard fact, the context excludes this sentimental interpretation. Isaiah and Micah rigidly *predicate* any such peace *on* the triumph of Israel. "Out of Zion shall go forth the law," they say, "and the word of the Lord from Jerusalem." p. 141. prédicate, *vt.* (어떤 근거에) 입각시키다, (~의 기초, 근거를) ~에 두다(on, upon).

408) The Second Isaiah, whose moral outlook is generally regarded as the least exclusivist, consistently proclaimed *his strongly national point of view.* p. 141.

나 주 여호와가 말한다:
내가 나라들을 향하여 나의 손을 들어 신호하고,
민족들을 향하여 나의 깃발을 세울 것이니,
그들이 네 아들들을 품에 안고
네 딸들을 어깨에 메고 올 것이며,
왕들은 네 양부(養父)가 되고
왕비들은 네 유모(乳母)가 될 것이다.
그들이 얼굴을 땅에 대어 네게 절하고,
네 발의 티끌을 핥을 것이니,
그때에 네가 알 것이다, 내가 여호와임을 … .
(사 49:22-23).

근원적인 의미에서, 즉 그가 이스라엘의 기분과 감정과 고난에 자연스럽게 민감하였다는 의미에서, 제2 이사야는 다른 예언자들과 마찬가지로 후대의 유대인들과 기독교인들 모두에게 위대한 의미를 지닌 많은 사상들을 표현하게 되었다. 그럼에도 불구하고 이사야 자신의 역사적 환경 안에서는 이 사상들이 그의 백성에게만 적용되었다.[409] 그는 말한다:

시온아, 깨어라, 깨어라,
네 힘을 내어라.
거룩한 성 예루살렘아,
네 아름다운 옷을 입어라.
이제부터 할례(割禮) 받지 않은 자와 부정한 자가
다시는 네게로 들어오는 일이 없을 것이다. (사 52:1)

자기 자신의 백성들이 그 이전의 아모스와 예레미야와 그 밖의 예언자들을 그들이 알고 이해하였었던 바와 같이

409) Yet within his own historical setting these ideas applied only to his own people. p. 142.

알고 이해한 그 예언자는 그렇게 말한다.

그렇기는 하지만 예언자들의 관심이 그들의 백성 이스라엘에서 멈추고 더 이상 미치지 않았다는 인상을 남기는 것은 잘못된 일일 것이다. 이스라엘은 다른 민족들 가운데 살고 있었던 관계로 이민족(異民族)들의 행동으로부터 밀접하게 그리고 끊임없이 영향을 받았고, 그 결과 예언자들은 되풀이하여 그들에 대해서도 관심을 갖지 않을 수 없게 되었다. 그들의 조그마한 나라가 더 강력한 다른 나라들의 가운데에 위치하였던 상황으로 인하여 예언자들은 궁극적으로는 보편적 함축성을 지닌 견해를 갖게 되었다.410) 그들의 하나님, 곧 존재하시는 유일한 신께서 마침내 그들을 타민족들의 모든 위협으로부터 구출해 주셔서 그들에게 더 이상의 전쟁이 없게 해 주시리라는 것을 굳게 믿고, 그리고 그들이 신봉하는 '토라'가 인간이 살아갈 수 있는 법과 생활의 유일한 규범이라는 것을 자각하는 가운데, 예언자들은 천하의 모든 민족들이 하나님의 뜻에 따라 상호간에 긴장과 수고를 거친 다음에 이스라엘과 그들의 종교와 그들의 하나님과 시온산 위에 있는 하나님의 거처, 이것들이 온 세상에서 하나뿐인 적절한 생활방식임을 깨닫게 되리라는 그들의 확신을 표현하였다. 세계의 이방 민족들은 그때에 여호와의 집이 있는 산으로, 야곱의 하나님이 계신 집으로 줄지어 올 것이었다. 이사야(2:2,3)와 미가(4:1,2)의 말에 의하면 -

---

410) At the same time it would be misleading to leave the impression that the prophets' interest stopped short with their own people Israel and went no further. Israel, dwelling among other nations, was intimately and constantly *affected* by their actions, and the prophet's attention was repeatedly *called* to include them. The position of their tiny nation in the midst of other, more powerful, nations led the prophets to *an outlook* that was *universal* in its ultimate implications. p. 142.

말일에 여호와의 전(殿)의 산이
모든 산들 가운데 가장 높은 산이 되고,
모든 언덕들 위에 올려 질 것이니,
만방(萬邦)이 그리로 모여들고,
많은 민족들이 오며 말하기를,
'오라, 우리가 여호와의 산으로,
야곱의 하나님의 전으로 올라가자.
그분께서 그분의 도(道)를 우리에게 가르치실 것이니,
우리가 그분의 길로 행하자'라고 할 것이다.
이는 율법이 시온에서 나오고,
여호와의 말씀이 예루살렘에서 나올 것이기 때문이다.

예언자들이 다른 민족들을 위하여 옹호하기 원한 것은 바로 이스라엘의 문명이었고 이방 문화 중에 이스라엘인의 생활 방식에 편입되기에 합당하다고 여겨진 것은 아무 것도 없었던 반면에, 이스라엘과 그들의 예언자적 대변인들의 특정주의(特定主義)411)가 후일의 보편성(普遍性)의 개념을 위한 기초를 놓은 것도 사실이다. 이스라엘적 신앙과 관행의 원리들을 받아들임으로써 - 즉 계약의 의무들을 받아들임으로써 - 모든 인류가 하나님의 활수하심의 열매를 하나님께서 당신의 예언자들을 통하여 당신의 백성에게 약속하신 바와 같이 누릴 수 있다는 것이 점차로 믿어지게 되었다. 이러한 보편주의(universalism)에 있어서 성서의 이스라엘과 그 예언자들은 고대 근동에서 독특하였다.

예언자들의 유대인 후손들이 헬레니즘 시대에 그리고 특히 로마 시대에 당시 알려져 있던 세계 전체를 포함하는 하나의 단일한 대통일사회(大統一社會)에서 자기들이 살고 있음을 더

411) 특정주의(particularism): [神學] 신의 은총은 인류 전체에 미치는 것이 아니라 특정의 선택된 개인에게만 주어진다고 하는 설.

완전히 인식하게 되었을 때에, 그들은 예언자들의 보편주의에 의존하였고 그것을 확장하였다.[412] 언약에 대한 예언자들의 개념은 모든 사람들 - 물론 이스라엘 사회의 - 을 그들에게 필수적인 인간의 존엄성(尊嚴性)에 있어서 평등하게 만드는 것을 목표로 하였었다. 그런데 이 개념은 이제 이웃 사람들이나 동료 이스라엘인들만이 아니라 *만인(萬人)에 대한 개인의 도덕적 책임*의 보편성과 불가피성이라고 하는 훨씬 규모가 더 큰 개념이 생기게 하였다.[413] 헤롯 대왕 때의 바리새파 자유화의 위대한 대표자 힐렐[414]에 의하여 개종된 한 이방인이 B.C. 1세기에 유대교에 대한 간략한 설명을 그에게 요청하였다고 기록되어 있다(바빌로니아 탈무드, Shabbat 31a). 힐렐은 "네가 싫어하는 것을 동료 인간에게 하지 말아라. 이것이 율법 전체이고, 나머지는 주석(註釋)에 불과하다"[415]라고 대답하였다고 한다. 힐렐은 "네 이웃을 네 자신과 같이 사랑하라. 나는 여호와이다"[416](레 19:18)라고 하는 성서 구절에 함축된 뜻을 정확히 알

---

412) … they drew upon and expanded the universalism of the prophets. p. 143. draw upon ~ (근원을) … 에 의존하다.

413) The prophetic concept of the Covenant had aimed at making all men - of the Israelite society, to be sure - equal in their essential human dignity. This concept, in turn, led to *one* much broader in scope, *of* the universality and inevitability of individual moral responsibility toward all men, not merely neighbors and fellow Israelites. pp. 143-44.

414) 힐렐(Hillel, B.C. 70년경-A.D. 10): 바빌로니아 태생 유대인. 예루살렘에서 고등교육을 받고 율법의 대가(大家)가 되어 율법의 해석을 체계화하였다. 윤리적 규범과 개인적 경건과 겸손과 사랑에 대한 힐렐의 강조는 그리스도의 도덕적 교훈을 예고하는 것이 되었다. 그의 표어는 "네가 싫어하는 것을 이웃에게 하지 말라"였다. 힐렐은 진보적인(liberal) 성서 해석 학파를 창설하였는데, 이 학파는 샴마이(Shammai)의 엄격한 학파와 대립하였다. 두 학파의 경쟁에서 힐렐이 승리하여 여러 대에 걸쳐서 그의 후예들이 팔레스타인 유대 공동체의 종교계를 주도하였다.

415) "What is hateful to you, do not do to your fellow man. This is the whole Law. The rest is mere commentary." p. 144.

고 있었다. 이 교훈은 기독교에 그리고 서양의 전통에 편입되어 대대로 큰 영향을 끼치면서 전달되었다.

개개인의 도덕적 사회적 의무(moral and social obligations of the individual human being)라고 하는 서양 문명권의 가장 고상한 개념은 다른 어떤 근원에서보다도 예언자적 전통에서 유래하였다.[417] 비록 예언자들이 그들의 동료 이스라엘인들에게만 설교하였고, 정의를 하나님과 맺은 그들의 언약이라는 점에서만 본 것은 사실이지만, 그들의 울려 퍼지는 말(ringing words)이 그들의 신념을 대대로 전달해 왔다. 그 신념은 정의는 강자만이 아니라 약자도 위한 것이라고 하는 것, 정의의 성취는 법의 문자만이 아니라 정신의 문제도 된다고 하는 것, 사람이 자기의 동료 인간을 학대하면서 하나님을 섬길 수는 없다고 하는 것, 하나님을 사랑하는 것은 정의를 사랑하는 것이라고 하는 것, 그리고 정의에 대한 사랑은 *어디서든 악을 보면 그것을 비난하고, '언약'(Covenant)을 어기도록 명령하는 통치자에게는 저항하고, 그리고 무슨 대가를 치르든 간에 율법과 하나님의 사랑 안에서 살* 궁극적이고 피할 수 없는 의무를 각 인간의 양심에 지웠다고 하는 것이다.

---

416) "Love your neighbor as yourself. I am the Lord."

417) It is *to the prophetic tradition* more than any other source that western civilization *owes* its noblest concept of the moral and social obligations of the individual human being. p. 144.

연대순 개요

* 이 표의 모든 연대는 대략적인 것임.

B.C.

100,000 이전 **'팔레스타인 고인류**(古人類)'(*Palaeanthropus palestinensis*)가 갈멜산 지역을 중심으로 하여 서부 팔레스타인에 생존하였는데, 그들은 네안데르탈인보다는 크로마뇽인(*Homo sapiens*)에 더 가까운 혼합 인종이었다.

8000-5500 **'나투피아(Natufia)기,'** 즉 **중석기시대**. 곡물이 재배되고 가공되었지만 나투피아인은 '식량생산자'라기보다는 (수렵, 어로 등을 통한) '식량채집자'였다. 개의 가축화.

5500-4000 **신석기시대**. 촌락들이 (때로는 사당의 주변에) 생겨났음. 도기(陶器) 제조술이 도입됨. 광대한 시리아 사막과 아라비아 사막에서 온 셈족이 "비옥한 초승달 지역"을 침략하여 때때로 머물렀음. 양과 같은 동물의 가축화가 늘어났음. 근동의 신석기 문화는 유럽의 신석기 문화보다 수천 년 앞섰고, 그것에 상당한 영향을 끼쳤다.

4000-3300 **청동석기시대(Chalcolithic Age)**. 부싯돌과 함께 구리도 사용됨. 도기제작이 점점 더 흔해짐. 메소포타미아에서 문자가 발명됨. 근동의 다른 지역들과 마찬가지로 팔레스타인의 요단강 유역과 에스드라엘론 평야에 사람들이 정착함.

3300-2000 **초기 청동기시대(Early Bronze Age)**. 메소포타미아와 이집트에서 중앙집권 국가가 출현함. 수메르인과 셈족의 메소포타미아 지배. 악카드의 사르곤 치하에 최초의 제국(帝國)이 출현함.

2000-1500 **중기 청동기시대(Middle Bronze Age)**. 서아시아와 이집트에서 큰 제국들이 출현함. 서아시아에서 아모르인들(서방 셈족)과 가나안인이 우세함. **족장시대**. 마리 시대. 함무라비(1792-1750)의 바빌로니아 제국. 헷족에 의한 동 제국

의 정복(1595). 이집트 지배하의 팔레스타인. 힉소스인의 이집트 침입과 지배(1720-1550). 히브리인의 **이집트 이주** 시작.

1500-1200 **후기 청동기시대(Late Bronze Age).** 후르르족에 의한 북부 메소포타미아 지배[미탄니 왕국](1500-1370). 뒤이어 헷족에 의한 지배. 그리고 앗시리아에 의한 지배(1250). 이집트 제국주의의 절정("이집트가 동방을 다스렸을 때")(1500-1100). **하비루**가 팔레스타인에 침입하여 정착하다. 모세 지도하의 히브리인의 **출애굽**(1250년경). **시나이 광야에서의 방황.** 히브리인들과 이스라엘인들에 의한 **가나안 정복.** "이스라엘"이라는 용어가 이집트의 파라오 메르네프타(Merneptah)에 의하여 승전 기록 속에서 처음으로 사용되다(1230).

1200-1000 **초기 철기시대.** 이집트 쇠퇴. 앗시리아는 메소포타미아에서 주요 강국이 됨. 팔레스타인에서 가나안 세력 붕괴. 에게해 지역에서 온 블레셋인과 그 밖의 "해양 민족"이 팔레스타인과 시리아의 지중해 연안에 침입하다. 요단강 양편의 하비루가 '모압인', '암몬인', '에돔인', '이스라엘인' 등 개별 민족들로 발전하다. **사사(士師)시대.** 히브리 및 이스라엘 부족들이 가나안인들과 그 밖의 민족들에 대항하여 그들 가운데서 그리고 그들 주변에서 싸우다. 블레셋인의 위협이 대부분의 부족들로 하여금 이스라엘의 초대 왕 사울(1020-1000경)의 지휘 하에 단결하도록 자극함.

1000-922 다윗(1000-961경)과 솔로몬(961-922경) 치하의 이스라엘인의 **통일왕국.** 이스라엘인의 제국이 서 아시아의 지배 세력이 되었음.

922-875 이스라엘과 유다의 **분열왕국.** 이집트의 파라오 시삭(Shishak)이 이스라엘과 유다에 침입함으로써 유다의 번영이 퇴조하고 이스라엘에 대한 유다의 경제적 정치적 우세가 끝나게 됨. 유다는 적대적 인접국들에 대하여 적절한 방어를 하면서 계속해서 한정된 번영을 누렸다. 이스라엘은 아람으로부터의 끊임없는 군사적 위협에 직면하였다.

875-750 **앗시리아의 위협**. 아람으로부터의 지속적인 위협에 대응하여 이스라엘에서는 '오므리(Omri) 왕조'에 이어 '예후(Jehu) 왕조'가 페니키아와 우호관계를 유지하였다. 9세기 후반에 호전적 앗시리아라고 하는 한층 더 큰 위협적 세력이 발생하였다. 엘리야, 엘리사, 아모스가 이스라엘에서 예언자들이었다. 유다에서는 여호사밧의 사법적 종교적 개혁에 뒤이어 왕위 계승을 둘러싼 격렬한 내분과 아람 군대의 잦은 침입이 있었다. 웃시야가 국내 안정을 회복하고 유다를 세력과 번영의 절정으로 이끌었음.

750-650 **이스라엘의 멸망**. 앗시리아 세력이 이스라엘을 압도하여 멸망시킬 때(722)까지 다윗 제국의 과거 영광이 이스라엘에서 잠시 회복되었다. 호세아가 이스라엘에서 예언자였음. 앗시리아 군대의 부단한 위협 하에서도 유다에서는 약간의 번영이 유지되었다. 앗시리아가 유다를 대거 공격해 왔지만(700) 정복을 관철하지 못하였다. 이사야와 미가가 유다에서 예언자들이었음.

650-586 **유다의 멸망**. 독립 유다의 마지막 세대는 앗시리아와의 잦은 충돌로 인하여 손상을 입었다. 요시야는 예언자 예레미야의 도움으로 얼마간의 종교적 개혁을 성취하였다. 근동에 대한 앗시리아의 지배는 바빌로니아-칼데아 군대에 의하여 마침내 분쇄되었는데, 바빌로니아가 느부갓네살 치하에 유다를 정복하였다(586).

586-539 **바빌론 유수**(幽囚). 예루살렘 함락(586)은 '**바빌론 유수**'의 시작이었다. 이 유수 생활은 바빌로니아-칼데아를 정복한 페르시아 고레스(Cyrus)왕의 '**해방 칙령**'(538)으로 끝났다. 에스겔과 제2 이사야가 유수 기간의 예언자들이었음.

538-400 유다로의 '**제1차 귀환.**' 스룹바벨과 예수아가 각각 유다의 세속적, 종교적 지도자였다. 학개와 스가랴가 유대의 예언자들이었음. 예루살렘 성전이 재건되었음(515).

400 '**제2차 귀환**'. 에스라 지도하의 제2차 귀환. 이집트에 유대인 거류지들(Jewish colonies)이 생겼음. 에스라와 느

헤미야에 의하여 유대에 유대인의 신정(神政)이 확립되었음. 대제사장들이 유대를 다스리다.

300 알렉산더 대왕의 동방원정(334-323)에 이어 **헬레니즘 문화**가 서아시아와 이집트를 압도하다. 유대인이 '프톨레미 왕조'의 지배를 받게 되다.

200 '셀레우쿠스 왕조'가 팔레스타인을 정복(200-198)하여 지배하다. 안티오쿠스 4세(에피파네스, 175-163)에 의한 성전 '모독'(profanation, 167년 12월).

167-37 안티오쿠스 4세의 그리스화 정책에 반대하여 '마카비가(家)'가 반란을 일으키다 -

- 맛타티아스(Mattathias, 167-166).
- 유다스 마카바이우스(Judas Maccabaeus, 166-160): 맛타티아스의 셋째 아들. 성전 재봉헌(164년 12월).
- 요나단(Jonathan, 160-143): 유다스의 동생,
- 시몬(Simon, 142-134): 유다스의 형.
- 요한 히르카누스(John Hyrcanus, 134-104): 시몬의 아들. 사망시에 솔로몬 이래의 최대 판도를 이루었음.
- 아리스토불루스(Aristobulus, 104-103): 히르카누스의 아들. 공식적으로 왕의 칭호를 사용하였으나 음모로 살해되었고, 뒤이은 분쟁으로 유대인 국가는 신흥 로마 세력의 희생물이 되었음.
- 안티고누스(Antigonus, 40-37): '하스몬(Hasmon)가(家)' 대제사장 왕들 중의 마지막 왕. 처형되었음.

63 팔레스타인이 로마의 속국이 되다(폼페이우스 장군에 의하여). 친로마파 '헤롯(Herod)대왕'의 통치(40-4).

4 그리스도의 탄생.

I. 족장시대의 고대 근동

(B.C. 제2천년기)

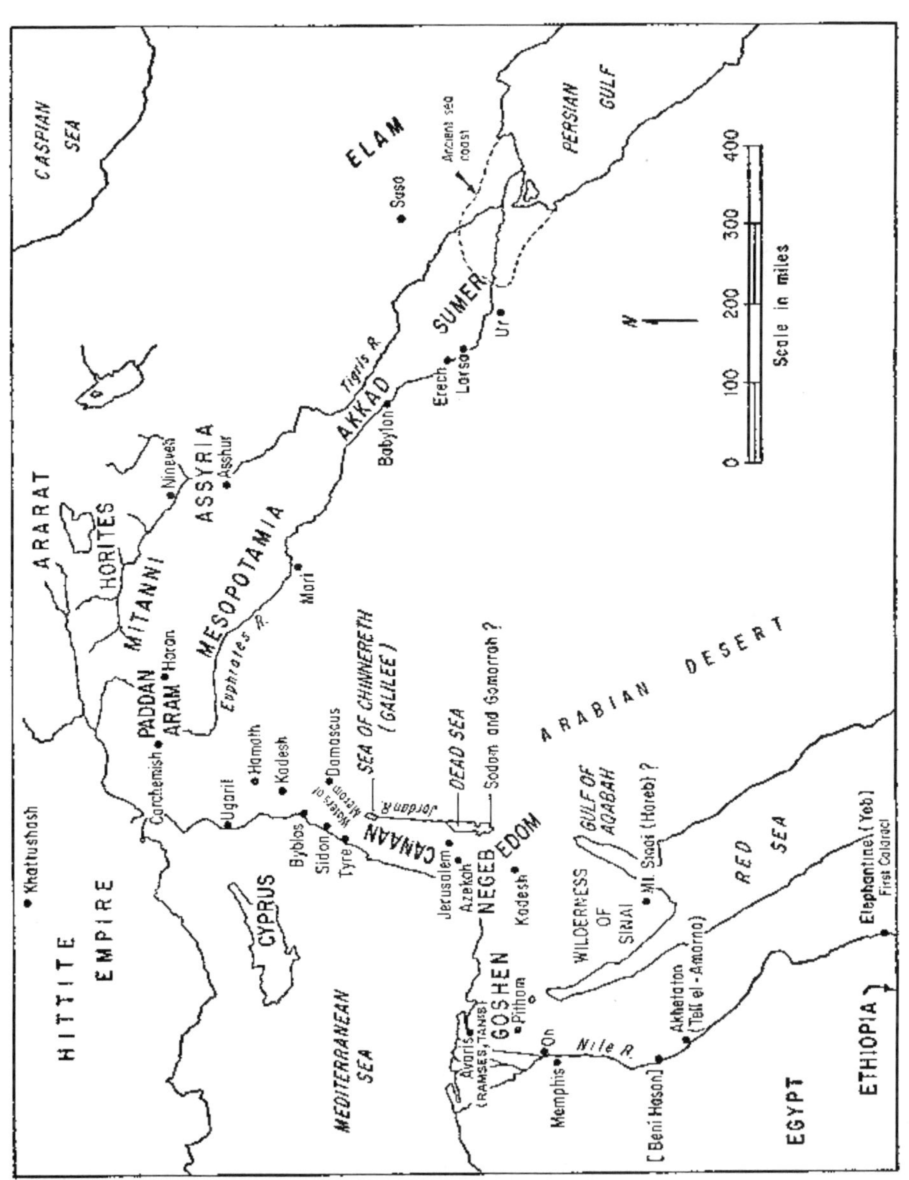

II. 사사들과 왕들의 시대의 이스라엘

(B.C. 1200-600년경)

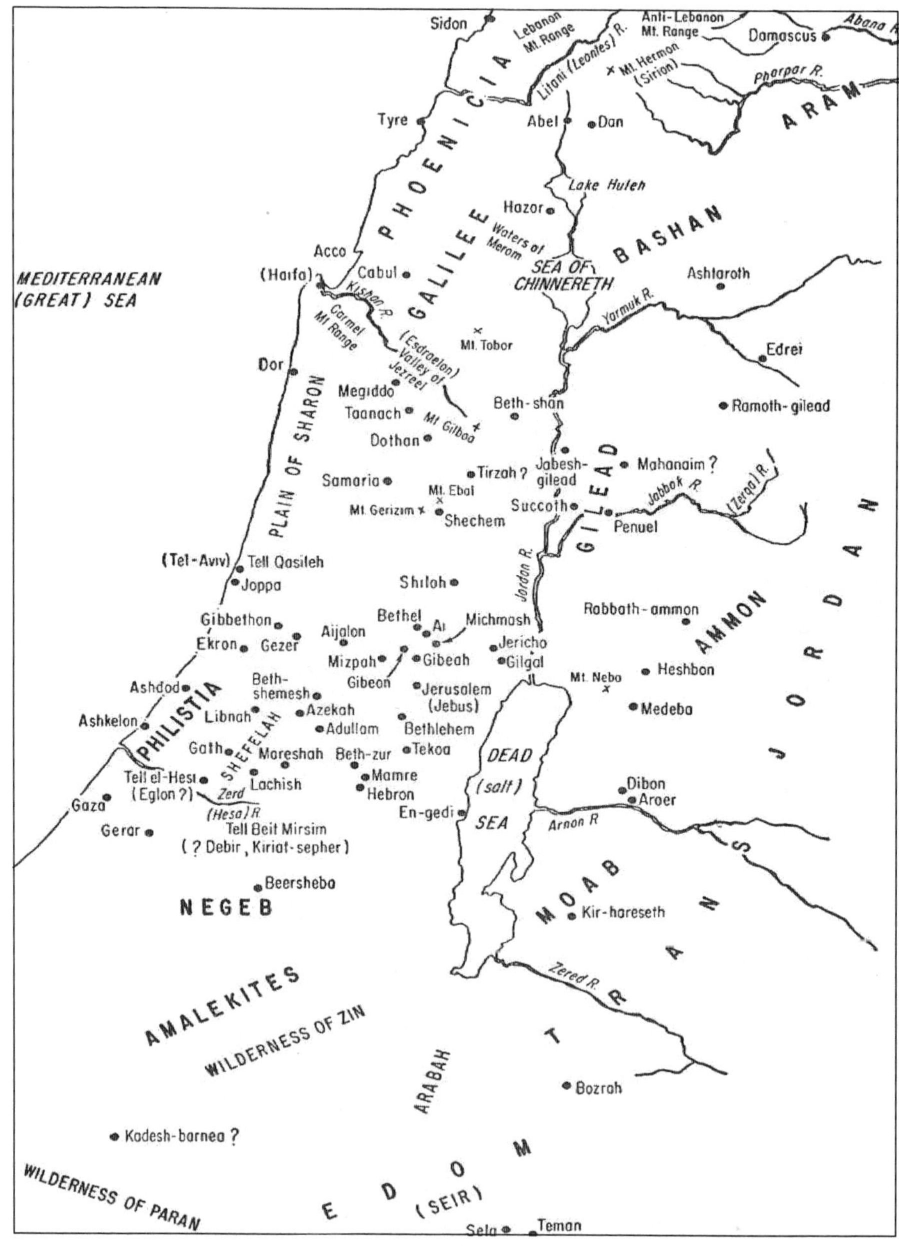

III. 다윗과 솔로몬 치하의 통일 이스라엘 제국

(B.C. 10세기)

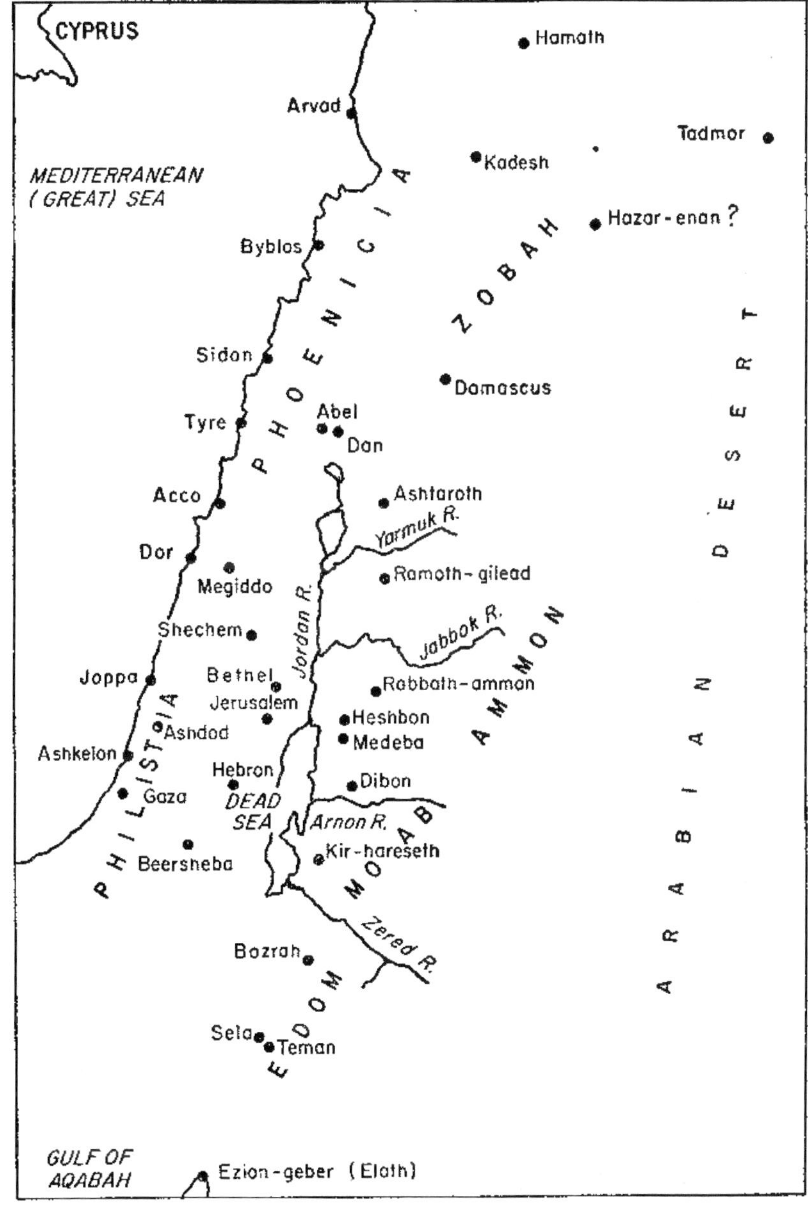

IV. 분열왕국: 이스라엘과 유다

(B.C. 9-8세기)

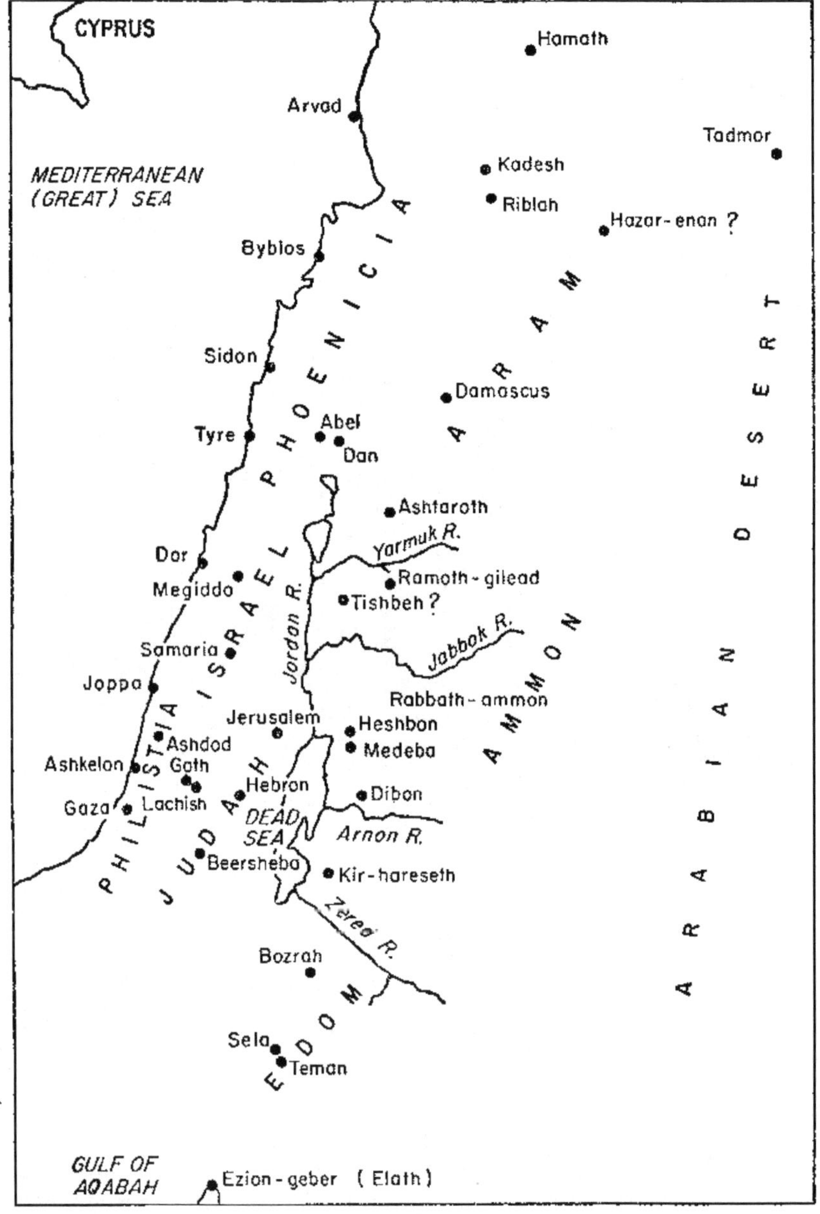

V. 에스라와 느헤미야 지도하의 회복기

(B.C. 5-4세기)

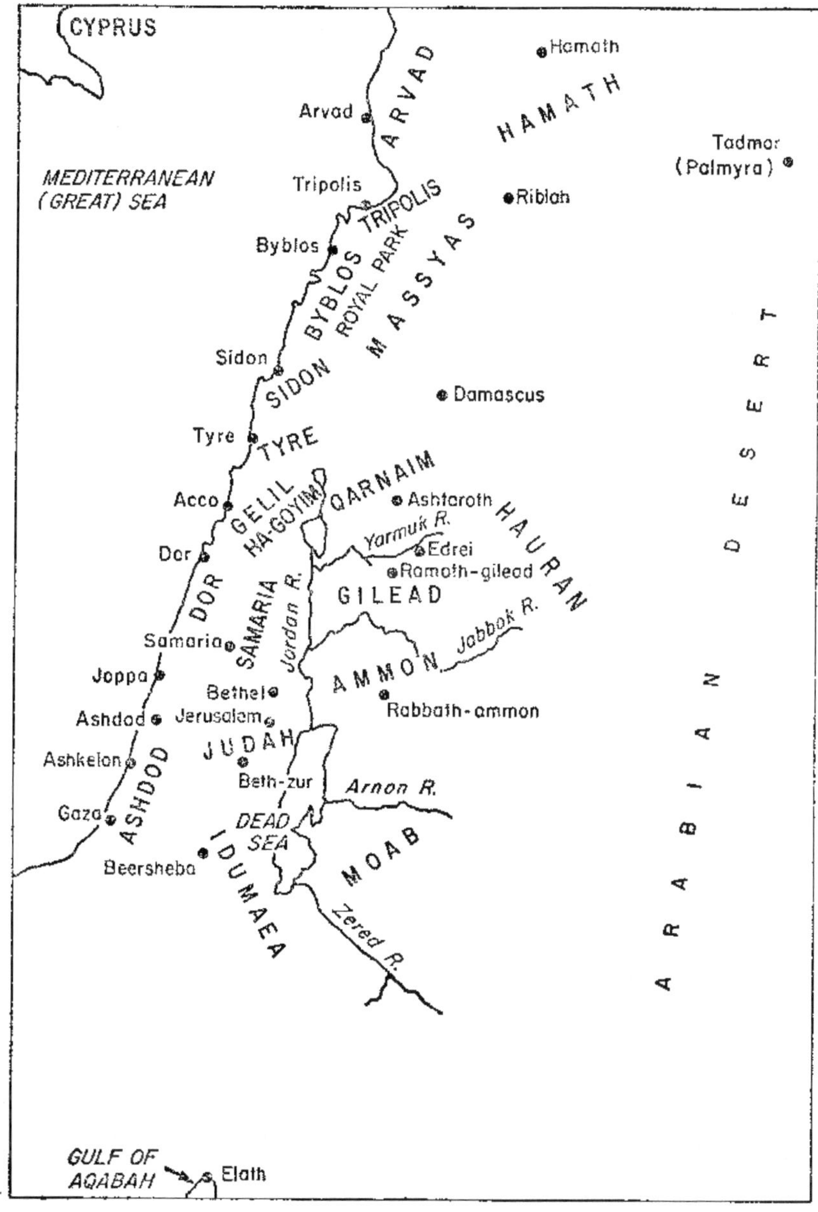

VI. 구약시대의 팔레스타인

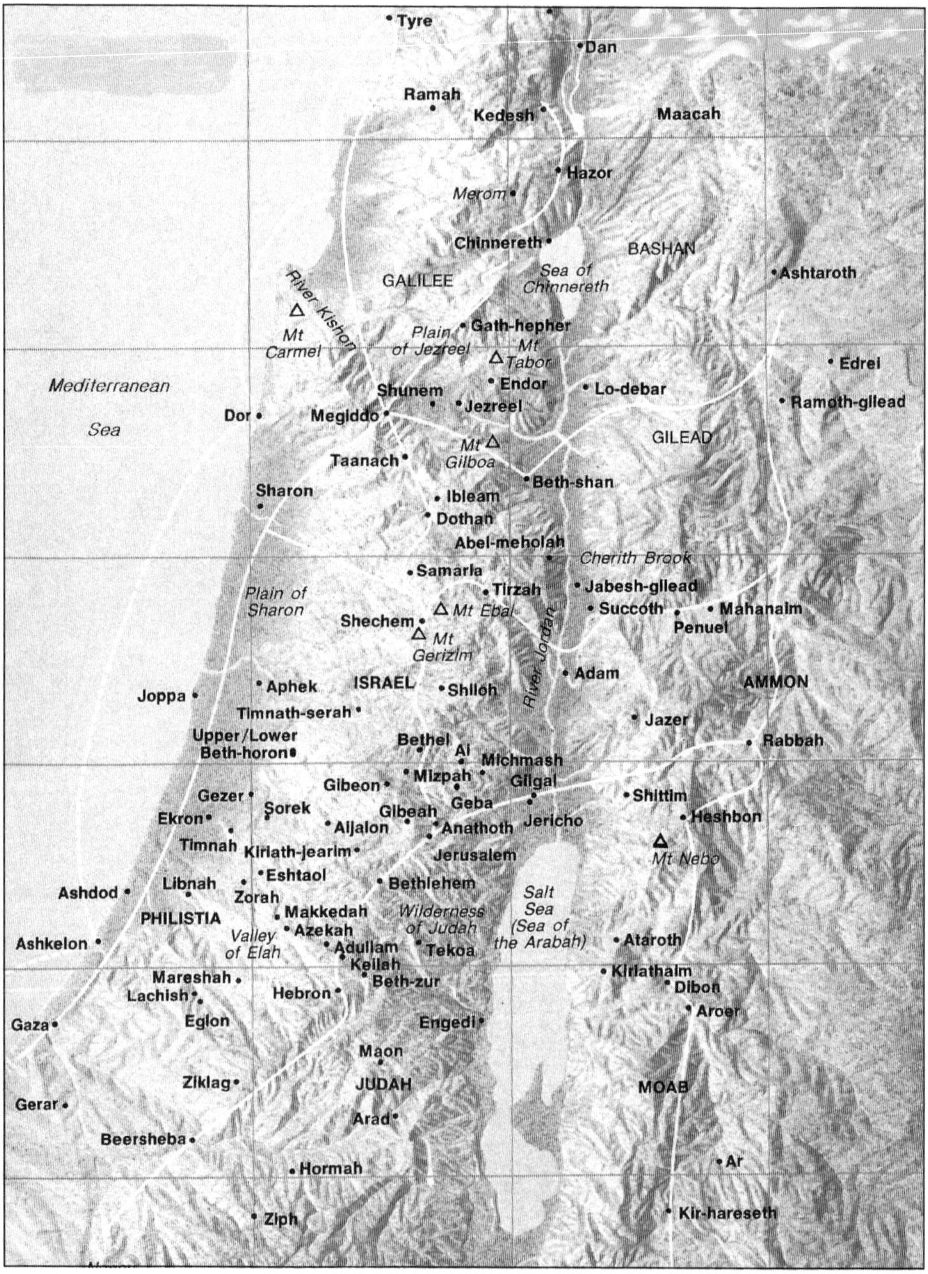

VII. 팔레스타인의 자연지역들

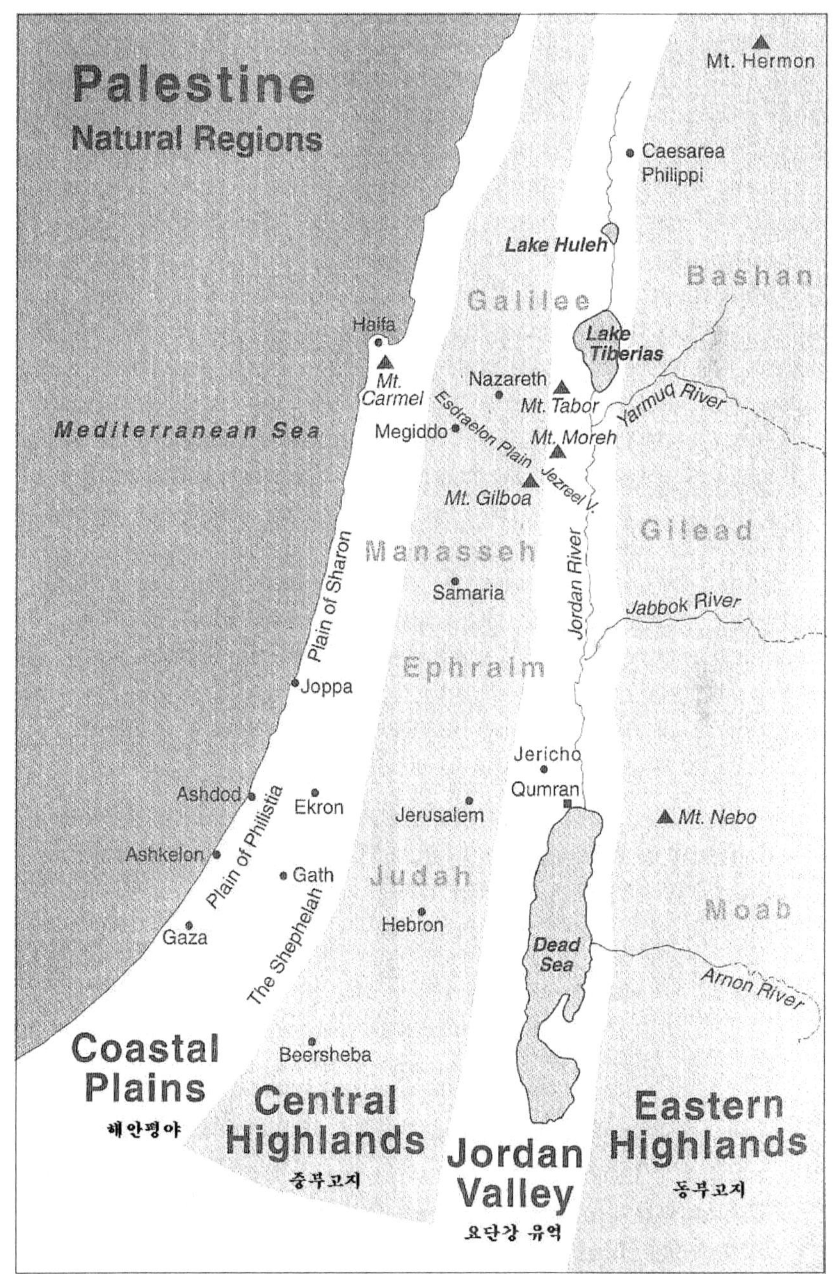

왕력표 (유다와 이스라엘의 왕들)

(○○○)은 당시의 예언자

통일왕국	
	1. 사 울 1020-1000?
	2. 다 윗 1000- 961
	3. 솔로몬 961- 922

▣ **유다** (남왕국)	◈ **이스라엘** (북왕국)
☆다윗 왕조	*★여로보암 왕조* ------
1. 르호보암 922-915	1. 여로보암 922-901
2. 아비야(아비얌) 915-913	2. 나답 901-900
	★바아사 왕조 ------
3. 아사 913-873	3. 바아사 900-877
	4. 엘라 877-876
	------
	5. 시므리 876 (7일간)
	★오므리 왕조 ------
	6. 오므리 876-869
4. 여호사밧 873-849	7. 아합 869-850
	(엘리야 850년경)
	8. 아하시야 850-849
5. 여호람(요람) 849-843 (아합의 사위)	9. 요람(여호람) 849-843/2
	★예후 왕조 ------
6. 아하시야 843/2 (1년)	
7. 아달랴 842-837	10. 예후 843/2-815
8. 요아스 837-800	
	11. 여호아하스 815-802
	12. 요아스 802-786
9. 아마샤 800-783	13. 여로보암 2세 786-746
	(아모스 750년경)
10. 웃시야(아사랴) 783-742	14. 스가랴 746-745 (6개월)
	(호세아 745년경)

▣ 유다 (남왕국)

11. 요담 750-742 섭정
742-735 왕
(이사야 742-700년)

12. 여호아하스(아하스) 735-715
(미가 722이전-701년경)

13. 히스기야 715-687/6
14. 므낫세 687/6-642
15. 아몬 642-640
16. 요시야 640-609
1 *(스바니야 628-622년경)*
(예레미야 626-587년경)
17. 여호아하스 2세(샬룸) 609 (3개월)
(요시아의 4자)
18. 여호야김(엘리아김) 609-598
(요시아의 2자)
(하박국 605년경)
19. 여호야긴(여고냐) 598/7 (3개월)
20. 시드기야(맛다니야) 597-586
(요시아의 3자)

---

* *예루살렘 함락 587/6 → 바빌론 유수*
(에스겔 593-573년경)
(제2 이사야 540년경)

* *고레스의 칙령 538 ← 포로 귀환*

◈ 이스라엘 (북왕국)

15. 살룸 745 (1개월)
------
16. 므나헴 745-737
17. 브가히야 737-736
------
18. 베가 736-732
------
19. 호세아 732-724

---

* *사마리아 함락 722/1 → 강제이주*

* 위 표의 연대는 John Bright, *A History of Israel*에 의한 것으로서 모두 다 대략적인 것임.

【부 록】

추가 학습 자료

- 신과 개인에 대한 히브리인의 새로운 견해
- 생각해볼 문제들

신과 개인에 대한 히브리인의 새로운 견해*

마빈 페리

가. 유일, 지고, 초월, 그리고 선하신 하나님
나. 개인과 도덕적 자율
다. 언약과 율법
라. 히브리인의 역사 개념
마. 예언자들
사회정의; 보편주의; 개인주의
바. 고대 유대인들의 유산

최초의 문명 발상지였던 고대 이집트와 메소포타미아는 서양의 정신적 조상들이 아니었다. 서양 전통의 기원을 찾을 때 우리는 히브리인들과 그리스인들에게로 눈을 돌리지 않으면 안 된다. 히브리인들과 그리스인들이 다 같이 메소포타미아 문명과 이집트 문명의 요소들을 흡수한 것은 물론이지만, 그보다 한층 더 중요한 것은 그들이 이 유산을 어떻게 변형시켜서 이들 최초의 문명권들의 견해들과 현저하게 다른 세계관들을 형성하였는가 하는 것이다. 이집트학의 대가 존 A. 윌슨이 쓰고 있는 바와 같이,

> 이스라엘의 자녀들은 이집트적인 것들을 폐기한 바탕 위에서 민족과 종교를 건설하였다. 그들은 신(神)을 한 하나님으로 보았을 뿐 아니라, 그분께서 인간에 대한 관심(concern for man)의 일관성과 인간에 대한 정의(justice to man)의 일관성을 갖고 계신 것으로 보았다. … 그리스인들과 마찬가지로, 히브리인들은 자기들의 탁월한 이웃들로부터 형태들(forms)을 받아들여서, 그리스인들과 마찬가지로, 그러한 형태들을 매우 다른 목적들(purposes)을 위하여 사용하였다.[1)]

이제 우리는 서양 전통의 한 근원인 히브리인들을 고찰하고자 하는데, 그들은 신에 관하여 생각할 때에 근동의 사고방식을 버렸고, 그들의 윤리적 교훈들은 개인의 존엄성에 관한 서양의 사상을 형성하는 데 도움이 되었다.

가. 유일, 지고, 초월, 그리고 선하신 하나님

히브리인의 신관(神觀)은 히브리 민족의 역사와 경험을 통하여 발달하였다. 이집트 체재 이전인 족장들의 시대에는 히브리인이 일신교도들이 아니었을 가능성이 아주 크다. 그들은 아마도 그들의 특정한 씨족의 신에게 몰두하고 이웃 민족들의 우상숭배적 신앙들에 대하여 증오를 표현하지 않았을 것이다. 각 씨족의 장이 자기 조상들의 신에 대한 특별한 애착심을 갖는 관계를 수립하고, 그 신이 그 씨족을 보호하고 도와줄 것을 기대하였다. 족장들의 종교에 후일에 일신교로의 이행에 도움이 될 영적 요소들이 포함되어 있었을 가망성은 아주 컸다. 그러나 이 개연성은 확실하게 입증될 수는 없는데, 그것은 족장들의 종교의 많은 부분이 아직도 미스터리로 남아있기 때문이다.

모세의 종교는 다른 신들의 존재를 배제하지 않았기 때문에 순수한 일신교가 아니었다고 일부 역사가들은 말한다. 이 견해에 의하면, 수세기 후 예언자들에 이르러서야 히브리인들은 디

---

* 이 부분은 근간 서양사 교재인 Marvin Perry et al., *Western Civilization: Ideas, Politics & Society*, 10th ed. (Boston: Houghton Mifflin Harcourt Publishing Company, 2013), pp. 32, 37-46을 역자가 번역한 것이다.

1) John A. Wilson, "Egypt - the Kingdom of the 'Two Lands,'" in *At the Dawn of Civilization*, ed. E. A. Speiser (New Brunswick, N.J.: Rutgers University Press, 1964), pp. 267-68.

른 신들이 존재한다는 것을 명쾌하게 부인하고, 야훼께서만 계신다는 것을 선포하였다. 반면에 다른 학자들은 모세가 일신교적 사상을 선포하였고, 이 사상이 출애굽 시대에 히브리인의 생활 가운데서 중심적인 힘이 되었으며, 그것이 오늘날에도 계속하여 중심적 역할을 한다고 믿는다. 그런데 미국의 성서학자 존 브라이트(John Bright)는 하나의 현명한 균형을 제안한다. 모세의 종교는 "다른 신들의 존재를 부인하지는 않았지만, 그들에게 *신으로서의* 지위는 사실상 주지 않았다"[2]라고 그는 말한다. 그는 이어서 말한다. -

> 히브리인들은 야훼만을 섬길 수 있었고, 모든 힘과 권능을 그분께 드렸다. 그 결과 이스라엘이 [다른 신들을] 신으로서 접근하는 것은 금지되었다. … 신들은 그리하여 무의미하게 되었고 무대에서 쫓겨났다. … 이스라엘에게는 그 한 분의 하나님만 하나님이셨다. … 그 밖의 신들은 창조에서의 역할이나 우주 안에서의 기능이나 사건들을 지배할 능력이 허용되지 않아서 … 그들을 신으로 만든 모든 것을 빼앗기고, 보잘것없는 것들이 되어, 한마디로 말하면 '비신격화'(非神格化, undeify)되었다. 비록 일신교의 함축적 의미들이 완전히 끌어내지는 데에는 수세기가 더 걸려야 했지만, 기능적 의미에서 이스라엘은 처음부터 한 하나님만을 믿었다.[3]

유일신에 관한 히브리인의 견해는 근동의 종교 사상과의 완전한 단절을 나타내었다. 근동의 다른 민족들의 신들은 정

2) The religion of Moses "did not deny the existence of other gods," but it "effectively denied them status as *gods.*" John Bright, *A History of Israel* (Philadelphia: Westminster Press, 1972), p. 154.
3) *Ibid.*

말로 자유롭지는 않았고, 그들의 능력에는 한계가 있었다. 야훼와는 달리 근동의 신들은 영원하지 않아서 태어나거나 창조되었으며, 어떤 앞선 영역(prior realm)에서 생겼다. 그들은 또한 생물학적 조건에 지배되어 식량과 음료와 잠과 성적 만족을 필요로 하였다. 때때로 그들은 병들거나 늙거나 죽었다. 그들이 악한 행실을 하였을 때에는 그들은 운명에게 책임을 지지 않으면 안 되었는데, 운명은 보복으로서 징계를 요구하였다. 신들조차도 운명의 힘에 종속되어 있었다.

히브리인들은 하나님을 *완전히 주권(主權)을 가지신*(fully sovereign) 지고(至高)하신 분으로 생각하였다. 그분은 모든 것을 다스리시고 아무 것에도 종속되지 않으셨다. 야훼의 존재와 힘은 다른 민족들의 신들의 경우와 같이 어떤 선재(先在)하는(preexisting) 영역에서 유래하지 않았다. 히브리인들은 어떠한 존재의 영역도 시간적으로 하나님보다 앞서거나 능력에 있어서 그분을 능가하지 않았다고 믿었다. 그들은 하나님께서 영원하시고, 우주 안에 있는 모든 것의 근원이시고, 최고의 의지를 가지고 계신 것으로 보았다. 그분께서는 *자연계를 창조하셨고 통치하셨으며, 인간들을 지배하는 도덕률(moral laws)을 정하셨다.* 그분께서는 운명에 굴종하지 않으셨고, 일어나는 일들을 결정하셨다.

근동의 신들은 자연 안에 거주하였지만, 히브리인의 하나님은 *초월적*(transcendent)이셔서 자연 위에 계셨고, 자연의 일부가 아니셨다. 야훼께서는 어떤 자연력과도 동일시되지 않으셨고, 하늘에나 땅 위의 어떤 특정한 장소에 거주하지도 않으셨다. 하나님께서 자연의 창조자와 지배자이셨던 만큼, 태양신이나 월신(月神)이나 강물 속의 신이나, 폭풍 속의 악령(demon)

이 있을 여지가 없었다. 자연은 하나님의 피조물이었을 뿐 그 자체가 신은 아니었다. 따라서 히브리인들이 자연 현상들을 대하였을 때에, 그들은 스스로의 의지를 가진 물체들이 아니라 하나님의 장려한 수공품(God's magnificent handiwork)을 체험하였다. 강과 산과 폭풍과 별과 같은 모든 자연 현상들로부터 초자연적 성질이 다 제거되었다. 항성들과 유성들은 야훼의 창조물이었을 뿐 신들이나 신들의 주거가 아니었다. 히브리인들은 그것들을 두려운 마음으로 대하지도 않았고 숭배하지도 않았다. 자연으로부터 이렇게 신들을 제거하는 것은 과학적 사고에 필요한 하나의 전제조건이다.[4)]

히브리인들은 자연을 비신화화(非神話化, demythicize)[5)] 하긴 하였지만, 그들은 종교와 도덕에 더 관심을 가진 나머지 이론적 과학(theoretical science)을 창조하지는 않았다. 자연은 하나님의 위대성에 대한 증언으로서 사람들로 하여금 주님을 찬양할 마음이 나게 하였고, 과학적 호기심이 아니라 하나님께 예배드릴 마음을 불러일으켰다. 히브리인들이 하늘을 응시하였을 때에, 그들은 수학적 관계들을 발견하려고 노력하지 않고 하나님의 솜씨를 찬탄하였다. 히브리인들은 자연을 자연법칙에 의하여 지배되는 하나의 장치(a system)로 보지 않았다. 그보다는 오히려 그들은 돋는 해와 봄비와 여름의 더위와 겨울의 추위를 하나님께서 당신의 창조물에 질서있는 방법으로 간여하시는 것[6)]으로 보았다. 히브리인들은 그리스인들과는 달리 철학자가 아니었다. 그

4) This removal of the gods from nature is a necessary prerequisite for scientific thought. p. 40.

5) 자연에서 신화적 요소를 없애는 것.

6) God intervening in an orderly manner in his creation.

들은 인간의 지력이 아니라 *하나님의 뜻에*, 지성의 힘이 아니라 *마음의 느낌에*, 관념적인 사고가 아니라 *의로운 행동에* 관심이 있었다. 인간의 사악한 행위는 무지에서가 아니라 불순종과 완고함에서 생겼다.

히브리인들은 그리스인들과는 달리 만물의 기원과 자연의 운행에 관해서 사색하지 않았다. 그들은 하나님께서 자연을 창조하셨다고 알고 있었다. 히브리인들에게는 하나님의 존재가 합리적 탐구가 아니라 종교적 *확신*에, 그리고 이성이 아니라 *계시*에 바탕을 둔 것이었다. 체계적인 합리적 사고를 시작한 것은 히브리인이 아니라 그리스인이었다. 그러나 유대교에서 태어난 기독교는 *초월적 신*과 그분의 *창조물의 정연함*에 관한 히브리인의 견해를 간직하였는데, 그것들은 그리스 과학을 수용할 수 있는 개념들이었다.

히브리인들은 하나님의 본성(nature of God)에 관해서도 사색하지 않았다. 그들은 그분이 선하시다는 것과 그분이 당신의 백성에게 윤리적 요구를 하신다는 것만을 알고 있었다. 근동의 신들과는 달리 야훼께서는 정욕에 몰리거나 악한 동기를 갖거나 하지 않으셨고, "은혜로우시고, 자비로우시며, 노하기를 더디 하시고, 사랑이 풍성"하셨다(시 145:8). 인간에게 무관심한 이방 신들과는 대조적으로 야훼께서는 인간에게 필요한 것들(human needs)에 마음을 쓰셨다.

하나님은 유일하시고, 주권자이시고, 초월하시고, 선하시다는 것을 주장함으로써 히브리인들은 고대 근동의 다른 민족들이 갖고 있던 세계관으로부터 자기들을 완전히 분리시킨 일종의 종교혁명을 이룩하였다.

나. 개인과 도덕적 자율

신에 관한 이 새로운 개념은 신의 창조의 절정(culmination)과 중심적 피조물(centerpiece)로 여겨진 개인에 대한 새로운 인식을 가능하게 하였다. 신의 형상(image)으로 창조되었기 때문에 인간은 독특하고 다른 생물들과는 질적으로 다르다. 인간만이 의지의 힘, 즉 선택 능력을 가지고 있다. 히브리인들은 자신이 완전한 자유를 갖고 계신 하나님께서 당신의 백성에게 도덕적 자유, 즉 선악 간에 선택할 능력을 주셨다고 믿었다. 이렇게 하나님과 대면하는 가운데 히브리인들은 자아 즉 '나'에 대한 자각을 발전시켰으니, 개인이 자기 자신의 인격(person)과 도덕적 자주성(moral autonomy)과 인격적 가치(personal worth)를 의식하게 된 것이었다.

히브리인의 신앙에 기본적이었던 것은 하나님께서는 사람들을 당신의 노예가 되게 창조하지 않으셨다[7]는 주장이었다. 히브리인들은 하나님을 경외(awe)와 겸손으로, 그리고 경의와 두려움으로 대하였지만, 그들은 하나님께서 사람들이 당신 앞에서 굽실거리기를 원하신다고는 믿지 않았다. 그보다는 오히려 그들이 하나님의 법을 따를 것인지 따르지 않을 것인지를 자유롭게 선택함으로써 자기들의 도덕적 잠재력을 발휘하기를 하나님께서는 원하셨다. 이리하여 당신의 형상에 따라 남녀를 창조하심으로써 하나님께서는 그들을 자주적이고(autonomous) 독립적인(sovereign) 존재가 되도록 만드셨다. 하나님의 우주계획에 있어서 인간은 *하나님께만 버금가는* 최

7) God did not create people to be his slaves.

고의 창조물이었다.8) 그분의 모든 창조물들 가운데서 인간에게만 의와 악 사이에서, 그리고 "생명과 복, 죽음과 화"(신 30:15) 사이에서 선택할 자유가 주어졌었다. 그러나 자유롭게 선택할 능력을 가지고 있는 만큼, 남녀 인간은 그들의 선택에 대하여 책임을 지지 않으면 안 된다.9)

하나님께서는 히브리인들이 다른 신들을 섬기지 말 것과 아무런 형상도 만들지 말 것을 요구하셨다. "새긴 우상을 만들지 말고, 또 위로 하늘에 있는 것이나 아래로 땅에 있는 것이나 땅 아래 물속에 있는 것의 아무 형상도 만들지 말며, 그것들에게 절하지 말고, 그것들을 섬기지 말라."(출 20:4-5) 근동 종교의 한 가지 중대한 요소가 형상 - 신을 묘사한 예술 형태 - 의 사용이었지만, 히브리인들은 주변의 이교적 환경과 일종의 혁명적 방식으로 결별하고, 전능하시고 보이지 않으시는 유일하신 참 하나님은 조상(彫像)이나 그 밖의 인간적 창작물로는 표현될 수 없는 분이시라고 생각하였다. 히브리인들은 우상숭배가 사람들에게서 그들의 자유와 존엄성을 빼앗는다고, 즉 사람들은 생명 없는 우상에게 굴복하면 완전히 인간적인 존재일 수 없다고 믿었다. 그래서 히브리인들은 형상들과 그 밖의 우상숭배의 모든 형태들을 파괴하지 않으면 안 되었다.10) 히브리인들은 형상이 신적 권능을

---

8) Thus, in creating men and women *in his own image*, God made them *autonomous* and *sovereign*. In God's plan for the universe, human beings were the highest creations, *subordinate only to God*. p. 40.

9) Having the power to choose freely, men and women must bear the responsibility for their choice. p. 41.

10) The Hebrews believed that the worship of idols deprived people of their freedom and dignity; people *cannot be fully human* if they surrender themselves to a lifeless idol. Hence, the Hebrews had to

소유하고 있다고 하는 믿음을 완전히 배격하였는데, 그 이유는 그러한 권능은 인간의 이익을 위하여 조작될 수 있는 것이기 때문이었다. 신화나 마술이 아니라 윤리적 고려가 히브리인의 종교 생활에 중심적이었다.

하나님을 생활의 중심으로 삼음으로써 히브리인들은 자유로운 도덕적 행위자(free moral agents)가 될 수 있었다. 그 결과 어떤 사람도, 어떤 인간의 제도도, 어떤 인간의 전통도 그들의 영혼을 요구할 수 없었다. 하나님만이 우주에서 최고의 가치(supreme value)이시기 때문에 다만 그분께서만 예배를 받으실 만하셨다. 그리하여 어느 왕이나 장군에게 궁극적인 충성(ultimate loyalty)을 바치는 것은 그릇된 신을 숭배하지 말라고 하신 하나님의 엄한 경고를 어기는 것이었다. 히브리인들의 제1의 관심사는 의(義)이어야지 권세나 명예나 부(富)이어서는 안 되었는데, 그 이유는 이런 것들은 우상에 불과하여서 사람을 영적으로 그리고 도덕적으로 피폐하게 할 것이기 때문이었다.

그러나 자유에는 조건이 하나 있었다. 히브리적 사고에 의하면 사람들에게는 그들 자신의 도덕적 계율이나 옳고 그름에 관한 그들 자신의 표준을 만들어낼 자유가 없었다. **자유**는 하나님께로부터 비롯된 명령들에 대한 *자발적 복종*(voluntary obedience)을 의미하였다.[11] 악과 고통은 맹목적인 운명이나 심술궂은 악령이나, 변덕스러운 신들에 의하여

destroy images and all other forms of idolatry. p. 41.

11) There was, however, a condition to freedom. For the Hebrews, people were not free to create their own moral precepts or their own standards of right and wrong. *Freedom* meant *voluntary obedience* to commands that originated with God. p. 41.

야기되는 것이 아니라 *사람들이 하나님의 계명을 경시하는 데서* 기인하는 것이었다. 딜레마는 선택의 자유를 소유함으로써 인간은 하나님께 불순종하여 죄를 지을 자유도 있는데, 그렇게 하면 고통과 죽음에 이른다는 것이다. 그리하여 창세기의 이야기에서 아담과 이브는 하나님께 불순종한 데 대하여 벌을 받았다.

히브리인들이 생각하기에는, 하나님을 아는 것은 그분을 지적(知的)으로 이해하거나, 정의하거나, 그분의 존재를 증명하거나 하는 것이 아니었다. *하나님을 아는 것은 의롭고 사랑하며, 자비롭고 공정하게 되는 것*이었다. 하나님을 사랑할 때에 사람들은 고양되고 향상된다고 히브리인들은 믿었다. 그들은 점차로 인간성의 가장 나쁜 요소들을 극복하고 다른 사람들을 존경심과 동정심으로 대하기를 배웠다. 유대인들은 인간이 하나님의 형상으로 창조되었다는 교의를 각 인간이 그 안에 신적 섬광(a divine spark)을 갖고 있어서 그것이 빼앗길 수 없는 *독특한 존엄성(a unique dignity)을* 각 사람에게 준다고 하는 뜻으로 해석하게 되었다.

하나님께 대한 신앙을 통하여 히브리인들은 인간의 존엄성과 자율을 옹호하였다. 그리하여 각 개인은 자기 자신의 행동에 책임을 진다고 하는 도덕적 자유의 사상을 히브리인들은 갖게 되었다. 기독교가 상속한 인간의 존엄과 도덕적 자율에 관한 이러한 개념들은 서양 전통의 근저를 이루고 있다.

다. 언약과 율법

히브리 종교 사상에 중심적이었고 히브리 역사에 결정적이었던 것은 하나님께서 히브리 민족과 맺으신 특별한 합의인 '**언약**'(covenant)이었다:12)

> 모세가 하나님께 올라가니 여호와께서 산으로부터 큰 소리로 외쳐서 그에게 말씀하셨다: "너는 다음과 같이 야곱 족속에게 말하고 이스라엘 자손에게 고하여라. '너희들은 내가 애굽 사람들에게 무엇을 하였고, 어떻게 독수리 날개로 너희를 날라서 내게로 데려왔는지를 보았다. 그러므로 이제 너희가 *내 말을 잘 듣고 내 언약을 지키면*, 모든 민족들 중에서 너희가 *나의 소중한 소유*(my treasured possession)가 될 것이다. 온 땅이 나의 것이지만, 너희가 나에게 *제사장 나라*(a kingdom of priests)와 *거룩한 민족*(a holy nation)이 될 것이다.' … "(출 19:3-6)

이 조치에 의하여 이스라엘인들은 한 민족으로서 하나님의 주권(lordship)을 받아들였다.

히브리인은 자신들을 하나의 독특한 민족, 즉 "선민"(chosen people)으로 보게 되었으니, 그것은 하나님께서 그들에게 특별한 영예와, 의미심장한 기회와, (그들이 결코 잊을 수 없었던 바와 같이) 엄숙한 책임을 주셨기 때문이었다. 히브리인들은 자기들이 다른 민족들보다 낫거나 하나님의 선택을 받을 만한 어떤 특별한 일을 해서 하나님께서 자기들을 선택하셨다고 주장하지는 않았다. 그들은 하나님께서 놀랄 만한

---

12) *Central* to Hebrew religious thought and *decisive* in Hebrew history was **the covenant**, God's special agreement with the Hebrew people. p. 41.

방법으로 자기들을 이집트에서의 노예 신분으로부터 구출하시고 율법을 받도록 선발하셨는데, 그것은, "열방(列邦)을 비치는 빛"(a light to the nations)이라고 예언자 이사야가 말한 바와 같이, 자기네 민족이 의로운 행동의 모범을 보이고 궁극적으로는 타민족들을 인도하여 그들로 하여금 하나님과 그분의 위대하심을 인정하게 하시기 위함이었다고 믿었다.

인류의 도덕 교사[13]가 될 이 책임이 히브리인들에게 큰 부담이 되었다. 그들은 하나님께서, '십계명'(Ten Commandments)이라고 알려진 도덕적 규범을 포함하여, 당신의 율법을 히브리 민족 전체에게 계시하셨다고 믿었고, 율법에 대한 복종이 각 히브리인의 최우선적 의무(overriding obligation)가 되었다. 율법을 범하는 것은 신성한 언약을 어기는 것, 즉 민족적 재난을 초래할 수도 있는 행위를 의미하였다. 율법이 유일신으로부터 비롯되었던 만큼, 그것을 이해하고 복종하는 데 필요한 전제조건은 다른 신들에 대한 믿음을 영원히 버리는 것이었는데, 그 이유는 그것들이 하나님의 보편적 율법을 이해하고 실행하는 데 장애물이 되기 때문이었다.

공의(公義)가 구약 윤리의 중심적 주제였다. 히브리인들은 자기들이 의로우시고 자비로우신 하나님에 의하여 노예 신분에서 놓임 받았던 만큼, 불의를 이기고 가난한 사람들과 약한 사람들과 억압받는 사람들을 돌볼 도의적 책임을 지고 있었다. 언약이 히브리 민족 전체와 맺어졌던 관계로 *사회 전체가* 악을 근절하고 정의가 우세하게 할 *종교적 의무를* 지니고 있었다. 하나님께 대한 의무는 *이웃에 대한 의무도* 요구하였다: "형제에게, 그리고 네 땅에 있는 가난하고 궁핍

13) the moral teachers of humanity.

한 자들에게 반드시 네 손을 펴라"(신 15:11). 그리하여 빈민과 과부와 고아와 거류외인들과 고용노동자들과 노예들을 보호하는 법규들이 생겼다. 예를 들어 노예들을 재산으로 본 고대 근동의 법률과는 달리 성서의 법은 비록 노예의 동산(動産)으로서의 지위(status as chattel)는 인정하였지만 노예의 인간성(slave's humanity)을 강조하였다. 그것은 노예들에 대하여 과도한 폭력을 사용한 주인을 벌할 것을 요구하였고, 노예들이 종교 행사에 참여하고 안식일에 쉬도록 허용할 것을 주인들에게 명하였다.

이스라엘의 법은 근동의 법전들과 구두 전승들로부터 많은 요소들을 도입하였다. 그러나 *사람을 재산보다 더 중요하게 만들고, 압제 당하는 자들을 위하여 자비를 표현하고, 법이 가난한 자와 부자를 다르게 다루어야 한다는 사상을 거부함으로써,* 이스라엘 법은 근동의 다른 법전들보다 더 큰 윤리적 자각과 더 인도적인 정신을 보였다:

> 거류 외인(alien)을 혹사하거나 억압하지 말라. 너희도 애굽 땅에서 거류 외인이었기 때문이다. 과부나 고아의 약점을 이용하지 말라. (출 22:21-22)

> 남녀 간에 네 동족 히브리인이 너에게 팔려서 6년 동안 너를 섬겼으면, 제7년에는 네가 그를 놓아주어야 한다. 그를 놓아 줄 때에는 빈손으로 가게 하지 말라. 네 양 무리 중에서, 타작마당에서, 그리고 포도주 틀에서 그에게 후하게 주어라. 네 하나님 여호와께서 너에게 복을 주신대로 그에게 주어라.
>
> (신 15:12-14)

귀먹은 자를 저주하거나 맹인 앞에 장애물을 놓지 말고, 네 하나님을 두려워하라. 나는 여호와니라. … 이웃을 네 자신과 같이 사랑하라. (레 19:14, 18)

성서의 법은 인간의 생명을 소중하게 여기고 인간의 복지에 관심을 보인 반면에, 우리에게 잔혹하다는 충격을 주는 조항들도 포함하였으니, 예를 들어 전시에 적을 살육하도록, 다른 신을 섬기는 가족을 돌로 쳐 죽이도록, 동성애자들을 처형하도록 명하는 것 등이다. 이러한 규정들이 실제로 어느 정도까지 시행되었는지는 알려져 있지 않다. 그리고 세월이 흐름에 따라 성문법을 덜 엄격하게 만들고 히브리인들로 하여금 변화하는 문화적 상황에 적응할 수 있게 하는 구술적 및 해석적 전승(oral and interpretive tradition)이 발생하였다.

히브리 법은 가족 관계를 포함하여 일상생활의 모든 면을 규제하였다. 아버지는 가족 가운데서 최고의 권한을 지녔고, 이 권한은 만약 그의 결혼한 아들들과 그들의 아내들이 그의 가구(家口) 안에 머물러 있으면, 그들에게도 미쳤다. 일부다처가 묵인되었지만, 일부일처가 일반적인 규칙이었고, 간통은 사형으로 처벌되었다.

근동의 다른 사회들에서처럼 유대인들은 여자들을 종속적 지위에 두었다. 남편이 아내의 주인으로 간주되었고, 아내는 흔히 하인이나 부하가 윗사람에게 말하듯이 남편을 불렀다. 남편은 아내와 이혼할 수 있었지만, 아내는 남편과 이혼할 수 없었다. 남자 후사가 없을 때에만 아내가 남편으로부터, 또는 딸이 아버지로부터 재산을 상속할 수 있었다. 여자들은 법정에서 자격 있는 증인으로 간주되지 않았고, 공식 예배 석상에서 남자들보다 덜 중요한 역할을 하였다.

그런 반면에 유대인들은 여자들을 *존중하기도* 하였다. 유딧[14]이나 드보라와 같은 슬기로운 여인들과 여성 예언자들은 공동체의 존경을 받았고, 공동체의 지도자들이 그들의 의견을 구하기도 하였다. 예언자들은 히브리인들에 대한 하나님의 사랑을 아내에 대한 남편의 사랑에 비유하였다. 유대인의 법은 여성을 재산이 아니라 *인격(persons)으로* 간주하였다. 전쟁 중에 붙잡힌 여성 포로들조차도 학대하거나 굴욕을 느끼게 해서는 안 되었다. 법은 남편이 자기의 아내를 존중하고 부양하며 결코 때리지 말 것을 명하였다. 십계명 중의 한 계명은 부모를 다 공경하라고 요구하였다.

라. 히브리인의 역사 개념

하나님께 대한 히브리인들의 생각이 그들로 하여금 역사적 시간의 결정적 중요성[15]을 인식하게 하였다. 이집트에서 탈출한 일, 시내산에서 십계명을 받은 일, 그리고 솔로몬의 성전이 파괴된 일과 같은 구체적인 역사적 사건들을 기념하는 기념일들이 *과거를* 살아있고 생생하게(alive and vital) 해주었다. 이집트인들과 메소포타미아인들은 어떤 사건의 독특성에 관하여

14) 유딧(Judith): 외경 유딧서(Book of Judith)의 주인공. 아름답고 부유하고 경건한 여인. 민족의 위기를 맞아 적진에 잠입하여 느부갓네살이 보낸 장군 홀로페르네스(Holofernes)를 죽이는 데 성공함으로써 이스라엘인들에게 승리와 환희를 안겨주었다고 함. 사실이라기보다는 설화라는 주장이 강함.

15) the crucial importance of historical time.

이러한 자각을 갖고 있지 않아서 그들에게는 오늘의 사건은 그들의 조상들이 경험한 사건들의 단순한 재생에 불과하였다. 그러나 유대인들에게는 출애굽과 시내산 언약이 그들의 민족사를 형성하는 데 결정적이었던 *유례없는*(singular) *비반복적*(nonrepetitive) 사건들이었다. 사건들의 이 역사적 독특성과 중요성은 *인간사에 깊이 관련되신 보편적인 신,* 즉 돌보시고, 가르치시고, 벌하시는 하나님께 관한 사상에서 유래하였다.

유대인들은 과거와 마찬가지로 미래도 소중히 여겼다. 인간의 역사를 하나의 *목표를 향해서 가는* 과정으로 보고, 그들은 하나님께서 지상에 평화와 번영과 행복과 인간적 형제애의 영광스런 시대를 확립하실 한 위대한 날을 마음에 그렸다. 이 유토피아적 생각(utopian notion)이 서양 사상에 깊이 간직되어 왔다.

히브리인들은 **역사**를 *하나님의 작품으로* 보았으니, 그것은 *신성한 의미와 도덕적 의의로 충만한 신적 드라마*(a divine drama)였다. 역사적 사건들은 인간의 의지와 하나님의 명령들 사이의 충돌을 드러내었다. 역사의 구체적 사건들을 통하여 하나님의 존재가 밝혀지고, 그분의 목적이 알려졌다. 히브리인들이 정복과 추방을 당하였을 때에 그들은 이러한 사건들을 언약과 율법을 위반한 일, 즉 그들 위에 하나님의 진노를 초래한 죄스러운 행위들에 대한 *신적 징벌*(divine retribution)로 해석하였다. 히브리인들에게는 역사가 또한 *하나님의 동정과 관심을* 보여주기도 하였다. 그리하여 야훼께서 모세와 이스라엘인들을 홍해에서 해방시키셨고, 가난한 자들과 압제받는 자들을 위하여 항변하도록 예언자들을 임명하셨다. 역사가 밀러 버로우즈

(Millar Burrows)에 의하면, 역사가 "어리석고 완고한 인간들의 의지와 겨루시고, 약속하시고 경고하시며, 심판하시고 벌하시고 파괴하시며, 그러면서도 선별하시고 구원하시고 징계와 가르침에 따르는 자들을 풍성히 축복하시는 *인격적 신의 의지의 작품*(the work of a personal divine will)"[16] 임을 고대 히브리인들은 확신하였다. 역사적 사건들은 *인간에 대한 하나님의 태도를 보여주기 때문에 영적 의미를* 지니고 있었고, 기록하고 평가하고 기억할 가치가 있었다.

마. 예언자들

유대 역사의 특징 가운데 하나는 하나님의 메신저(messenger)로서 행동하지 않고서는 견딜 수 없다고 느낀 '예언자'라고 불린 영감 받은 개인들이 출현한 것이었다. 예언자들은 하나님께서 그들에게 말하라고 명령하셨고 그들의 말을 정당화하셨다고 믿었다. 예언자들은 돈이나 소유물에 전혀 관심이 없었고, 아무도 두려워하지 않았으며, 초빙 받지 않고 설교하였다. 예언자들은 흔히 사회적 재난이나 도덕적 혼동의 시기에 출현하여 언약과 율법으로의 복귀를 호소하였다. 그들은 하나님의 이름으로 말하여 전 민족이 하나님의 종교적-도덕적 명령들을 그들의 삶의 중심으로 삼을 것을 권고하였다. 예언자들은 불순종하는 히브리인들을 멸망으로 향한

16) Millar Burrows, "Ancient Israel," in *The Idea of History in the Ancient Near East*, ed. Robert C. Denton (New Haven, Conn.: Yale University Press, 1955), p. 128.

무모한 돌진으로부터 구출하기 위하여 자기들이 하나님에 의하여 급파되었다고 믿고, 자기들의 형제들에게 역사를 다스리시는 하나님께서 그들의 도덕적 타락 때문에 그들 위에 신속하고 무서운 벌을 내리실 것을 상기시켰다. 예언자들은 권력자들 앞에서 떨지 않은 매우 용감한 사람들이었다. 예언자들 가운에는 남쪽의 유다 출신 목자 아모스, 그의 손아래 동시대인이었고 북쪽의 이스라엘 출신이었던 호세아, 예루살렘의 이사야, 그리고 B.C. 6세기 초에 칼데아인들에 의한 예루살렘의 포위공격을 목격한 예레미야가 있었다. 8세기말에 성난 이사야는 경고하였다:

> 여호와께서 자기 백성의 장로들과 고관들을 신문하여 말씀 하신다: "포도원을 삼킨 자는 너희들이고, 가난한 자들에게서 탈취한 물건은 너희들의 집에 있다. 어째서 너희들이 내 백성을 짓밟고 가난한 사람들의 얼굴에 맷돌질 하느냐?"
>
> (사 3:14-15)

사회정의

예언운동의 개화기, 즉 고전적(古典的) 또는 문학적 예언의 시대는 B.C. 8세기에 시작되었다. 억압과 무자비와 탐욕과 착취를 공격함으로써 고전적 예언자들은 이스라엘의 종교적 발전에 새로운 차원을 추가하였다. 이들 예언자들은 이스라엘의 변화된 사회 구조에서 발생하는 문제들에 반응하고 있었다. 부족 사회에서는 계급차별이 전반적으로 없는 것이 특징이었는데, 이러한 상황이 히브리인 왕들의 발생, 상업의 팽창, 그리고 도시들의 성장으로 인하여 바뀌었었다. 8세기까지에는 부자들과 가난한 사람들 사이에 상당한 불균형이 있게 되었다. 고리대금업자들에게 빚지고 있던 소농(小農)들은 그들의 토지 상실이나 노예화의 위험에 직면하였고, 가난한 사람들과 그들의 가족은 흔히 탐욕스런 부자들한테 재산을 빼앗기고 종이 되었다. 예언자들에게는 이러한 사회악이 이스라엘에 파멸을 초래할 종교적 죄였다. 8세기 중반의 예언자 아모스는 이러한 불의에 대하여 터놓고 말할 큰 강박감을 느꼈다. 그는 비정한 부자들의 허세와 규정된 방식으로 하나님께 예배를 드리면서도 이웃에 대한 자기들의 사회적 의무를 소홀히 하는 경건한 유대인들의 위선을 하나님의 이름으로 매도하였다. 그는 히브리인들에게 요구하였다:

> 악을 미워하고, 선을 사랑하며,
> 성문(城門)에서[17] 공의를 세워라. (암 5:15)

아모스가 깨달은 대로는 공의를 추구하는 것이 율법의 가장 중요한 요구였다. 예배와 의식의 목적은 사람들의 마음에 공의에 대한 열정을 심어주는 것이었다. 하나님께서는 신앙과 사회적 행위를 구분하지 않으셨다:[18]

> 나는 너희의 절기[19]들을 미워하고 경멸하며,
> 　너희의 성회(聖會)들을 기뻐하지 않는다.

---

17) 즉 법정에서.

18) God made no separation between religion and social conduct.

19) 절기(feast): 종교적 축제일. 즉 하나님께 예배드리기 위하여 정한 시기. 매주의 제사로는 안식일, 매달의 제사로는 초하루, 매년제로는 유월절, 칠칠절(맥추절, 오순절), 초막절이 있었고, 주기적 절기로는 7년마다 지키는 안식년, 50년 마다 지키는 희년이 있었다.

너희가 내게 번제나 소제를 드려도 내가 받지 않을 것이고,
너희가 살진 짐승으로 드리는 화목제도 내가 거들떠보지 않을 것이다.
네 노래의 소음(騷音)을 내 앞에서 그치고,
네 비파 소리도 내 귀에 들리지 않게 하여라.
다만 *공의가 강물처럼,*
정의가 마르지 않는 시내 물처럼 흐르게 하여라.

(암 5:21-24)

공의와 정의는 하나님의 으뜸가는 관심사이고 그분의 최고의 계명이라고 예언자들은 말하였다. 하나님의 명령은 “공의를 추구하고, 억압받는 자들을 도와주며, 고아를 보호하고, 과부를 위하여 변호하는” 것이라고 이사야는 선언하였다.(사 1:17)

예언자들은 또한 재산과 부의 축적을 제일의 관심사로 삼는 사람들을 매도하였다. 이런 것은 덧없는 것들에 불과하지만, “하나님의 말씀은 영원할 것이다”라고 이사야는 말하였다.(사 40:8)

예언자들은 개인과 하나님 사이의 직접적인 영적-윤리적 대면(encounter)을 강조하였다. 그들의 관심사는 종교활동의 외형이라기보다는 오히려 내적 인격(inner person)이었다. 그들은 의식과 전례에 대한 충실이 *더 깊은 영적 통찰력에 의하여* 뒷받침 되지 않거나 일상생활에 있어서의 *도덕성에 대한 열의가* 그것에 상응하지 않는 제사장들을 혹평하였다. 예언자들에게는 윤리적 죄(ethical sin)가 의식적 태만(ritual omission)보다 훨씬 더 나빴다. 하나님께서는 무엇보다도 의, 즉 하나님 앞에서 바르게 사는 것을 요구하신다고 예언자들은

말하였다. 부정하게 사는 것, 이웃을 학대하는 것, 동정심 없이 행동하는 것 - 바로 이러한 것들이 하나님의 율법을 어기는 것이었고, 사회질서 전체를 위태롭게 하는 것이었다.

예언자들은 이렇게 해서 서양 전통의 일부가 되어있는 '사회적 양심'(social conscience)을 형성하는 데 도왔다. 이 혁명적인 사회적 교의(敎義)는 *1)*모든 사람은 사회정의와 공정한 대우(fair treatment)를 받아 누릴 하나님께서 주신 권리를 갖고 있고, *2)*각 사람은 악을 비난하고 타인들이 받는 학대를 반대할 종교적 의무를 갖고 있으며, *3)*공동체는 불운한 사람들을 도울 도덕적 책임을 지고 있다고 말한다. 예언자들은 지상의 생활은 개선될 수 있고, 빈궁과 부정은 변경할 수 없는 자연법칙의 일부로 받아들여질 필요가 없으며, 개인은 자기 자신을 도덕적으로 향상시킬 능력이 있다고 하는 희망을 제시하였다.

보편주의

히브리인의 사상에는 두 가지 경향이 있었는데, 하나는 편협성(parochialism)이고 또 하나는 보편주의(universalism)였다. 편협한 마음은 선민(選民) - 다른 민족들과 구별된 민족 - 의 특별한 성격과 운명과 필요를 강조하였는데, 그것은 모든 민족들 가운데서 하나님께서 그 민족에게 율법, 즉 '토라'를 주시기로 결정하셨기 때문이었다. 이 좁은 부족적 견해는 보편주의, 곧 모든 인류에 대한 관심에 의하여 상쇄되었는데, 하나님 아래에서의 만인의 단일성[20]을 마음에 그린 예언자들이 그것을 표현하였다. 예언자들은 만인을 똑같이

20) the unity of all people under God.

귀하게 여기시는 하나님께서 모든 민족들 가운데서 영구적인 공의와 평화를 확립하실 위대한 날에 관하여 말하였다:

> 그날에 이집트에서 앗시리아에 이르는 대로(大路)가 있어서 앗시리아 사람들은 이집트로 가고 이집트 사람들은 앗시리아로 갈 것이며, 이집트 사람들이 앗시리아 사람들과 함께 예배할 것이다. 그 날에 이스라엘이 이집트와 앗시리아에 합류하여 세 나라가 지상에서 복이 될 것인데, 그것은 만군의 여호와께서 복을 주셔서, "내 백성 이집트야, 내 수공품 앗시리아야, 내 기업(基業) 이스라엘아, 복이 있어라"라고 말씀하실 것이기 때문이다. (이사야 19:23-25)

이스라엘에는 하나의 신성한 사명이 부과되었는데, 그것은 *우상숭배에 대항하는 투쟁을* 선도(先導)하는 것과 모든 인류에게 *의로운 행동의 모범을* 보이는 것이었다.

예언자들은 평화주의자들(pacifists)은 아니었는데, 특히 야훼의 적들과 전쟁이 수행되고 있는 경우에 그러하였다. 그럼에도 불구하고 일부 예언자들은 전쟁을 혐오스러운 것이라고 비난하고 그것이 제거될 날을 기대하였다. 사실상 모든 사람이 전사(戰士)를 미화하던 세상에서, 보편주의의 예언자들은 지상을 평화가 지배할 날을 마음에 그렸는데, 그 때에 민족들은 -

> 칼을 쳐서 보습을 만들고,
> 　창을 쳐서 전지용(剪枝用) 낫을 만들 것이다.
> 나라가 나라를 칼을 들어 치지 않으며,
> 　더 이상 전쟁을 연습하지도 않을 것이다. (사 2:4)

사람들이 폭력(force)을 미화할 때에 그들은 상대자를 비인간화(非人間化)하고, 자신들을 짐승으로 만들고, 하나님을 모욕한다고 이들 예언자들은 주장하였다. 폭력이 지배할 때에는 하나님께 대한 사랑도 개인을 위한 배려도 있을 수 없다.

개인주의

예언자들의 보편주의에는 개인에 대한, 그리고 하나님께 대하여 그 개인이 지닌 가치에 대한 동등하게 심오한 자각이 수반되었다. 모세와 후대의 예언자들 이전에는 거의 모든 종교적 전통이 공동체적으로, 그리고 익명으로 산출되었었다. 그러나 예언자들은 그들의 사상에 서명을 함으로써 자기들의 종교적 영감과 확신에 대한 책임을 완전히 지는 두려움 없는 개인들로서 말하였다.

개인주의의 관념은 특히 예레미야의 예언들 속에 분명히 나타나 있는데, 그는 B.C. 6세기초에 유다 나라가 하나님과의 언약을 위반하여 집단적 죄(collective sins)를 지었기 때문에 그 나라의 파멸을 예언하였다. 그러나 예레미야는 "각자가 자기의 죄로 죽을" 날을 내다봄에 있어서 개인적 책임(individual responsibility)을 뚜렷이 강조하였다. 그 때에 하나님께서는 유대인들이 어긴 언약을 대신할 새로운 언약(new covenant)을 그들과 맺으실 것이었다. 이 새 언약은 모세의 언약처럼 돌에 쓰여질 것이 아니라 그보다는 오히려 *하나님과 각 개인 사이의* 언약이 될 것이었다: "내가 내 법을 그들 속에 두고, 그들의 마음에 기록할 것이다"(렘 31:30-33). 각자의 행동에 대한 개인의 책임을 예언자들이 강조한 것은 서양 사상의 기본적인 구성 요소가 되어 있다. 하나님의 법을 *양심에 대한 명령*(command to conscience), 즉 *내적 인격에 대한 호소*(appeal to the inner person)로 간주하게 되는 과정에서 예언자들은 인간의 개성에 대한 인식을 깊게 하였다. 그들은 개인들에게 내적 성찰을 통하여 그들의 내적 자아, 즉 그들의 생각과 감정을 검토하도록 요구하였다. 그들은 단지 명령을 따르거나 의식을 거행하는 것만으로는 개인이 하나님을 알 수 없고, 개인이 하나님을 체험하지 않으면 안 된다는 것을 지적하였다. 정확하게 말해서 바로 이 '**나-당신**'(I-Thou) 관계가 개인으로 하여금 자신을 완전히 의식하게 할 수 있었고, 자기의 개성을 심화하고 풍부하게 할 수 있었다. 출애굽 기간 중에 히브리인들은 주로 경외심이나 집단적 강제로 인해서 율법에 복종한 부족적 민족이었는데, 예언자들의 시대까지에는 유대인들은 신중하고 의식적(意識的)인 내적 헌신(inner commitment) 때문에 율법을 지킨 자율적 개인들[21]이 된 것으로 보였다.

예언자들이 선포한 이상들은 유대인들의 길고 흔히는 고통스러웠던 역사적 방랑(historical odyssey) 기간에 그들을 지탱하는 데 도움이 되었고, 그것들은 오늘날에도 유대인들의 생명력(a vital force)이 되어 있다. 이 이상들은 *예수의 가르침에* 편입되어 기독교의 일부로서 *서양의 전통 속에* 깊이 간직되어 있다.

바. 고대 유대인들의 유산

유대인들은 그들의 유일신 신앙을 통하여 근동의 타민

21) autonomous individuals.

족들이 필적할 수 없을 만한 자기발견과 자기실현의 과정에 들어섰었다. 서양인들이 개인에게 그리고 인간의 존엄성에 부여하는 큰 가치는 얼마만큼 고대 히브리인들한테서 유래하였는데, 그것은 그들이 사람은 하나님의 형상으로 창조되었고, 자유의지와 하나님께 책임을 지는 양심을 소유하고 있다고 생각하였기 때문이다. 예언자들의 가르침은 기독교에 의하여 계승되어 서양 윤리의 핵심 원리들이 되어 있고, 권력 구조에 대하여 권한을 남용하지 말고 공의를 추구하라고 한 그들의 명령은 계속하여 개혁자들에게 영감을 준다.

하나님, 인간성, 신적 처벌, 의(義)의 추구, 그리고 사회정의에 관한 견해를 담고 있는 유대인의 성서는 유대인의 생활에 있어서 오랜 세월 동안 중추적이고 심원한 역할을 해왔다. 더 나아가, 그 성서가 지닌 의의는 유대인의 경험을 넘어서 서양문명의 한 주춧돌이 되어 있기도 하다.

서양문명의 본질적 종교인 기독교는 고대의 유대교에서 발생하였고, *일신교, 도덕적 자율, 예언자적 가치*, 그리고 하나님의 말씀으로서의 *히브리 성서*를 포함하는 그 두 종교 사이의 연결고리들은 많고도 강력하다. 역사적 예수는 그의 유대적 배경을 검토함이 없이는 이해될 수 없고, 그의 제자들은 자기들이 믿은 바의 타당성을 증명하기 위하여 히브리 성서에 호소하였다. 이러한 이유들로 인해서 우리는 서양문명의 본질적 구성요소로서의 유대교-기독교적 전통(Judeo-Christian tradition)에 관해서 이야기한다.

미래의 메시아 시대, 즉 평화와 사회정의의 황금시대에 관한 히브리인의 비전은 인간은 *더 정의로운 사회를 건설할 수 있고, 미래에 대하여 희망을 가질 이유가 있다고* 하는 서양 진보사상의 근본을 이루고 있다. 세상을 이렇게 파악하는 방식은 근대의 개혁운동들에 큰 영향을 끼쳐왔다. 압제에서 벗어나기를 갈망하는 사람들, 특히 미국의 흑인들은 이집트에서의 속박으로부터 히브리인들이 구출된 일, 즉 출애굽기의 주제에서 영감을 받아왔다.

히브리 성서의 기자들은 자기들과 하나님과의 관계를 이해하려고 노력하는 중에 주제들, 이야기들, 그리고 문학적 스타일과 솜씨의 모범들로 가득 찬 보고(寶庫)를 만들어 내었고, 그것은 오늘날까지 서양의 종교사상가들과 소설가들과 시인들과 예술가들에게 영감(靈感)의 근원이 되어왔다. 역사가들과 고고학자들은 근동의 역사를 복원하기 위한 그들의 노력에 있어서 히브리 성서가 소중한 자산임을 깨닫는다.[22]

22) Historians and archaeologists find the Hebrew Scriptures a valuable resource in their efforts to reconstruct Near Eastern history. p. 48.

생각해볼 문제들

1. 성서의 우주 기원론과 바빌로니아의 그것 사이의 유사점과 차이점을 이야기해 보라. [창세기 1:1-2:3 및 6:1-9:29의 내용과 '에누마 엘리슈,' '길가메슈 서사시,' '아트라하시스 서사시' 등을 대상으로 하여 기술할 것]

2. "족장들은 우리가 알고 있는 바와 같은 일신교는 아니지만 그렇다고 해서 다신교도 아닌 종교를 믿고" 있었다고 올린스키는 말하였다. 이 말을 참고로 하여 신과 언약에 관한 족장시대의 개념을 논하라.

3. 다음 사항들은 각각 유대인의 역사에서 어떠한 역할을 하였는가? 광야에서의 유랑; 바알신; 바빌론 유수; 에스라와 느헤미야.

4. 히브리인의 신관(神觀)은 어떠한 점에서 근동 종교사상과의 혁명적 단절이 되었는가?

5. 히브리인의 사상에 의하면 우상(偶像)이란 무엇이었고, 우상숭배는 왜 해서는 안 되었는가?

6. 히브리인의 종교사상은 어떻게 '도덕적 자율(自律)'의 사상을 촉진하였는가?

7. 히브리인은 '언약'(the Covenant)을 어떻게 해석하였는가?

8. 히브리인의 여성관은 어떠하였는가? 그대의 의견에는 무엇이 이 견해가 서양의 역사에 대하여 지닌 의의였는가?

9. 히브리인의 법을 메소포타미아와 이집트의 법과 비교하고 대비해 보라.

10. 히브리인들은 왜 역사가 중요하다고 여겼는가?

11. 고대 히브리인의 사상과 역사에는 '편협성'과 '보편주의'가 다 같이 드러나 있었다. 이 점을 논하라.

12. 예언자들(엘리야, 아모스, 호세아, 이사야, 미가, 예레미야 등)은 히브리인의 역사에서 어떠한 역할을 하였는가? 그들의 업적이 지닌 영속적인 의의는 무엇이었는가?

13. 히브리인들은 왜 서양문명의 한 근원으로 여겨지는가?

14. 올린스키에 의하면 대속(代贖)에 관한 유대교의 신학은 무엇인가?

15. 본서에 의하면 유대교의 메시아관과 기독교의 메시아관은 서로 어떻게 다른가? 그리고 이 두 종교가 그처럼 상이한 메시아관을 갖게 된 근본적 원인은 무엇인가?

참 고 문 헌

Albright, W. F., *The Biblical Period from Abraham to Ezra* (1963).
고대 이스라엘의 문화와 역사를 분석하고 히브리인의 신개념(神概念)의 점증하는 영적 성격을 설명하였음.

Alter, Robert and Frank Kermode, eds., *The Literary Guide to the Bible* (1987). 구약과 신약의 문학적 특성과 의의를 전문가들이 논하였음.

Anderson, Bernhard W., *Understanding the Old Testament*, 3rd ed. (1975). 구약성서를 역사적 배경 하에서 설명한 뛰어난 개설서.

Armstrong, Karen, *A History of God* (1994).
고대 히브리인들로부터 오늘에 이르기까지의 신관(神觀)의 변천사.

Boadt, Lawrence, *Reading the Old Testament* (1984).
카톨릭 학자가 쓴 고대 이스라엘의 종교적 경험에 관한 연구서.

Bright, John, *A History of Israel*, (1st ed. 1959, 4th ed. 2000).
사려깊고 명료하게 쓰인 좋은 개설서.
번역판: 존 브라이트 저, 박문재 역, 『이스라엘 역사』(크리스챤 다이제스트, 1999).

de Vaux, Roland, *Ancient Israel*; vol. 1, *Social Institutions* (1965).
가족, 왕정, 법률, 전쟁 등 이스라엘 사회의 모든 국면들을 다루었음.

Dever, William G., *Who Were the Early Israelites and Where Did They Come From?* (2003).
이스라엘 민족의 기원에 관한 논쟁들을 고고학적 입장에서 정리하였음.

Ehrlich, E. L., *A Concise History of Israel* (1965).
족장들로부터 A.D. 70년 예루살렘 성전 파괴에 이르기까지의 기간을 다룬 해석적 시론(試論).

Finkelstein, Israel, and Neil Asher Silberman, *The Bible Unearthed: Archeology's New Vision of Ancient Israel and the Origin of Its Sacred Texts* (2001). 성서의 기사에서 파생하는 몇 가지 가설들에 대한 도전.

Grant, Michael, *The History of Ancient Israel* (1984). 명쾌하게 쓰인 개설서.

Heschel, Abraham, *The Prophets*, 2 vols. (1962).
예언자들의 영감의 성격에 대한 통찰력 있는 분석.

Kaiser Jr., Walter C., *A History of Israel From the Bronze Age Through the Jewish Wars* (1998). 좋은 개설서임.
번역판: 월터 카이저 지음, 류근상 옮김, 『이스라엘의 역사』(크리스챤 출판사, 2003).

Kaufmann, Yehezkel, *The Religion of Israel* (1960).
카우프만의 여러 권으로 된 고전적 작품의 요약본.

Kuntz, Kenneth J., *The People of Ancient Israel* (1974).
구약 성서의 문학, 역사, 및 사상을 다룬 유익한 개론서.

Lindblom, J., *Prophecy in Ancient Israel* (1962).
구약의 예언에 관하여 저명한 스웨덴 학자가 쓴 책.

Metzger, Bruce M. and Michael D. Coogan, eds., *The Oxford Companion to the Bible* (1993). 가치 있는 참고도서.

Miller, J. Maxwell and Hayes, John H., *A History of Ancient Israel and Judah*, 2nd ed. (Westminster Press, 1986)
번역판: 맥스웰 밀러, 존 헤이스 공저, 박문재 역, 『고대이스라엘 역사』 (크리스챤 다이제스트, 1994./2009)

Muilenburg, James, *The Way of Israel* (1961). 성서적 신앙과 윤리를 논한 책.

Noth, Martin, *The History of Israel,* 2nd English translation (1960)
번역판: 마르틴 노트 지음, 박문재 역, 『이스라엘 역사』 (크리스챤 다이제스트, 1996/2009)

Provan, Iain, et al., *A Biblical History of Israel* (2003).
'최소주의자들'의 주장에 대한 반론으로서 성서의 역사적 신빙성을 논증하였음.
번역판: 이안 프로반 외 2인 지음, 김구원 역, 『이스라엘의 성경적 역사』 (CLC, 2013)

Scott, R. B. Y., *The Relevance of the Prophets* (1968)
구약의 예언적 전통에 대한 입문서.

Shanks, Hershel, ed., *Ancient Israel* (1999)
고대 이스라엘사의 여러 가지 국면에 관한 학자들의 권위 있는 논문들을 싣고 있음. 대단히 유익함.

Snaith, N. H., *The Distinctive Ideas of the Old Testament* (1964).
히브리 종교를 근동의 다른 종교들과 구별하는 중심적 사상들을 논한 책.

von Rad, Gerhard, *The Message of the Prophet* (1965)
각 예언자의 메시지를 그의 시대적 배경에 비추어 검토하고 있음.

Wood, Leon J., *A Survey of Israel's History* (1970, 1986). 좋은 개설서임.
번역판: 레온 우드 지음, 김의원 역, 『이스라엘의 역사』 (기독교 문서선교회, 1999/2007).

Zeitlin, Irving M., *Ancient Judaism* (1984).
고대 이스라엘의 역사와 사상을 한 사회학자가 검토하였음.

김희보, 『舊約 이스라엘史』(총신대학교 출판부, 1981/2008)

찾 아 보 기

Bernhard Anderson 179
YHWH 50

(ㄱ)
가나안
문학 66
종교제도 66
가나안 정복 60
가나안 토지분배 63
가모장 37
갈그미스 142
갓(Gad), 예언자 189
강제노역 92
개인의 도덕적 책임 221
개인의 존엄성 240
개인적 언약 37
개인주의 261
거류외인 200
게셈(Geshem) 181
경건문학 15
계급차별 256
계시문학(啓示文學) 16
고난 받는 종 213
고레스(Cyrus) 2세 159
고센 41
골리앗 81
공의(justice) 250
공정한 대우 259
구릉지대 28, 54
국왕 신격화 39
그달리야 146
그리스도(Christ) 211
그리심산 186
그발(Kebar)강 155
근동(Near East) 20
기업(基業, inheritance) 62
길가메슈 서사시 33
길르앗 야베스 80
길보아산 83

(ㄴ)
나-당신(I-Thou) 262
나봇(Naboth) 116
나비(nabi) 188
나훔(Nahum) 140
네게브 28, 55
노예의 인간성 251
놉(Nob) 82
느고(Necho) 89, 141
느부갓네살 143, 150
느헤미아 180
느헤미야의 개혁 184

(ㄷ)
다니엘서 16
다리우스 1세 169
다리우스 2세 173
다메섹 87
다산여신의 소입상 70
다윗 81, 85
다윗의 인품 93
단(Dan) 53
닷드내(Tattenai) 169
대리적 수난과 속죄 213
대속(代贖) 212
대예언서 15
대저지(大抵地) 56
도단 28
도덕적 자율 245, 248
도덕적 책임 259
도비야 181
도시국가들 22
도편들(ostraca) 149
동정녀 마리아 211
두로(Tyre) 58
드보라의 노래 69
디아스포라 148, 208

(ㄹ)
람세스 (지명) 43, 45
람세스 2세 45
랩소디(Rhapsody) 192
레바논산 55
룻기 179
르호보암 107, 111
리블라 146

(ㅁ)
마네토(Manetho) 42
마레사(Mareshah) 125
마른 뼈의 골짜기 156
마리(Mari) 190
마므레 28
마카비 독립전쟁 13
만인의 단일성 259
만인평등 205
말라기 158
메롬 물가 62
메시아 시대 263
메시아 신앙 209
메시아 예언 9
모세 44
모세와 아톤 신앙 51
모세와 언약 49
모트(Mot) 67
몰렉(Molech) 106
무아경적 요소 192
문학적 예언자 192
므깃도(Megiddo) 92, 99
므나헴(Menahem) 121
므낫세 반 지파 62
므낫세, 유다 왕 136
므낫세, 제사장 186

므로닥 발라단 131
므비보셋 86
미가 133, 197
미스바(Mizpah) 146
미탄니 왕국 26
민법(民法) 77
민족적 언약 39
민회 75

(ㅂ)
바고아스 186
바빌로니아 88, 113
바빌론 유수 14, 148
바아사(Baasha) 125
바알 67
발람 104
밧세바 94
번하드 앤더슨 207, 214
베니 하산 30
벤하닷 118, 125
벧세메스 93
벧엘 28
벧엘 신전 119
보편주의 220, 259
부역(corvée) 75
분열왕국 109
브엘세바 29, 53
블레셋 사람들 77
블레셋 평야 54
비돔 43, 45
비블로스(Byblos) 58
비신화화(非神話化) 243
비옥한 초승달 지역 20
비인간화(非人間化) 261

(ㅅ)
사독의 자손들 91
사르곤 2세 122
사마리아 55, 114
사무엘 74, 79, 197
사사(士師) 72
사울 79
사제(司祭) 계층 24
사제들의 조합 190
사회적 불평등 201
사회적 양심 259
사회정의 8, 11, 194, 256
산발랏 181
산헤립 134
살만에셀 5세 122
살만에셀의 오벨리스크 117
새로운 언약 261
샤론 평야 54
선견자(先見者) 189
선민(選民) 215, 249
성막(聖幕) 48, 50
성문서(케투빔) 15
성서외적 자료들 17
성전 제사장들 91
성지의 기후 57
세겜 28
세계시민주의 43
세라(Zerah) 125
세속주의 43
세스바살 165
셈계 아모르인 25
셈족 25
셰숑크 1세 89, 111
셰펠라 평지 54
소바(Zobah) 87
소예언서 15
속죄의 교리 211
속죄의 희생 205
솔로몬
　건축 프로그램 97
　문화와 종교 104
　왕위 계승 96
　통치 103
　페니키아와의관계 102
　호상(豪商) 100
수메르 22
수사(Susa) 173
스가랴 158, 167
스룹바벨 168, 210
스바의 여왕 84, 101, 182
시나이(Sinai) 반도 46
시내산 언약 78
시누헤의 이야기 29
시돈(Sidon) 58
시드기야 145
시삭(Shishak) 88, 111
신과 언약, 족장시대 35
신석기 시대 20
신왕국(新王國) 43
신적(神的) 징벌 202
신정국가(神政國家) 170, 186
신탁(神託) 190
실제적 일신교 37
십계명 250

(ㅇ)
아기스 82
아나톨리아 20
아낫(Anath) 67
아놀드 토인비 7
아닥사스다 178
아달랴(Athaliah) 125
아도니람 108
아도니야 96
아라바(Arabah) 55, 118
아론(Aaron) 47
아마샤 129
아말렉 80
아말렉인들 87
아멘호텝 2세 45
아멘호텝 4세 51
아모스 119, 193
아브넬(Abner) 92
아브라함의 하나님 36
아비가일 94
아비아달(Abiathar) 91
아사(Asa) 125
아사랴(Azariah) 125
아세가 81
아세라(Asherah) 70
아슈르나시르팔 112
아스돗(Ashdod) 183
아스토렛(Ashtoreth) 70
아카바만 46, 56, 58

아케메네스 왕조 159
아톤(Aton)의 일신교 51
아트라하시스 서사시 34
아피루 45
아하수에로 173
아하시야 126, 128
아하와(Ahava) 강 178
아합 112
악카드 22
악카드어 23
악카드의 사르곤 25
악코 평야 54
악코(Acco) 58
안티레바논 53, 55
알마(almah) 206
알파벳의 기원 65
압살롬 94
앗시리아 88, 112
야곱의 지지자 36
야살의 책 61
약속의 땅 46
얍복(Jabbok)강 56
양심 263
양용의 207
언약(Covenant) 36, 49, 194
언약과 율법 194
언약궤 49
언약서(言約書) 76
언약의 위반 198
에누마 엘리슈 31
에스겔(Ezekiel) 155, 205
에스더(Esther) 174
에스드라엘론 평야 54
에스라(Ezra) 177
에스라와 느헤미야 175
에시온게벨 58, 87, 100
에윌므로닥 152
에이소도스 40
엑소도스 40, 44
엘람인(Elamites) 25
엘레판틴 파피루스 문서171
엘리 74
엘리에셀, 예언자 126
여로보암 107, 111
여로보암 2세 118
여리고(Jericho) 57, 61
여부스(Jebus) 86
여성의 지위 252
여호람
이스라엘 왕 117
유다 왕 128
여호사밧 125
여호사밧의 사법개혁 127
여호수아 51
여호아하스 2세 141
여호야긴 144, 152
여호야김 142
여호와 49
여호와의 장막 48
여호와의 종 213
역대지략(歷代志略) 104
역사적 복원 19
역사적 예수 263
역사책으로서의 성서 18
예고(prediction) 208
예고자(foretellers) 202
예레미야 138, 197
예루살렘 91
예수(Jesus) 209, 213
예수아, 대제사장 168
예언서(네비임) 14
예언운동 188, 256
예언자(豫言者) 189, 255
예언자들의 운명 202
예언자적 가치 263
예언자적 전통 222
예후(Jehu) 116
예후, 선견자 126
오경(五經) 50, 76
오론테스강 87
오므리(Omri) 113
왕실 예배당 91
왕조 23
외경(外經) 13
요나단 80
요나단, 대제사장 187
요단 계곡 57
요람(Joram) 125
요세(Jose), 랍비 178
요세푸스 42
요셉 41, 43
요시야(Josiah) 136
요시야의 종교개혁 137
요아스(Joash) 129
요압(Joab) 92
욥바(Joppa) 54, 58
우기(雨期) 57
우상숭배 246
우주 기원론 31
우트나피슈팀 33
웃시야(Uzziah) 129
유다 55
유다의 멸망 141
유대(Judea) 175
유대교(猶太敎) 263
유대교-기독교적 전통 263
유대인 대학살 173
유일신 241
유토피아적 생각 254
육교(陸橋) 41
윤리적 죄 258
율법 250
율법서(토라) 14
율법에 대한 복종 250
율법의 정신 200
의식적 태만 258
이사야 84, 131, 196, 206
이사야 7:14, 207
이삭의 경외하는 이 36
이세벨 112
이스라엘과 페니키아 89
이스라엘의 멸망 121
이스라엘의 법 251
이스라엘의 법전들 76
이스라엘의 지리 53
이스라엘인 27
이스르엘 계곡 28, 54
이스마엘 147
이스보셋 85

이집트 22, 88
이집트와 힉소스인 40
인간의 존엄성 221
인격적 신 255
인류의 도덕 교사 250
일신교 262
잃어버린 10부족 123
잇도바알(Ittobaal) 112

(ㅈ)
자연주의 34
자유 247
자유의지 263
자율적 개인 262
자전문학(自傳文學) 16
잡족(雜族) 44, 45
장로들의 모임 75
재식민(再植民) 123
재외 유대인들 174
전례법(典禮法) 77
전예언서(前豫言書) 15
절기(feast) 257
정령숭배(精靈崇拜) 24
정언적(定言的) 76
정의의 실질 203
제2 공화정 148
제2 이사야 159, 162, 204
제사장 나라 249
족장(patriarch) 29
존 브라이트 140, 241
종교개혁의 진정성 140
종교적 의무 259
종의 시 214
중앙권력 78
지구라트(ziggurat) 22
지혜문학(知慧文學) 15
질문하는 정신 37
집단적 죄 261

(ㅊ)
참주 78
청동기 시대 21
초인적 메시아 210
최고의 가치 247
출애굽(엑소도스) 39

(ㅋ)
카르카르 전투 113
카토(Cato) 79
칼데아 143
캄비세스 2세 168
큐빗 33
킹 제임즈 버전 12

(ㅌ)
타고난 평등성 199
타아낙(Taanach) 69
텔 베이트 미르심 93
텔 카실레 93
토라 259
토라 헌법 187
통일왕국의 최후 107
트란스요르단 53, 56
특정주의(特定主義) 220
특정한 씨족의 신 240
티글랏필레셀 1세 88
티글랏필레셀 3세 121
티르자(Tirzah) 114

(ㅍ)
판테온 24
페니키아 54, 89
편협성 259
폭력(force) 261
푸림(Purim)절 175
필리스티아 54

(ㅎ)
하나님의 수위권 79
하나님의 형상 248, 263
하닷(Hadad) 111
하맛(Hamath) 113
하비루(Habiru) 26
하사엘(Hazael) 117
학개(Haggai) 158, 166
함무라비 법전 23
해리 올린스키 7
해방칙령 164
해상민족 78
해안평야 54
해의적(解疑的) 76
헤르몬산 57
헤브론 91
헷족(Hittites) 88
호세아(Hosea) 120
혼합결혼 179
후르르인(Hurrians) 26
훌레호(Lake Huleh) 56
히람(Hiram) 1세 90
히브리 성서 263
히브리인 26, 27
히브리인의
　신관(神觀) 240
　역사개념 253
히스기아의 종교개혁 조치 135
히스기야 132
힉소스인 40, 43
힐기야(Hilkiah) 138
힐렐(Hillel) 221

주 여호와의 영(靈)이 내게 내리셨으니, 이는 내게 기름을 부어
가난한 사람들에게 *'좋은 소식'*을 전하게 하려 하심이다.
그분께서는 나를 보내셔서 마음 상한 자들을 고치고,
포로 된 자들에게 자유를, 그리고 갇힌 자들에게 놓임을 선포하며,
여호와의 '은혜의 해'와 우리 하나님의 '보복의 날'을 선포하여
모든 슬퍼하는 자들을 위로하되,
시온에서 애곡하는 자들에게 재 대신 화관(花冠)을,
슬픔 대신 기쁨의 기름을, 절망 대신 찬송의 옷을 주게 하셨다.
그들은 *'의(義)의 나무들,'* 곧 여호와께서 당신의 영광을 보이시려고
심으신 자들이라고 불릴 것이다.
(이사야 61:1-3)

♣ 성서의 책명 약자표

창세기	창	욥기	욥	하박국	합	골로새서	골
출애굽기	출	시편	시	스바냐	습	데살로니가전서	살전
레위기	레	잠언	잠	학개	학	데살로니가후서	살후
민수기	민	전도서	전	스가랴	슥	디모데 전서	딤전
신명기	신	아가	아	말라기	말	디모데 후서	딤후
여호수아	수	이사야	사	마태복음	마	디도서	딛
사사기	삿	예레미야	렘	마가복음	막	빌레몬서	몬
룻기	룻	애가	애	누가복음	눅	히브리서	히
사무엘 상	삼상	에스겔	겔	요한복음	요	야고보서	약
사무엘 하	삼하	다니엘	단	사도행전	행	베드로 전서	벧전
열왕기 상	왕상	호세아	호			베드로 후서	벧후
열왕기 하	왕하	요엘	욜	로마서	롬	요한1서	요1
역대 상	대상	아모스	암	고린도 전서	고전	요한2서	요2
역대 하	대하	오바댜	옵	고린도 후서	고후	요한3서	요3
에스라	스	요나	욘	갈라디아서	갈	유다서	유
느헤미야	느	미가	미	에베소서	엡	요한계시록	계
에스더	에	나훔	나	빌립보서	빌